AF196019

Auflage:

11	10	9	8
2028	2027	2026	2025

HAYMON tb **125**

Erweiterte und aktualisierte Neuausgabe der 2014 erschienenen
(ebenfalls erweiterten und aktualisierten) Ausgabe, die auf der 1999 im
Studienverlag, Innsbruck erschienenen Originalausgabe basiert.

© Haymon Taschenbuch, Innsbruck-Wien 2014
Haymon Verlag Ges.m.b.H.
Erlerstraße 10
A-6020 Innsbruck
office@haymonverlag.at
www.haymonverlag.at

ISBN 978-3-85218-925-3

Buchgestaltung, Satz: himmel. Studio für Design und Kommunikation,
Innsbruck / Scheffau – www.himmel.co.at
Umschlaggestaltung: himmel. Studio für Design und Kommunikation,
Innsbruck / Scheffau – www.himmel.co.at nach einem Entwurf
von Karin Berner
Coverfotos: links: Straßenschild Piazza della Pace/Friedensplatz in
Bozen (Archiv „Dolomiten"); rechts: Italienische Demonstranten vor dem
Bozner „Siegesdenkmal" (Archiv „Dolomiten")
Autorenfoto: privat

Gedruckt auf umweltfreundlichem,
chlor- und säurefrei gebleichtem Papier.

Rolf Steininger
Südtirol

Vom Ersten Weltkrieg
bis zur Gegenwart

Rolf Steininger
Südtirol

Inhalt

Vorbemerkung zur Neuauflage 2014

Wie in einem Brennglas findet sich in der Geschichte Südtirols ein Stück Geschichte des 20. Jahrhunderts wieder. Es ist alles da: der Erste Weltkrieg mit seinen verheerenden Auswirkungen, die „Friedensverträge", mit denen zahlreiche Minderheitenprobleme erst geschaffen und verschärft wurden. Ein fast hundertprozentig deutschsprachiges Südtirol, das seit mehr als fünf Jahrhunderten zu Österreich gehört hatte, wurde Italien als „Kriegsbeute" zugeschlagen – mit der Grenze am Brenner; ein Österreich, das in seiner Schwäche Südtirol nicht beistehen konnte, Vergewaltigung einer Minderheit durch die Faschisten, die Auswirkungen des aufkommenden Nationalsozialismus und schließlich am Ende einer ersten Phase das Hitler-Mussolini-Abkommen aus dem Jahre 1939, das zum Experiment einer „ethnischen Flurbereinigung" werden sollte. 86 Prozent der Südtiroler trafen damals die Wahl – Option wurde das genannt –, das Land zu verlassen und „Reichsdeutsche" zu werden; rund 75.000 gingen tatsächlich. Die Auswirkungen dieser Entscheidung lassen sich von der höchsten Ebene der Regierungen bis hinunter ins kleinste Dorf verfolgen und sind bis heute nicht vergessen.

Dann der Zweite Weltkrieg – mit Italien erst auf der einen, dann auf der anderen Seite – und die entsprechenden Auswirkungen auf Südtirol. Nach Kriegsende ein Italien, das sich demokratisch gab, und ein Südtirol, das frühzeitig in die Mühlen des Kalten Krieges geriet. Eine Rückkehr zu Österreich wurde von den Siegern abgelehnt; sie hielten an der Brennergrenze fest. Auf Druck der Briten kam es dann im September 1946 zu einem Autonomieabkommen zwischen Österreich und Italien. Deutschland spielte nach 1945 keine Rolle mehr, sondern das Österreich der Zweiten Republik, das seit 1946 zwar „Schutzmacht" Südtirols, aber besetzt und schwach war und erst seit dem Staatsvertrag 1955 langsam aktiv wurde.

Italien hatte Südtirol 1948 eine Autonomie zugestanden, die sich als Scheinautonomie erwies. Enttäuschte Hoffnungen führten so Ende der fünfziger Jahre zur Verschärfung der Lage in Südtirol – mit der Forderung nach Selbstbestimmung und dann nach einer wirklichen Autonomie. Es folgte Österreichs Weg zur UNO, der begleitet war von Bombenattentaten in Südtirol. Dann gab es Tote, schließlich 1969 mit dem „Paket" den zweiten Versuch einer Autonomie. Nach jahrzehntelangen Verhandlungen endlich 1992 die offizielle Beilegung des Streits zwischen Österreich und Italien mit einer Autonomie, die als Modell für die Lösung der mit dem neuen Nationalismus des ausgehenden 20. Jahrhunderts einhergehenden Probleme dienen könnte.

Etwa 40 Kilometer südlich von Innsbruck liegt jene Brennergrenze, hinter der die Ortsnamen zweisprachig sind und wo – zur Überraschung so mancher Touristen aus Deutschland – plötzlich Italien ist und Italienisch gesprochen wird, aber auch – zur Überraschung so mancher italienischer Touristen – Deutsch; wo man auf dem Waltherplatz in Bozen einen Cappuccino trinken kann und sich mancher fragen mag, wie alles gekommen ist.

Die beiden Volksgruppen in Südtirol haben jahrzehntelang gegeneinander gelebt; auf Südtiroler Seite gab es berechtigtes Misstrauen, fühlten sich doch die Italiener – und handelten auch so – als die Herren im Haus, das aus Südtiroler Sicht nicht deren Haus war. Für die Italiener waren die Südtiroler „allogeni", „Fremdstämmige", oder gar „valligiani dalle calze bianche", „Talbewohner mit den weißen Stutzen". Auch nach 1945 verstanden sie die Südtiroler nicht, weder ihre Sitten und Gebräuche noch ihre Sprache. Man wollte und musste die „alloglotti", die „Fremdsprachigen", auch gar nicht verstehen, schließlich war man ja in Italien, und Südtirol war italienisches Territorium – und würde es auch bleiben. Oder etwa nicht? Das alles war eine Mischung aus Ignoranz und Präpotenz und musste fast zwangsläufig zum Konflikt führen – der dann ja auch kam. Erst in den letzten Jahren wurde das Misstrauen etwas abgebaut; heute gibt es ein geregeltes Nebeneinander, allerdings kein Miteinander. Das lag und liegt auch daran, dass die Italiener wenig oder gar nichts von der Geschichte dieses Landes kannten und kennen, was manchmal allerdings auch für die deutschsprachigen Südtiroler gilt.

Vielleicht lädt diese Geschichte zur Lektüre ein, die auf Italienisch unter dem Titel „Alto Adige/Sudtirolo 1918–1999" erschienen ist. Ausführlicher zum Thema meine folgenden Arbeiten im Studienverlag: „Südtirol im 20. Jahrhundert. Vom Leben und Überleben einer Minderheit", Innsbruck–Wien 1997, 1999[3], 619 Seiten, 155 Fotos; „Südtirol im 20. Jahrhundert. Dokumente", Innsbruck–Wien 1999, 418 Seiten, 128 Dokumente, sowie sieben Bände „Akten zur Südtirol-Politik 1959–1969", Innsbruck-Wien-Bozen 2005–2013; insgesamt 4665 Seiten, 2015 Dokumente (*http://www.rolfsteininger.at/akten_sdt.html*). Wer mehr über die Zeit von 1947 bis 1969 erfahren möchte, sei auf meine vom Südtiroler Landesarchiv herausgegebene dreibändige Darstellung „Südtirol zwischen Diplomatie und Terror 1947–1969" verwiesen, die 1999 in der Verlagsanstalt Athesia, Bozen, erschienen ist (Bd. 1: 1947–1959: 888 Seiten, 277 Fotos, 122 Faksimiles; Bd. 2: 1960–1962: 780 Seiten, 128 Fotos,

146 Faksimiles; Bd. 3: 1962–1969: 872 Seiten, 168 Fotos, 170 Faksimiles). Wer die Südtirolfrage lieber in (Farb-) Bildern anschauen möchte, sei auf die Bildbände in deutscher und italienischer Sprache verwiesen. Wer sich über Kap. VII, 3a hinaus über die „Feuernacht" informieren möchte, dem sei der Sonderdruck der „Dolomiten" vom 10. Juni 2011 empfohlen. Die Taschenbuchausgabe war die überarbeitete und erweiterte Fassung meiner Arbeit über „Südtirol 1918–1999", die 1999 im Studienverlag erschienen ist und schon bald vergriffen war (italienische Ausgabe 1999, erweiterte englische Ausgabe New Brunswick/London 2003) mit neuem Titel und neuem Titelbild.

Für die vorliegende Neuauflage 2014 wurde die 2012 erschienene Ausgabe überarbeitet und aktualisiert (bis zur Wahl von Arno Kompatscher zum neuen Landeshauptmann von Südtirol am 9. Jänner 2014) und um 72 Seiten erweitert, u.a. um die „Durnwalder-Ära" und die Kapitel: „Die ‚Feuernacht' – Mythos und Realität", „Deutschland und Südtirol", „Die Landtagswahl am 27. Oktober 2013" sowie die Portraits von Kanonikus Michael Gamper, Silvius Magnago und Bruno Kreisky. Auf Einzelnachweise wurde wieder verzichtet; hier sei auf die o.g. vier Monografien und die Aktenedition verwiesen.

Im Hörfunk der Rai Südtirol erzähle ich seit Februar 2014 unter redaktioneller Leitung von Frau Dr. Renate Gamper jeden Samstag, mit Wiederholung am Sonntag, etwas über die Geschichte Südtirols seit dem Ersten Weltkrieg bis heute. Die 27 Folgen von jeweils 20 Minuten werden nach Abschluss der Serie auf vier CDs im Studienverlag zur Verfügung stehen. Wer etwas über „Tirol im Ersten Weltkrieg" (bis zur Teilung des Landes) von mir hören möchte, sei auf die gleichnamige CD verwiesen, die 2014 auch im Studienverlag erscheinen wird – auf der Basis von vier Sendungen, die im Februar 2014 ebenfalls von der Rai Südtirol ausgestrahlt wurden.

Zum Schluss ein Wort des Dankes: An Mag. Linda Müller vom Haymon Verlag für die Betreuung dieser Neuauflage und an Mag. Harald Dunajtschik für die kritische Lektüre der Druckfahnen.

Rolf Steininger
Innsbruck, im März 2014

Anmerkungen zur erweiterten und aktualisierten Neuauflage 2020

Seit der letzten Neuauflage sind sechs Jahre vergangen, Zeit für eine weitere Neuauflage – aktualisiert und wieder erweitert. Aktualisiert um zwei Kapitel, in denen es um jene Dinge geht, die seit 2013 in Südtirol geschehen sind – mit dem Höhepunkt der Landtagswahlen im Oktober 2018. Erweitert im Exkurs um Dr. Toni Ebner. Unmittelbarer Anlass dafür war die von mir erarbeitete umfangreiche politische Biografie dieses Mannes (704 Seiten) und die daraus gewonnene Erkenntnis, dass es sich hier um eine der ganz großen Südtiroler Persönlichkeiten handelt – mit der entsprechenden, auf zehn Seiten zusammengefassten Würdigung. Nina Gruber danke ich für die professionelle Betreuung dieser Neuauflage.

Rolf Steininger
Innsbruck, im Dezember 2019

I.
1918–1922: Von der Teilung bis zum „Marsch auf Bozen"

1.
Teilung und Annexion

Am 3. November 1918 wurde in der Villa Giusti in Abano in der Nähe von Padua der Waffenstillstand zwischen Österreich-Ungarn und Italien geschlossen. Anschließend begann die kampflose Besetzung Südtirols durch italienische Truppen, die bereits am 4. November Salurn, den Mendelpass und Schluderns erreichten. Am 5. November wurde Meran besetzt. Von der Mendel kommend erreichte eine Kavalleriepatrouille am 6. November Bozen, am nächsten Tag schließlich besetzten Truppen der 7. Armee die Stadt. Von Bozen drangen die Truppen dann durch das Eisacktal Richtung Brenner vor, am 10. November besetzten sie den Brennerpass.

Bis zum 31. Juli 1919 unterstand Südtirol einer Militärregierung unter General Guglielmo Pecori Giraldi. Pecori Giraldi wurde 1856 in Florenz geboren, hatte an den Kolonialkriegen in Eritrea (1903) und Libyen (1911) teilgenommen und war 1915 zum Oberkommandierenden der 1. italienischen Armee ernannt worden. Ihm ging es darum, den Besitz Südtirols zu sichern. Entsprechend sahen die von ihm durchgeführten Maßnahmen aus. Da war zunächst jene berühmte zweisprachige Proklamation, die in allen Südtiroler Gemeinden ausgehängt wurde, mit der er am 18. November die Grundzüge seiner Politik darlegte.

Die Besetzung Südtirols war fast reibungslos vor sich gegangen; zu ernsteren Zwischenfällen war es nicht gekommen. Die Bevölkerung folgte dem Aufruf der Militärs, Ruhe und Disziplin zu bewahren; die Soldaten selbst verhielten sich korrekt. Schon bald wurde den Südtirolern klar, dass ihr Land besetzt war und einer Militärverwaltung unterstand. Es wurde sofort hermetisch von Österreich und dem Ausland abgeriegelt. Damit war jeder Personen- und Warenverkehr mit Nordtirol und Österreich unterbunden. Telegraphische Apparaturen und Brieftauben mussten abgegeben werden. Bei Missachtung dieser Verordnungen drohten hohe Kerkerstrafen. Die Presse wurde einer strengen Zensur unterworfen. Auch im Post- und Telegraphenbereich gab es harte Einschränkungen. Nach Österreich, Deutschland, Ungarn, Bulgarien und in die Türkei durften keine Briefe mehr geschickt werden. Aus diesen Ländern kommende Briefe wurden nicht an die entsprechenden Adressaten verteilt. Alle übrigen Briefsendungen waren der Zensur unterworfen.

Gleich nach der Besetzung verbot das Comando Supremo, das militärische Oberkommando in Padua, die Einfuhr von österreichischem Geld: Die im Umlauf befindlichen Kronen galten noch als legales Zahlungsmittel. Die deutschsprachigen Bezirkshauptleute wurden allmählich durch italienische Kommissare ersetzt – sicherlich eine der einschneidendsten Maßnahmen der Militärregierung, weil damit ein großer Teil der österreichischen Verwaltung liquidiert wurde. Dies war ein eindeutiger Verstoß gegen die Waffenstillstandsbedingungen, genauso wie die Entscheidung, die Beamten in Südtirol einfach vor die Wahl zu stellen, entweder beim italienischen Staatsdienst um eine Arbeitsstelle anzusuchen oder die Beamtenstelle aufzugeben.

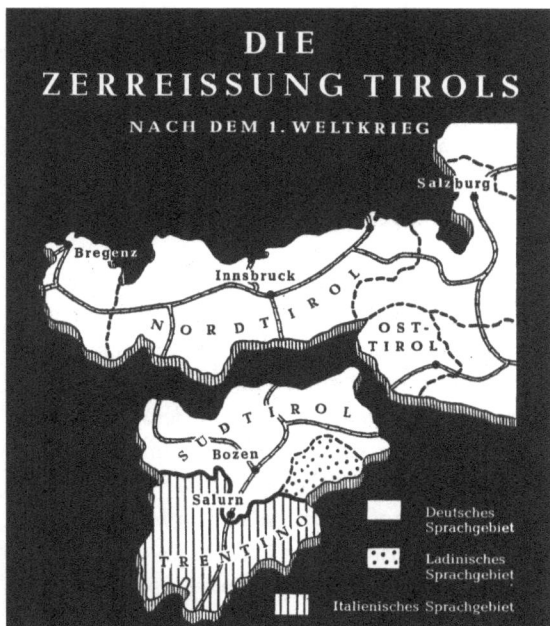

Die neue österreichisch-italienische Grenze nach dem Vertrag von Saint Germain im Jahr 1919. Sie wird von den Siegern nicht entlang der Sprachgrenze südlich von Salurn, sondern willkürlich am Brenner gezogen. Damit wird ein Dauerproblem geschaffen. (Karte der 1945 von der Tiroler Landesregierung eingerichteten „Landesstelle für Südtirol")

In Saint Germain wurde inzwischen nicht verhandelt, sondern diktiert. Die Friedensbedingungen vom 2. September 1919 stellten den Schlusspunkt für Südtirol dar: Ohne Autonomiebestimmungen, ohne Minderheitenschutz kam das Land zu Italien. Die Entente zahlte die Kriegsbeute aus, die sie im Londoner Geheimvertrag vom 26. April 1915 für den Kriegseintritt Italiens an ihrer Seite zugesagt hatte.

Am 6. September 1919 stimmte die Nationalversammlung in Wien dem Diktat mit 97 gegen 23 Stimmen zu. Die Tiroler Abgeordneten beteiligten sich zum Zeichen des Protestes nicht an dieser Abstimmung. Für die Südtiroler Abgeordneten hieß es, Abschied zu nehmen. Eduard Reut-Nicolussi ergriff zum letzten Mal das Wort. Was er sagte, sollte zum Vermächtnis werden:

> *„Gegenüber diesem Vertrage haben wir mit jeder Fiber unseres Herzens, in Zorn und Schmerz nur ein Nein! Ein ewiges, unwiderrufliches Nein! (Stürmischer Beifall im ganzen Haus, in den auch die dichtgefüllten Galerien einstimmen). [...] Es wird jetzt in Südtirol ein Verzweiflungskampf beginnen, um jeden Bauernhof, um jedes Stadthaus, um jeden Weingarten. Es wird ein Kampf sein mit allen Waffen des Geistes und mit allen Mitteln der Politik. Es wird ein Verzweiflungskampf deshalb, weil wir – eine Viertelmillion Deutscher – gegen vierzig Millionen Italiener stehen, wahrhaft ein ungleicher Kampf."*

Vier Tage später unterzeichnete Bundeskanzler Karl Renner den Vertrag von Saint Germain. Ein Jahr danach, am 10. Oktober 1920, wurde Südtirol per Gesetz von Italien offiziell annektiert. In Südtirol nannte man dies eine „Schandtat" vor der Geschichte. In einem Aufruf der Parteien wurde Südtirol als „Opfer des Friedensvertrages" bezeichnet und auf die Verweigerung des Selbstbestimmungsrechtes hingewiesen. Gleichzeitig äußerte man die Hoffnung auf „nationale Befreiung". Die Bevölkerung wurde allerdings aufgefordert, „jede Ungesetzlichkeit zu vermeiden und mit Ruhe und Würde das Schicksal zu tragen". Zu irgendwelchen Zwischenfällen kam es denn auch nicht.

2.
24. April 1921: „Blutsonntag" in Bozen

Die Faschisten waren damals nur eine italienweit operierende Schlägertruppe, die noch keine Gefahr für den italienischen Staat darstellte. Dies sollte sich allerdings sehr schnell ändern. Im Trentino und in Südtirol ging es ihnen zunächst nur um die Entfernung altösterreichischer Symbole. Wurden entsprechende Forderungen von den lokalen Behörden ignoriert, wurde dies als „Schändung der Nation" mit Gewalt beantwortet. So fuhren die Trentiner Faschisten am 12. Februar 1921 mit Lastwagen nach Auer und Salurn und entfernten dort sämtliche Doppeladler. Wenige Tage später entfernten sie die deutschsprachige Aufschrift „Bozen" am Sitz des Zivilkommissariates. Der Vorsitzende der Faschisten in Trient, der aus Apulien stammende Holzhändler Achille Starace, gründete am 16. Februar 1921 die „Fasci di Combattimento" von Bozen. Diese Faschistenorganisation hatte 120 Mitglieder, zum großen Teil Kaufleute aus Altitalien und Offiziere des Heeres. Ende April übernahm Luigi Barbesino, Holzhändler aus dem Piemont, die Leitung des Bozner Fascio. Unterstützung erhielt die Organisation vor allem von den zugewanderten italienischen Eisenbahnern. Diese waren zwar, bevor sie nach Südtirol kamen, meist Sozialisten und Kommunisten, schlossen sich aber bald dem Fascio an, weil gerade er für die nationalen Interessen und Bedürfnisse der zugezogenen Italiener eintrat. Der vorläufige Höhepunkt faschistischer Gewalt war der Überfall auf den Trachtenumzug anlässlich der Eröffnung der Bozner Messe am 24. April 1921 in Bozen. Das Ereignis erhielt seine besondere Bedeutung dadurch, dass am selben Tag in Nordtirol die Volksabstimmung über den „Anschluss" des Landes Tirol an das Deutsche Reich stattfand. Obwohl das Datum für die Bozner Messe bereits seit November 1920 feststand, vermuteten die Faschisten einen Zusammenhang mit der Abstimmung in Nordtirol. Zudem betrachteten sie den traditionellen Trachtenumzug als eine Provokation und beschlossen, die Veranstaltung zu stören. Der Leiter des neuen Generalkommissariates Venezia Tridentina, Luigi Credaro, wies Rom auf die bevorstehende Aktion hin; von dort kam keine Antwort. Auf der anderen Seite bat der Deutsche Verband Credaro um entsprechende Sicherheitsmaßnahmen. Die Präfekten von Mantua, Brescia, Vicenza, Verona und Mezzolombardo informierten darüber hinaus Credaro einen Tag vor der Veranstaltung darüber, dass die dort ansässigen Faschistengruppen mit dem Zug nach Bozen fahren und eine Gegendemonstration abhalten wollten. Credaro traf keine Vorkehrungen, erklärte aber öffentlich, alle möglichen Sicherheitsmaßnahmen würden getroffen – was nicht geschah. Und so kam, was kommen musste: 280 Faschisten aus Altitalien kamen am Morgen des 24. April mit einem Zug in Bozen an; hier schlossen sich die 120 Mitglieder des Bozner Fascio an. Sie waren alle entsprechend ausgerüstet. Beim Trachtenumzug schlugen sie mit Knüppeln wahllos auf Teilnehmer und Zuschauer ein, schossen mit Pistolen und warfen Handgranaten. Bei dem Versuch, zwei Kinder zu schützen, wurde Franz Innerhofer, Lehrer in Marling, von einem Faschisten erschossen. Etwa 50 Personen, ausnahmslos Südtiroler, wurden verletzt. Erst nach dem Überfall schritt das Militär ein, schützte allerdings nicht die Überfallenen, sondern die Faschisten. Sie wurden zurück zum Bahnhof eskortiert, wo sie ungestört ihre Rückreise antreten konnten. Die Faschisten bemächtigten sich der Abstimmungsurnen in den Messehallen – es gab die Möglichkeit, an der Nordtiroler Abstimmung teilzunehmen –, brachten sie nach Trient und verbrannten sie dort öffentlich.

Die Südtiroler Bevölkerung war wie betäubt von dem, was in Bozen geschehen war. So etwas hatte man nicht erwartet. Mussolini dagegen überdeutlich:

„Wenn die Deutschen dies- und jenseits des Brenners sich nicht fügen, dann werden ihnen die Faschisten den Gehorsam beibringen. Südtirol ist italienisch und zweisprachig, niemand denkt daran, die eingewanderten Deutschen mit Gewalt zu italianisieren. Kein Deutscher darf sich aber auch einbilden, daß Italien nach Salurn und von dort an den Gardasee zurückgeworfen werden könnte. Vielleicht glauben die Deutschen, daß alle Italiener vom Schlage Credaros seien. Da irren sie sich aber gewaltig. In Italien gibt es mehrere hunderttausend Faschisten, die bereit sind, Südtirol eher zu zerstören und zu verwüsten, als die Tricolore, die auf der Vetta d'Italia weht, einziehen zu lassen. Wenn die Deutschen verprügelt und zerstampft werden müssen, um Vernunft anzunehmen, wohlan, wir sind bereit. Viele Italiener sind auf dieses Geschäft trainiert."

In Nordtirol wurde die Aktion aufs schärfste verurteilt. Bis Mitte des Jahres wurde in den Tiroler Zeitungen laufend über den „Blutsonntag" und dessen Nachwirkungen berichtet. Schon am 28. April hatte der Andreas-Hofer-Bund eine Protestversammlung veranstaltet. Zehn Jahre später, am 24. April 1931, wurde anlässlich des 10. Todestages von Innerhofer am Rennweg in Innsbruck eine Innerhofer-Gedenktafel enthüllt.

Der Mord an Innerhofer blieb ungesühnt, obwohl Ministerpräsident Giovanni Giolitti von Credaro die sofortige Inhaftierung und Bestrafung der Täter gefordert hatte. Der Aufforderung waren keine entsprechenden Taten gefolgt. Die Bozner Faschisten Attilio Crupi und Vittorio Moggio wurden zwar für kurze Zeit verhaftet, dann aber wieder freigelassen, nachdem Mussolini gedroht hatte, am 1. Mai mit 2000 Faschisten nach Bozen zu kommen und die Befreiung zu erzwingen. Die Ermittlungen der Carabinieri von Bozen und Verona blieben erfolglos, wohl auch deshalb, weil sie in den perfekt organisierten Kreis der Faschisten nicht einzudringen vermochten.

Wenig später wurde eine der tiefgreifendsten Maßnahmen für Südtirol im vorfaschistischen Italien durchgeführt: die „Lex Corbino", so genannt nach dem damaligen Unterrichtsminister Mario Corbino. Dies war ein besonderes Schulgesetz für die neuen Provinzen, mit dem die italienischen Eltern verpflichtet wurden, ihre Kinder in italienische Schulen zu schicken. Bei der Umsetzung war es vorrangiges Ziel Credaros, „auf dem Schulsektor die numerische, politische und kulturelle Position der Italiener in Südtirol zu festigen und zu verstärken".

Was als Schutzmaßnahme für die italienische Minderheit erschien, wurde bei der Umsetzung zu einer „Angriffswaffe" gegen Südtirol. Um die Nationalitätszugehörigkeit der Familien festzulegen, wurden rein italienische Kommissionen eingesetzt, die rücksichtslos vorgingen. Sie versuchten, so viele Familien wie möglich der italienischen Nationalität zuzuweisen, um somit deren Kinder zum Besuch der italienischen Schule zu verpflichten. Dabei wurden Familien mit italienischen oder italienisch klingenden Namen, auch wenn es sich um deutschsprachige Familien handelte, einfach zu Italienern deklariert; ähnlich war es bei Familiennamen, die mit „a" oder „o" endeten. Die Ladiner wurden ebenfalls zu Italienern gemacht. Die Kinder wurden zum Besuch einer italienischen Schule gezwungen. Besonders hart wurde das Südtiroler Unterland getroffen. 49 deutsche Volksschulen wurden geschlossen, die deutschen Schulkinder mussten italienische Schulen besuchen. Gegen Eltern, die sich weigerten, wurden Strafverfahren eingeleitet; Proteste in Rom blieben ergebnislos.

3.
1. Oktober 1922: Der „Marsch auf Bozen"

Am 18. März 1922 wurde Luigi Facta Ministerpräsident. Er war noch autoritätsloser und schwächer als sein Vorgänger Ivanoe Bonomi. Am Ende seiner Regierungszeit stand der Sieg der Faschisten mit dem berühmt-berüchtigten „Marsch auf Rom". Damit ging eine achtmonatige innenpolitische Krise zu Ende, in der Südtirol für Italien kein besonderes Thema mehr war. Die Zukunft des Staates stand im Mittelpunkt, nicht die Interessen irgendwelcher Minderheiten. Im Spätsommer 1922 hatten die Faschisten Italien – mit Ausnahme von Teilen Süditaliens, von Sardinien und Südtirol – unter ihrer Kontrolle. Ende Oktober ergriffen sie dann mit dem „Marsch auf Rom" die gesamte Macht im Staat. Der „Probelauf" für diesen Marsch wurde in Südtirol durchgeführt. Am 6. April verabschiedeten die Faschisten der

Venezia Tridentina in Trient ein Aktionsprogramm für Südtirol mit folgenden Forderungen:

- Schnellstmögliche Einführung der italienischen Gesetzgebung;
- Abschaffung jeglicher Gesetzgebungs- und Verwaltungsautonomie;
- Einheitsprovinz für die gesamte Venezia Tridentina;
- Auflösung des zivilen Generalkommissariats, des Zentralamtes für die neuen Provinzen und der regionalen und zentralen Verwaltungskörperschaften;
- Verwendung der italienischen Sprache in allen öffentlichen Ämtern (bei gleichzeitigem Recht der Südtiroler, in deutscher Sprache zu verkehren);
- Italienisch als Pflichtfach in allen deutschsprachigen Schulen;
- Militärausbildung für Südtiroler Jungmänner in altitalienischen Provinzen;
- Auflösung von politischen und politisch-sportlichen Vereinen, die irredentistische Ziele verfolgten.

Drei Wochen später ließen sie diesen Worten Taten folgen und forderten am 27. April die Gemeinde Meran auf, bei allen Bekanntmachungen und bei allen Verlautbarungen des Kuramtes sowie im Bereich der Straßenbezeichnungen die Zweisprachigkeit anzuwenden und den Italienern eine Kirche für ihre Gottesdienste zur Verfügung zu stellen. Gleichzeitig begann der „Fahnenstreit": Die Faschisten forderten, dass am Rathaus die Tricolore gehisst werde. Die inzwischen in Meran eingerichtete Sektion der faschistischen Partei hatte auf Schloss Tirol eine italienische Fahne aufgezogen. Die Fahne hatte – und hat – Symbolwert für die „Italianità". (In Salurn hatte es kurz vorher ebenfalls einen Fahnenstreit gegeben: Der deutschsprachige Ortspfarrer Simon Delueg weigerte sich, eine italienische Fahne, für ihn die Fahne einer „freimaurerischen Regierung mit einem vom Papst exkommunizierten König als Chef", zu weihen.) Als sich der Meraner Gemeinderat weigerte, den Faschisten nachzugeben, wiederholten diese ihre Forderungen in Form eines Ultimatums und drohten bei Nichtbefolgung mit Gewaltanwendung. Am 24. August gab der Gemeinderat seinen Widerstand auf. Mussolini bezeichnete die in Meran angewandte Methode als beispielhaft für ganz Südtirol. Seiner Meinung nach sollte mit einem ähnlichen Ultimatum auch der Widerstand in Bozen gebrochen werden, was dann Anfang Oktober auch geschah. Die Faschisten besetzten die Elisabethschule, die am 2. Oktober in einer faschistischen Zeremonie den Namen „Scuola Regina Elena" erhielt. Am Nachmittag besetzten 700 Faschisten das von 180 Carabinieri und Soldaten bewachte Rathaus ohne Waffengewalt. Obwohl die Regierung angeordnet hatte, das Gebäude zu verteidigen, fiel es den Faschisten kampflos in die Hände. In einem Telegramm an Ministerpräsident Facta forderten sie „als Interpreten der Gefühle der Nation", dass die Regierung die Italianität des Landes, die gedemütigt und unterdrückt werde, beschütze. Die verantwortlichen Politiker müssten abgesetzt und durch solche ersetzt werden, die eine effektive Ausübung der italienischen Souveränität ermöglichten. Die nicht mehr gerechtfertigte Provinzial- und Gemeindeautonomie müsste sofort abgeschafft werden.

De Stèfani schrieb persönlich an Facta:

„Erst vier Jahre nach der Befreiung konnte dank der faschistischen Aktion das Porträt des Königs von Ita-

lien im Rathaus von Bozen aufgehängt werden. Diese
Regierung hat die Pflicht, die Verantwortlichen zur
Rechenschaft zu ziehen und durchzusetzen, daß Kö-
nig und Nation respektiert werden. Ansonsten würde
sich ganz Italien, von den Alpen bis zum Meer, ge-
gen euch auflehnen."

Die Besetzung des Rathauses dauerte einige Stunden.
Giunta und De Stèfani forderten die Ernennung eines
kommissarischen Verwalters für Bozen und die Auflösung des Gemeinderates. Auch in diesem Fall kapi-
tulierten die italienischen Behörden vor den Faschisten: Credaro setzte den Gemeinderat von Bozen ab und
ernannte Augusto Guerriero zum kommissarischen
Verwalter. Guerriero war damit der erste Amtsbürgermeister von Bozen. Er ordnete gleich nach seinem
Amtsantritt an, die von den Faschisten besetzte Elisabethschule in Zukunft als italienische Schule zu führen.
   Die Generalprobe für den Marsch auf Rom war gelungen. Mussolini kommentierte den Marsch auf Bozen in einer Rede am 4. Oktober:

„Kommen wir zu Bozen. Hier sind wir auf dem Boden
italienischen Gesetzes und Rechtes. Wer hat diese ge-
schützt? Der Faschismus! Wer hat die Italianität in
einer Stadt durchgesetzt, die italienisch sein muß?
Der Faschismus! Wer hat jenen Perathoner verbannt,
der vier Jahre lang fünf italienische Regierungen in
Schach gehalten hat? Wer hat den Italienern eine
Schule, den Italienern eine Kirche, den Italienern des
Alto Adige ein Gefühl von Würde gegeben? Der Fa-
schismus! Wer hat die Büste des Königs im Bozner
Rathaus aufgestellt? Der König hat es, als er in Bozen
war, vergessen. Der Faschismus! Die Deutschen waren

verwundert und erstaunt über die körperlich schöne und moralisch erhabene faschistische Jugend. Jene Deutschen, die widerrechtlich auf italienischem Territorium leben, fragen: ‚Was ist das für ein Italien?' Wir antworten: ‚Es ist ein Italien von Qualität, Kraft und Energie, das sagt: Am Brenner sind wir und bleiben wir!' Wir wollen nicht nach Innsbruck, aber denkt ja nicht daran, daß Deutschland und Österreich je wieder nach Bozen zurückkehren können!"

Und im „Popolo d'Italia" schrieb er: „Die Methode, die man bei den Deutschen anwenden muß, ist die Methode der Gewalt [...]. Der Krieg brachte unsere politischen Grenzen an den Brenner, nun bringt der Faschismus euch Italien!" Was das für die Zukunft hieß, machte das faschistische Südtiroler Blatt „Il Piccolo posto" gleich nach der Aktion von Bozen deutlich:

„Eine größere Arbeit steht uns bevor. Sie muß mit rascher Energie getan werden. Der Germanismus muß in den Seelen ausgetilgt werden, wie er auf den Gegenständen ausgetilgt wurde; dieses Gebiet muß italienisch werden, seine Bewohner müssen Italiener werden, damit hier alles italienisch ist und nur an Italien erinnert."

Für diese Politik hatte ein Mann bereits die Vorarbeit geleistet: Ettore Tolomei.

II.
Ettore Tolomei

Ettore Tolomei war der extremste italienische Nationalist. Ein Erbe seines „Werkes" ist noch heute in jeder Südtiroler Gemeinde zu sehen: die doppelsprachige Ortsbezeichnung. Die endgültige Inbesitznahme und die Italianisierung Südtirols waren die beiden wichtigsten Anliegen Tolomeis. Die Realisierung dieser beiden Punkte – mit beinahe allen Mitteln – machte er zu seiner Lebensaufgabe. Wer war dieser Mann? Tolomei (1865–1952) stammte aus einer italienischnational gesinnten Familie aus Rovereto. Über seine Mutter kam er bereits in frühester Jugend in Kontakt mit Südtirol; er verbrachte viel Zeit bei seinen Großeltern in Glen bei Neumarkt. Auf ähnliche Weise lernte er die Dolomiten bei Cortina d'Ampezzo kennen, wo Verwandte ein Hotel besaßen. Nach dem Besuch des Gymnasiums in Rovereto begann er 1883 in Florenz sein Studium der Geschichte und Geographie. Das zweite Studienjahr verbrachte er in Rom, wo er in Verbindung zur nationalistischen „Dante-Alighieri-Gesellschaft" trat. Nach dem Studium war er als Lehrer zunächst in Tunis (1888) tätig, dann an den italienischen Schulen von Saloniki (ab 1894), Smyrna (1897) und Kairo (ab 1898). 1901 kehrte er nach Italien zurück und erhielt im Außenministerium eine Stelle im Generalinspektorat für die italienischen Schulen im Ausland. Sein Kampf um den Gewinn Südtirols für Italien begann bereits im März 1890, als die erste Ausgabe der von ihm initiierten und mitherausgegebenen Wochenschrift „La Nazione Italiana" erschien. Die selbstgestellte Hauptaufgabe dieses Kampf- und Propagandablattes war die Popularisierung der nationalen und kulturellen Vorstellungen der „Dante-Alighieri-Gesellschaft". Außerdem wollte sie insgesamt zur Förderung ihrer irredentistischen Konzepte im Sinne des aufkommenden Nationalismus beitragen. Sie war eindeutig als Kampf- und Propagandablatt konzipiert. Den thematisch breitesten Raum nahmen Aufsätze über die beiden „klassischen Ziele" des Irredentismus, „Trento e Trieste", ein. Mehrere Artikel behandelten aber auch Gebiete in der Levante oder Nordafrika. Sie griffen damit dem späteren Programm des faschistischen Nationalismus, dem Traum vom Mittelmeerimperium und der Wiederherstellung der Größe des alten Rom, vor.

Die in diesen Jahren entstandene „Naturgrenztheorie" wurde von Tolomei begeistert aufgenommen. Bereits in der ersten Nummer der „Nazione Italiana" berichtete er darüber und unterstrich seine Artikel durch kartographische Darstellungen. Für ihn war im „Alto Trentino", wie er Südtirol damals noch nannte, das ladinische Element von besonderem Interesse. Er erkannte damals zwar noch die ethnische Eigenständigkeit der Ladiner an, hielt aber die Assimilation ihrer Sprache an das Italienische für eine notwendige Voraussetzung zur Verwirklichung seines Programms: Das Ladinische betrachtete er als das lateinische Element in Südtirol. Durch eine Italianisierung der Ladiner hoffte er einen italienisch-ladinischen Keil in das deutschsprachige Gebiet zu treiben, der die „Re-Italianisierung" begünstigen würde. Die Deutschsprachigen waren „Eindringlinge" in italienisches Gebiet, die nun mit Absorbierung oder Aussiedlung zu rechnen hatten.

Im Dezember 1890 musste die „Nazione Italiana" aus finanziellen Gründen eingestellt werden. Von dieser ersten journalistischen Unternehmung Tolomeis sind aber zahlreiche formale und inhaltliche Züge in die größere Publikation des „Archivio per l'Alto Adige" übergegangen. Das breit angelegte thematische Spektrum, später im „Archivio" auf Südtirol beschränkt, umfasste hier wie dort eine Vielfalt an historischen, geographischen, literarischen, kunstgeschichtlichen, toponomastischen, ökonomischen und folkloristischen Beiträgen. Auch kann man bereits in der „Nazione Italiana" jenes für Tolomei bezeichnende Argumentationsverfahren feststellen, bei dem ideologische Denkschemata prägend auch auf die mit wissenschaftlichem Anspruch geschriebenen Artikel einwirken.

Der Gründung des „Archivio per l'Alto Adige" gingen journalistische Tätigkeiten Tolomeis bei den Zeitschriften „Giornaletto" und „Minerva" voraus, ebenso im Jahre 1904 seine Besteigung – die er als Erstbesteigung deklarierte, obwohl diese bereits 1895 durch Fritz Koegel und Franz Hofer stattgefunden hatte – des Klockerkarkopfs (früher irrtümlich auch Glockenkarkopf) in den Ahrntaler Alpen, den er zur „Vetta d'Italia" erklärte. Die Wahl des Namens entsprach der „Naturgrenztheorie" und stattete diese Region mit dem äußeren Anschein der Italianität aus. Damit setzte Tolomei ein eindeutiges Zeichen für seinen Kampf um den Gewinn Südtirols für Italien. Das Instrument in diesem Kampf wurde das „Archivio", dessen erste Ausgabe im August 1906 in Glen bei Neumarkt erschien.

Entsprechend dem Programm des „Archivio", das den Anspruch auf Wissenschaftlichkeit und strengste Objektivität erhob – wobei Anspruch und Wirklichkeit sehr weit auseinanderklafften –, wollte Tolomei die „Italianität" Südtirols beweisen und propagieren. Der Anspruch auf Wissenschaftlichkeit schien durch die Mitarbeit namhafter Wissenschaftler aus dem Königreich Italien gewährleistet.

Tolomei selbst meinte, dass der erste Band des „Archivio" in seiner Konzeption und Ausstrahlung für die österreichisch-tirolische Öffentlichkeit einem Machwerk verräterischer Gesinnung gleichkommen müsste. Er berichtete sogar mit Stolz von deutschen Demonstrationen gegen ihn und das „Archivio" in Neumarkt.

Tolomei war aber auch in anderer Hinsicht aktiv: Er ließ Flugblätter mit Angaben über die „wahren" ethnographischen Verhältnisse in Südtirol und Postkarten mit kartographischen Darstellungen der Region verbreiten; sein Bericht über die Besteigung der „Vetta d'Italia" und Listen italianisierter Ortsnamen Südtirols wurden kostenlos an die Abonnenten des „Archivio" verschickt. Mitarbeiter der Zeitschrift wurden zu den verschiedensten Kongressen der „Dante-Alighieri-Gesellschaft" und zu den „Congressi geografici italiani" entsandt. Tolomeis Aktion war durchaus erfolgreich. Die Zeitschrift fand in Italien schon bald die gewünschte Verbreitung, die von ihm gelieferten italienischen Ortsnamen wurden allmählich in Landkarten, Lehrbücher, öffentliche Fahrpläne, Zeitungen und Zeitschriften aufgenommen. Die Tatsache, dass die vierteljährlich erscheinende Zeitschrift vor allem in öffentlichen und wissenschaftlichen Bibliotheken auflag, verhalf ihr indirekt zu einem hohen Maß an Autorität; mit der Zeit erhielt sie sogar den Charakter eines Handbuchs oder Quellenwerkes. Für die Bevölkerung Italiens war es ab 1914 die einzige Quelle zur Südtirolfrage.

Bis zum Beginn des Ersten Weltkrieges gelang es Tolomei, das Gebiet zwischen Salurner Klause und

Brenner mit einem Anschein von Italianität zu versehen, der von einem Großteil der über die lokalen Verhältnisse unkundigen Leserschaft als allgemein verbindlicher Rechtsanspruch aufgefasst wurde. Im „Archivio" wurden zwar alle möglichen Themen abgehandelt, aber bestimmte Themenschwerpunkte kristallisierten sich immer mehr heraus: Neben Beiträgen zur Illustration der Naturgrenzen – etwa in Form der Wasserscheidentheorie – wurde die Toponomastik immer wichtiger. Tolomei begriff die toponomastischen Studien als „Re-Italianisierungswerk" der angeblich vor nicht allzu langer Zeit gewaltsam germanisierten Orts- und Flur-, aber auch Familiennamen.

Seit 1915 wurde das „Archivio" in Rom gedruckt. In den nun verlegten „Serie di guerra" lässt sich hinsichtlich des Themenspektrums und des Mitarbeiterstabs eine signifikante Veränderung feststellen: Den überwiegenden Teil der Beiträge verfasste Tolomei jetzt selbst. Der wissenschaftliche Anspruch des „Archivio", der besonders durch die Mitarbeit kompetenter Fachleute gewährleistet werden sollte, erwies sich nun als bloßes Dekor, das gerade in den Kriegsjahren nur dürftig die rein propagandistische Tendenz der Zeitschrift zu überdecken vermochte. 1915 verbreitete Tolomei bereits ausführlich seine Vorstellungen über eine mögliche Annexion Südtirols und über die in diesem Falle zu treffenden Maßnahmen. Mehrere diesbezügliche Denkschriften gingen an den damaligen Ministerpräsidenten, an andere Regierungsstellen und an verschiedene nationale Vereinigungen. Für die deutsche Bevölkerung war die Assimilierung vorgesehen, auch der Gedanke einer eventuellen Aussiedlung tauchte bereits auf. Im „Archivio"-Band 11 von 1916 veröffentlichte Tolomei dann sein erstes „Prontuario dei nomi locali dell' Alto Adige" mit der Übersetzung von ca. 10.000 Orts- und Flurnamen. Es waren ganz oberflächliche Übersetzungen, oftmals ohne Kenntnis der etymologischen Bedeutung des deutschen Namens; manchmal war der deutschen Bezeichnung lediglich eine italienische Endung angehängt worden. In seiner Kompromisslosigkeit ließ sich Tolomei dabei von niemandem übertreffen. Ein Ergebnis davon ist, dass erstmals „die gesamte bodenständige Ortsnamen-Nomenklatur samt Flur- und Gehöftenamen durch den Willensakt eines einzigen Mannes in eine andere Sprache übertragen" wurde. Bei einigen Namen hatte Tolomei keine Schwierigkeiten, italienische Übersetzungen zu finden, weil italienische Bezeichnungen bereits gebräuchlich waren (z. B. Bolzano für Bozen, Vipiteno für Sterzing, Egna für Neumarkt). In anderen Fällen ging er von urkundlich erwähnten lateinischen und spätlateinischen Bezeichnungen aus und italianisierte diese (z. B. Appiano aus Castrum Appianum für Eppan, aus Gschlier Casteliere, aus Geschwell Casabella). In anderen Fällen übersetzte er die deutschen Ortsnamen einfach wörtlich ins Italienische (z. B. Mezzaselva für Mittewald). Namen mit Dorf, Schloss, Knott, Schneide, Berg, Kopf usw. durfte es in den venetischen Tälern am Oberlauf der Etsch nicht mehr geben. Viele Namen sind auch einfache lautliche Veränderungen des deutschen Namens, damit er leichter ausgesprochen werden konnte, oder aber pure Erfindungen (z. B. Colle Isarco für Gossensaß, weil die Kirche auf einem Hügel – Colle – liegt, an dem der Eisack – Isarco – vorbeifließt). Ein weiteres Betätigungsfeld der Jahre 1916/17 bildete die Anfertigung von geographischen Karten für das „Istituto De Agostini", das die italienische Namensgebung Tolomeis unterstützen sollte.

Die Besetzung Südtirols durch italienische Truppen war für Tolomei ein entscheidender Schritt auf dem Weg zur „Wiedergewinnung" Südtirols. Für ihn ging es jetzt darum, die Situation radikal zu verändern und den Südtirolern zu zeigen, dass ihr Land endgültig italienischer Besitz war – allerdings mit bescheidenem Erfolg. Erst mit dem Sieg der Faschisten schlug seine Stunde. Am 3. März 1923 wurde er zum Senator ernannt; sein Einfluss auf die Südtirolpolitik wurde immer größer. Eine italienische Zeitschrift schrieb im April 1923: „Er schuf das Alto Adige. Er schuf es in seiner jetzigen geographischen Idee, er zwang es dem Geschichtsbewußtsein der Nation durch dreißigjährige Arbeit daran auf." Am 19. März 1923 erhielten Tolomei und Giovanni Preziosi, der später einer der schlimmsten Antisemiten wurde, von Giacomo Acerbo, einem der führenden Faschisten, den offiziellen Auftrag, einen Maßnahmenkatalog zur Italianisierung Südtirols auszuarbeiten. Zwei Tage später fand noch eine Besprechung zwischen Tolomei und Unterrichtsminister Giovanni Gentile statt. Am 29. März unterzeichnete König Viktor Emanuel III. das Dekret zur Italianisierung der Ortsnamen – auf der Grundlage von Tolomeis erstem „Prontuario". In einem ersten Durchgang sollten 300 Orte neue Namen erhalten. Am 14. April lag Tolomeis Katalog nahezu vollständig vor. Finanzminister De Stèfani wollte alle finanziellen Mittel zur Durchführung des Programms zur Verfügung stellen. Am 25. Mai wurden die Maßnahmen dem Ministerrat unterbreitet und am 1. Juli als „relazione Tolomei-Preziosi" verabschiedet.

Tolomeis großer Auftritt war am 15. Juli 1923. Unter stürmischem Beifall seiner Zuhörer, die mit Sonderzügen aus Trient angereist waren, verkündete er im Bozner Stadttheater, das einen Monat vorher „über die Köpfe der Bürger hinweg" an eine italienische Gesellschaft verpachtet worden war, seine berühmten 32 „Provvedimenti per l'Alto Adige", die „Der Tiroler" am nächsten Tag als „Maßnahmen für die Austilgung des Südtiroler Deutschtums" bezeichnete. Tolomei forderte:

1. Vereinigung des Alto Adige und des Trentino in einer einzigen Provinz mit Hauptstadt Trient.
2. Ernennung italienischer Gemeindesekretäre.
3. Revision der (Staatsbürgerschafts-)Optionen und Schließung der Brennergrenze für alle Personen, denen die italienische Staatsbürgerschaft nicht zuerkannt worden war.
4. Einreise- und Aufenthaltserschwernisse für Deutsche und Österreicher.
5. Verhinderung der Einwanderung Deutscher.
6. Revision der Volkszählung von 1921.
7. Einführung des Italienischen als Amtssprache.
8. Entlassung der deutschen Beamten bzw. Versetzung in die alten Provinzen.
9. Auflösung des „Deutschen Verbandes".
10. Auflösung aller Alpenvereine, die nicht dem italienischen Alpenverein unterstanden; Übergabe der Schutzhütten an den italienischen Alpenverein.
11. Verbot der Namen „Südtirol" und „Deutsch-Südtirol".
12. Einstellung der in Bozen erscheinenden Tageszeitung „Der Tiroler".
13. Italianisierung der deutschen Ortsnamen.
14. Italianisierung der öffentlichen Aufschriften.
15. Italianisierung der Straßen- und Wegbezeichnungen.

16. Italianisierung der „verdeutschten" Familiennamen.
17. Entfernung des Denkmals Walthers von der Vogel-weide vom Bozner Waltherplatz.
18. Verstärkung der Carabinieritruppe unter Ausschluss deutscher Mannschaften.
19. Begünstigung von Grunderwerb und Einwande-rung von Italienern.
20. Forderung des Desinteresses des Auslandes an Südtirol.
21. Beseitigung deutscher Banken, Errichtung einer italienischen Bodencreditbank.
22. Errichtung von Grenzzollämtern in Sterzing und Toblach.
23. Großzügige Förderung der italienischen Sprache und Kultur.
24. Errichtung italienischer Kindergärten und Volks-schulen.
25. Errichtung italienischer Mittelschulen.
26. Strenge Kontrolle von Auslands-Hochschuldiplo-men.
27. Ausbau des Istituto di Storia per l'Alto Adige.
28. Änderung des Gebietsumfangs des Bistums Brixen und strenge Kontrolle der Aktivität des Klerus.
29. Verwendung des Italienischen bei Prozessen und vor Gericht.
30. Staatliche Kontrolle der Handelskammer Bozen und der landwirtschaftlichen Körperschaften (Cor-porazioni).
31. Umfangreiche Programme für neue Eisenbahn-knoten, um die Italianisierung des Alto Adige zu erleichtern (Bahnprojekte Mailand-Mals, Veltlin-Brenner, Agordo-Brixen).
32. Steigerung des Truppenbestandes im Alto Adige.

Das von Tolomei verkündete Programm wurde in den folgenden Jahren Schritt für Schritt verwirklicht. Dabei gab es taktische Varianten, Verzögerungen, aber an der Gesamtstrategie änderte sich nichts. Zeitlich bietet sich dabei eine Einteilung in zwei Phasen an: zum einen bis 1926, und dann ab 1927 mit Bozen als eigener Provinz, wo die Maßnahmen verschärft wurden und ein neues Element in die Politik eingeführt und das Leben der Südtiroler noch unerträglicher wurde. Das Stichwort hier heißt Majorisierung, d. h. Zerstörung der Identität durch massive Einwanderung von Italienern, insbesondere aus dem Süden. Das Leben der Südtiroler wurde damit mehr und mehr „unwirtlich". Am Ende stand dann 1939 die Option, eine Art „ethnischer Flurbereinigung", die „Endlösung" der Südtirolfrage.

Erst die Option 1939 ließ Tolomei an die Vollendung seines Lebenswerkes glauben. Er begrüßte das Umsiedlungsabkommen und deutete es als „ewige Garantie" der Brennergrenze als Staats- und Nationengrenze, genau das, was ihm Hitler bei einer Unterredung 1928 in München zugesagt hatte. Tolomei schrieb sich selbst große Verdienste am Zustandekommen der Option zu. Gisela Framke sieht jedoch keinen direkten Zusammenhang zwischen den Aussiedlungsüberlegungen Tolomeis zu Beginn des Ersten Weltkrieges und der tatsächlichen Umsiedlung der Südtiroler. Richtig ist, dass Tolomei sich mit seinem Südtirolprogramm in der Mitte zwischen Verfechtern eines „Status quo nazionale" einerseits und einer absoluten „Säuberungstheorie" andererseits eingeordnet hat (letztere Position wurde vor allem von seinem Mitarbeiter Adriano Colocci Vespucci propagiert). Im Zweifel war Tolomei allerdings immer für Coloccis Position. Er hielt noch an einer Totalumsiedlung fest, als aus finanziellen und militärischen Gründen diese Idee längst aufgegeben bzw. faktisch auch die Teilumsiedlung eingestellt worden war. Nach entsprechenden Artikeln im „Archivio" wurden die Bände mehrfach beschlagnahmt. Tolomei verkannte die politische Lage. In die Isolation geraten, beklagte er immer wieder die „errori" der Option, worunter er vor allem die Einbeziehung der Ladiner und das allmähliche Einschlafen der Durchführungsbestrebungen verstand. Genugtuung verschaffte ihm in diesem Zusammenhang lediglich die Tatsache, dass die Ampezzaner für Italien optiert hatten. Die Grödner hatten sich dann mehrheitlich für die Umsiedlung entschieden. Im Zuge der deutschen Besetzung Südtirols Anfang September 1943 wurde Tolomei von den Deutschen verhaftet und über Innsbruck und Dachau nach Thüringen gebracht, wo er zwei Jahre lang interniert wurde. Nach seiner Befreiung wurde ihm von der italienischen Regierung nahegelegt, sich aus der Politik zurückzuziehen und die Direktion des „Archivio" Carlo Battisti zu überlassen. Den größten Teil seiner letzten Lebensjahre verbrachte er dann auf seinem Landsitz in Glen. Er starb 1952 im Alter von 86 Jahren, überzeugt davon, durch sein Wirken die Italianität in Südtirol auf Dauer gesichert zu haben. Entsprechend groß war die Ehre, die ihm bei seiner Beerdigung zuteilwurde und noch heute von den Anhängern der Alleanza Nazionale, den ehemals im MSI organisierten Neofaschisten, entgegengebracht wird: Sie sorgen für frische Kränze am Grab.

Die Maßnahmen des faschistischen Programms berührten jeden Bereich der Südtiroler Gesellschaft. Gehen wir Schritt für Schritt vor.

III.
1922–1938: Die faschistische Südtirolpolitik

1.
Der Name „Tirol" verboten

Bereits mit April 1923 waren italienische Ortsnamen in Südtirol eingeführt worden – entsprechend dem 1916 von Tolomei veröffentlichten Ortsnamenverzeichnis. Am 8. August ordnete Präfekt Guadagnini an, dass der Gebrauch des Namens „Tirol" ab dem 23. August verboten sei. Auch alle Ableitungen oder Verbindungen mit diesem Wort, wie „Tiroler", „Südtiroler", „Deutsch-Südtirol", durften nicht mehr verwendet werden. Einige besonders Eifrige forderten sogar die Änderung der Warenbezeichnungen wie „Tiroler Loden". Zuwiderhandlungen wurden mit Strafen bis zu einem Monat Haft oder einer Geldbuße von 20 bis 200 Lire geahndet (ab 1931 auf 2000 Lire – etwa drei Monatsgehälter – und drei Monate Haft erhöht). Die Zeitung „Der Tiroler" musste in „Der Landsmann" umbenannt werden; auch die Verlagsanstalt Tyrolia erhielt einen neuen Namen: „Vogelweider", der später in „Athesia" (lat. Etsch) umgewandelt wurde. Für das Gebiet vom Brenner bis Salurn galt jetzt offiziell die Bezeichnung „Alto Adige". In deutscher Form konnten die Begriffe „Oberetsch" für „Alto Adige" und „Etschländer" für „Atesino" verwendet werden. (Im ersten Autonomiestatut von 1948 wurde daraus dann auf Deutsch „Tiroler Etschland". Die offizielle Wiederherstellung des

Landesnamens – „Südtirol" – im neuen Autonomiestatut von 1972 war dann ein später Akt historischer Gerechtigkeit.) In seiner letzten Ausgabe vor dem Verbot des Namens „Tirol" schrieb „Der Tiroler":

> „Ade, mein Land Tirol [...]! Nun hebt ein neuer Anfang an, an dessen Ende jene, die uns nicht gewogen sind, unsere nationale und heimatliche Entwurzelung erwarten. Wir wissen, was man mit uns vorhat. Wir wissen es und sind gefaßt [...]. Aber vor der Regierung, vor dem italienischen Volk, vor der ganzen Welt erheben wir und werden unablässig die Frage erheben: Warum haben wir das verdient?"

Die Südtiroler Abgeordneten in der römischen Kammer protestierten; ein öffentlicher Aufruf endete mit den Worten:

> „Wenn das Land zerrissen, wenn Südtirol dem Königreich Italien einverleibt und ein Teil der Provinz Trient wurde, so ist unser Heimatland trotz aller neuen Namen doch das geblieben, was es immer war, [...] und die Menschen [...] werden immer sein, was ihre Väter waren: Tiroler. [...] Wir bleiben, was wir sind, nur mit seinen Bergen wird Tirol vergehen."

Auch in Nordtirol wurde massiv protestiert. In den „Innsbrucker Nachrichten" hieß es:

> „Wenn die Herren des Tiroler Südens glauben, durch einen Federstrich den Namen unseres Landes wegzuwischen und auszutilgen, so mag ihrer Gewalt vielleicht die Ausmerzung der Buchstaben in Schrift, Druck und Farbe gelingen, dafür brennen wir aber

den Namen Tirol um so heißer und tiefer in die Herzen
der Tiroler. [...] Uns Tirolern diesseits des Brenners
schlägt dieser Gewaltstreich Mussolinis die gleiche
tiefe Wunde wie unseren Brüdern in Südtirol, aber
auch wir werden nie und nimmer den Namen Tirol
vergessen, [...] bis das Rad der Weltgeschichte auch
über die Frevler hinweggeht."

Und im „Tiroler Anzeiger" hieß es, der Name Tirol werde noch glänzen, „wenn der Stern Mussolinis schon
längst versunken ist". Der Innsbrucker Gemeinderat
setzte damals ein für alle sichtbares Zeichen. Auf Antrag der Deutsch-Völkischen Arbeitsgemeinschaft wurde beschlossen, einige Straßen in Innsbruck umzubenennen und ihnen Südtiroler Städtenamen zu geben.
So wurde aus dem Bahnhofsplatz der Südtiroler Platz,
aus dem Margarethenplatz der Bozner Platz, aus der
Rudolfstraße die Brixner Straße, aus der Landhaus-
straße die Meraner Straße, aus der Kaiser Wilhelm-
straße die Salurner Straße, aus der Bahnhofstraße die
Brunecker Straße und schließlich aus der Südbahnstra-
ße die Sterzinger Straße. Bürgermeister Greil nannte
diese Entscheidung „ein Gebot der Treue gegenüber
Südtirol" und stellte fest: „Innsbruck will [...] in seinen Straßen und auf seinen Plätzen das Weltgewissen
wach erhalten" – was damals für etliche Jahre auch
gelang. Heute können sich allerdings nur noch die
wenigsten an diese Umbenennungen erinnern. 1925
beschrieb der Südtiroler Adolf Innerkofler die Situation folgendermaßen:

„In keiner Zeitung, in keiner Drucksache durfte mehr
der Name Tirol oder Südtirol stehenbleiben oder ge-
druckt werden. Carabinieri gingen in die Kaufläden,

Gastwirtschaften, Druckereien und strichen eigenhändig selbst auf den schon lange gedruckten Ansichtskarten das Wort Tirol oder Südtirol bis zur Unleserlichkeit durch. Nicht einmal ‚Tiroler Knödel' darf man sagen, sie heißen nur noch ‚Oberetscher Knödel'."

Der Name Tirol war kaum verboten worden, da folgte ein Angriff auf das Vereinswesen. Am 3. September 1923 wurde der Südtiroler Alpenverein mit all seinen Sektionen aufgelöst und Anfang 1924 dessen gesamter Besitz, u. a. 77 Schutzhütten, dem Club Alpino Italiano übertragen.

Will man eine Minderheit entnationalisieren, so muss man ihr zuallererst ihre Sprache nehmen. In diesem Punkt gingen die Faschisten zielgerichtet vor. Im Briefverkehr mit der Präfektur durfte schon seit dem 30. November 1922 nur noch die italienische Sprache verwendet werden. Ein Jahr später ging man einen Schritt weiter: Am 23. Oktober 1923 wurde der Gebrauch der italienischen Sprache in der öffentlichen Verwaltung auf Staats-, Provinz- und Gemeindeebene vorgeschrieben; am 28. Oktober wurde dies auf Aufschriften und Ankündigungen erweitert. Plakate, Anzeigen, Tabellen, Fahrpläne etc. durften nur noch in italienischer Sprache erscheinen; Fotos, Postkarten, Landkarten mussten die italienischen Ortsnamen anführen. Bei der Durchführung kam es zu schikanösen Einzelaktionen. Briefe mit deutschen Adressen wurden nicht mehr zugestellt; Gasthäuser mussten von ihrem Geschirr deutsche Aufschriften entfernen; ein Grödner Gastwirt musste seinen Betrieb einstellen, weil er vergessen hatte, die Aufschrift „Warmwasser" von einem Kochtopf zu entfernen. Eine Bäuerin musste die Mohnpflanzen aus ihrem Garten entfernen, weil sie rot und weiß blühten. Da die Freiwilligen Feuerwehren besonders effizient waren und schnell an die Brandstellen kamen, befürchtete ein faschistischer Funktionär, dass sie sich in eine schnell mobilisierbare Einsatztruppe verwandeln könnten; deshalb durften die Feuerwehren erst ein Feuer löschen, wenn sie von ihm die Erlaubnis erhalten hatten.

Am 25. September 1925 wurde Italienisch zur einzig zulässigen Gerichtssprache. Verfahren in Zivil- und Strafsachen durften nur noch auf Italienisch durchgeführt werden. Viele Südtiroler beherrschten diese Sprache aber noch nicht oder noch nicht ausreichend und wurden so vielfach zu falschen Aussagen gezwungen. Ein Dolmetscher war zwar erlaubt, aber für die Kosten musste der Angeklagte selbst aufkommen, was nur selten möglich war. Rechtsanwälte, die untereinander deutsch sprachen, erhielten eine Strafe von 5000 Lire.

Die deutschen Richter mussten sich entscheiden, in welche Gebiete der alten Provinzen sie versetzt werden wollten, da die Heimat keine Arbeitsplätze mehr für sie bot. Auch deutsche Geschworene verloren ihre Stelle. Deutsch als Gerichtssprache – dies sollte auch nach dem Zweiten Weltkrieg ein jahrzehntelanges Streitthema bleiben. Die Italiener beharrten auf der von den Faschisten eingeführten Regelung und waren erst Anfang der neunziger Jahre bereit nachzugeben.

1925 begann man damit, die Gemeindeautonomie abzuschaffen. Mit einem Dekret vom 16. April – am 25. Mai veröffentlicht – wurde den Gemeinden das Recht aberkannt, Gemeindesekretäre zu ernennen. 1926 wurde die Absetzung der frei gewählten Bürgermeister und die Einsetzung staatlicher Amtsbürgermeister – der Podestàs – verfügt. Diese Maßnahme galt zwar für das gesamte Italien, hatte aber für Südtirol ganz besonders schwerwiegende Auswirkungen. Die Podestàs kamen fast ausschließlich aus den alten Provinzen, v. a. aus der Lombardei und dem Piemont, und konnten kaum Deutsch. Sie interessierten sich meist kaum für die Angelegenheiten der Gemeinden, erfüllten ihre Pflicht schlecht bis gar nicht, waren zusätzlich noch oft fachunkundig und bereicherten sich nicht selten auf Gemeindekosten. Die „Brücke zwischen dem Mann von der Straße und den übergeordneten Instanzen" war eingestürzt.

Ein Gesetz vom Mai 1924 erklärte Südtirol zu einem befestigten Grenzgebiet. Jedes Gebäude, jede bauliche Veränderung, jeder Eigentumswechsel musste von der Militärbehörde genehmigt werden. Das Perfide daran war, dass die Genehmigung auch jederzeit wieder zurückgezogen werden konnte, mit der Konsequenz, dass die Bauten dann wieder abgerissen werden mussten. Die Militärbehörde konnte den Abriss jedes Gebäudes verfügen und jeden Kauf- oder Mietvertrag annullieren. Am 1. September 1926 erklärte ein Dekret des Präfekten Südtirol zum Militärgebiet. Diese Maßnahmen dienten primär dazu, die Bevölkerung unter Druck zu setzen.

2.
Die Ausschaltung der Presse

Noch gab es deutschsprachige Zeitungen und Zeitschriften. Sie berichteten, so gut es ging, über die Ereignisse und informierten die Bevölkerung – und waren damit den Faschisten ein besonderer Dorn im Auge. Anfang 1925 verschärften diese daher ihre Maßnahmen. Der Bozner Unterpräfekt eröffnete am 8. Januar 1925 den Kampf und verhängte mit der immer gleichen Begründung – „tendenziöse antiitalienische Berichterstattung" – über alle deutschen Zeitungen in Südtirol die Vorzensur. Davon betroffen waren die Tageszeitungen „Der Landsmann", die „Bozner Nachrichten" in Bozen und die „Meraner Zeitung" in Meran sowie der wöchentlich erscheinende „Volksbote" in Bozen. Am 20. Januar erhielt „Der Landsmann" seine erste Verwarnung. Dem verantwortlichen Schriftleiter wurde seine „tendenziöse" Berichterstattung vorgeworfen, mit der er die „Verbrüderung der zwei Völkerschaften" verhindere. Michael Gamper, Schriftleiter des „Volksboten", wurde am 20. Februar verwarnt. Eine zweite Verwarnung konnte laut Pressegesetz vom 15. Juli 1923 die Einstellung der Blätter zur Folge haben. Diese Zweitverwarnung kam dann sehr schnell. Wegen Übertretung der Ortsnamenerlässe aus dem Jahre 1923 wurde „Der Landsmann" am 23. Juli erneut verwarnt, und mit 22. Oktober 1925 musste er sein Erscheinen einstellen (genauso wie die „Brixner Chronik", die „Bozner Nachrichten" und die „Dolomiten"). Ein Jahr später erging es den übrigen Blättern ähnlich. Nach einer Durchsuchung des „Vogelweider"-Verlages in Bozen und Meran ordnete Guadagnini die Einstellung des „Volksboten", des „Volksblattes" und des „Burggräflers" an. Lediglich die „Meraner Zeitung" konnte noch kurze Zeit erscheinen. Das wichtige „Bindeglied von Ort zu Ort, von Tal zu Tal war somit zerrissen", schrieb Gamper im Rückblick am 6. Dezember 1952 in den „Dolomiten".

Hinter diesen Aktionen steckte die Absicht der Faschisten, eine eigene Tageszeitung in deutscher Sprache herauszugeben. Dieses Vorhaben konnten sie dann im Frühjahr 1926 realisieren, nachdem auch die „Meraner Zeitung" eingestellt worden war und die Druckerei Ellmenreich bereit war, mit ihnen zusammenzuarbeiten. Am 2. März 1926 erschien die erste Nummer der faschistischen „Alpenzeitung". Daneben erschien seit dem 22. April 1927 das offizielle Organ der faschistischen Partei in Südtirol, „La Provincia di Bolzano". Parallel dazu war es allerdings Gamper mit Unterstützung der Bischöfe von Brixen und Trient gelungen, die Wiederzulassung der „Dolomiten" und des „Volksboten" zu erreichen. Diese Blätter erschienen in der Folgezeit dreimal pro Woche, mussten regimefreundlich berichten und waren einer strengen Zensur unterworfen.

3.
Die Italianisierung der Schule

Das Schulgesetz vom 1. Oktober 1923, die „Lex Gentile", benannt nach dem Unterrichtsminister im ersten Kabinett Mussolini, Giovanni Gentile, war zwar für ganz Italien gedacht, führte aber in Südtirol zur Zerstörung der deutschen Schule – was auch beabsichtigt war. In der Schule schritt die Italianisierung jetzt Jahr für Jahr voran. Mit jedem Schuljahr gab es eine deutsche Klasse weniger, bis Präfekt Alfredo Giarratana am 6. Februar 1928 melden konnte, dass in Südtirol in 760 Klassen Italienisch die einzige Unterrichtssprache sei, während nur mehr in 30 Klassen deutsche Anhangstunden erlaubt seien. Von dem Gesetz waren in Südtirol 324 Schulen mit 539 Klassen und 30.000 Schülern betroffen; die deutschen Lehrer wurden vom Dienst suspendiert. Mit dem Gesetz war auch die Möglichkeit gegeben, die Mittel- und Oberschulen aufzulösen, was dann 1927/28 geschah. Dieses Gesetz war das schwerwiegendste Entnationalisierungsdekret dieser Zeit, das „Todesurteil" für die deutsche Volksschule in Südtirol. Die gesamte deutsche Jugend war von nun an einer grausamen Italianisierung ausgeliefert.

Schon 1924 war die deutsche Lehrerbildungsanstalt in Bozen aufgelöst worden. Ein Dekret des Trentiner Schulamtes vom 3. Mai 1924 verfügte die Einführung der italienischen Sprache in den deutschen Kindergärten. Die als Ersatz eröffneten Spielstuben wurden gewaltsam geschlossen. Weitere Dekrete betrafen den Hochschulabschluss und die Mittel- und Oberschulen; österreichische und deutsche Hochschuldiplome hatten nur Gültigkeit nach einjährigem Studium an einer italienischen Universität.

Mit der „Lex Gentile" begann gleichzeitig der systematische Abbau der deutschen Lehrkräfte. Sie wurden bis 1932 schubweise nach Bedarf wegen „insufficienza didattica" ohne Entschädigung entlassen oder nach Süditalien versetzt, falls sie den italienischen Befähigungsnachweis erbringen konnten. Die italienischen Lehrkräfte wurden dagegen teilweise mit falschen Versprechungen nach Südtirol gelockt; einerseits wurde vom „erbärmlichen Bildungsstand der abseits von aller römischen Kultur in einem Ghetto dahinvegetierenden Staatsbürger zweiter Klasse" gesprochen, andererseits zogen die vom Staat gewährten Vergünstigungen wie Gratiswohnungen, Kilometergeld usw. diese Italiener an. Für viele italienische Lehrer/innen wurde der Aufenthalt in Südtirol dann allerdings zum Alptraum. Viele waren sogar überrascht, dort eine für sie „fremdländische Sprache" zu hören. Sie mussten sich strikt an den Lehrplan halten, mit der Aufgabe, „bravi italiani" aus den Kindern zu machen – ungeachtet der sprachlichen, kulturellen und gesellschaftlichen Traditionen Südtirols. Besonders in den Dörfern lebten sie isoliert und stießen auf Verachtung, Unverständnis und Feindseligkeit, obwohl sie oft besser als ihr Ruf waren, zum Großteil Italienisch bisher nicht als Fremdsprache unterrichtet und auch keine Ahnung davon hatten, in welchen Schwierigkeiten die Kinder steckten. Was diese zu Hause hörten, stand in krassem Gegensatz zu den Inhalten, die ihnen in der Schule vermittelt wurden. Ein neues Gesetz vom 22. Januar 1925, in dem die Schulgesetze Italiens zusammengefasst wurden, gestand in Artikel 169 die Errichtung von Privatschulen zu. Dazu ist es in Südtirol allerdings nicht gekommen. Lehrbücher und Unterrichtsräume mussten vom Trentiner Schulamt genehmigt werden, was selten vorkam. War eine Genehmigung erteilt worden, zogen Schulinspektoren sie oftmals wieder ohne Angabe von Gründen zurück. Die deutschen Privatlehrer mussten sich einer Sprachprüfung unterziehen, die die meisten nicht bestanden. War jemand als Privatlehrer tätig, so musste er dem italienischen Ortslehrer mitteilen, wann und wo er Nachhilfeunterricht erteilte. So wurden die italienischen Lehrer automatisch zu Kontrolleuren ihrer deutschen Kollegen.

Es gab nur noch einen Bereich, in dem in deutscher Sprache unterrichtet wurde, nämlich der Religionsunterricht. Zwar war in einem königlichen Dekret vom 13. November 1923 verordnet worden, dass „in all jenen Klassen, in denen die italienische Unterrichtssprache eingeführt ist, auch der Religionsunterricht in italienischer Sprache erteilt werden muss", aufgrund einer Intervention des Brixner Bischofs hatte sich allerdings bis 1925 nichts geändert.

Im selben Jahr forderten die Faschisten in einer Denkschrift an den Papst die endgültige Italianisierung der kirchlichen Institutionen. Jene Elemente, die der italienischen Nation gegenüber feindlich eingestellt seien, sollten von der Seelsorge und vom Religionsunterricht entfernt werden. Außerdem wurden die Italianisierung der karitativen Institutionen und der deutschen Orden sowie die Verdrängung der deutschen Sprache aus der Kirche und schließlich die Abschaffung des deutschen Religionsunterrichts gefordert. Das Ergebnis war, dass von nun an der Religionsunterricht in den oberen fünf Klassen der Pflichtschule ausschließlich in Italienisch erfolgen musste, während in den drei unteren die deutsche Sprache nur zur Erläuterung der italienischen Katechese gebraucht werden durfte. Schon Ende 1926 durften 36 Südtiroler Priester nicht mehr als Katecheten arbeiten.

Als mit dem Schuljahr 1926/27 der Religionsunterricht endgültig italienisiert werden sollte, trat der Klerus auf Anraten des Brixner Bischofs Johannes Raffl geschlossen zurück. Im Frühjahr 1928 erteilte der Vatikan dann die Genehmigung, Pfarrunterricht in deutscher Sprache außerhalb der Schule abzuhalten – was bisher in Südtirol nicht üblich war. Diesen Pfarrschulen, die ihren Unterricht in Pfarr- und Mietshäusern abhielten, kommt für die Erhaltung der deutschen Sprache ein großes Verdienst zu, auch wenn man trotz allem mit erheblichen Problemen konfrontiert war: Der Unterricht wurde streng kontrolliert, Zeugnisse wurden oft gleich nach der Verteilung beschlagnahmt. Verbotenerweise wurde auch etwas Sprachunterricht erteilt, was aber beim Vatikan auf große Zurückhaltung stieß, weil er während der Verhandlungen über die Lateranverträge jede Kontroverse mit Mussolini vermeiden wollte.

Die Lateranverträge vom 11. Februar 1929 garantierten den Fortbestand von vier kirchlichen Internatsschulen für Knaben ohne Öffentlichkeitsrecht, u. a. der beiden deutschsprachigen geistlichen Seminarien Vinzentinum in Brixen und Johanneum in Dorf Tirol.

4.
Die Katakombenschule

Im Schulbereich leisteten die Südtiroler Widerstand. Das Stichwort lautet hier Katakombenschule. Die entscheidende Rolle spielte Kanonikus Michael Gamper, lange Jahre Chefredakteur des „Volksboten". Unmittelbar nach Erlass der „Lex Gentile" schrieb er im „Volksboten":

„Was soll nun geschehen? Sollen wir mit dem Verlust der deutschen Schule auch das deutsche Volkstum verlieren? Die heutigen Machthaber möchten es. Ein hoher Regierungsbeamter hat die Maßnahme damit begründet, daß die Regierung bestrebt sein müsse, in unserem Lande möglichst rasch einen italienischen Nachwuchs zu erziehen. Soll ihr dies gelingen? Möge es unser Volk zu verhindern wissen! Nun müssen wir es den ersten Christen nachmachen. Als diese vor den Verfolgern nicht mehr sicher waren, wenn sie in der Öffentlichkeit ihren Gottesdienst hielten, zogen sie sich an den häuslichen Herd zurück. [...] Als sie vor den Verfolgern auch da nicht mehr sicher waren, nahmen sie zu den Toten in den unterirdischen Grabkammern, in den Katakomben ihre Zuflucht."

Michael Gamper wurde zum *Spiritus Rector* einer entstehenden Geheimschule, die unter dem Begriff „Katakombenschule" in die Geschichte Südtirols eingehen sollte. Am 27. November 1924 machte er im „Volksboten" klar, was zu tun sei: „Bis zur Zeit, da wir uns die deutsche Schule wiedererkämpft haben werden, bleibt uns kein anderes Ersatzmittel dafür als die Hausschule." Dies wurde von allen verstanden und motivierte die Kräfte der Familien, schuldienstentlassenen Lehrpersonen und Priester, sich dem Aufbau der Geheimschule zu widmen.

Gampers aktivste Mitarbeiter waren Josef Noldin, Eduard Reut-Nicolussi, Maria Nicolussi, Emma von Leurs, Richard Holzeis, Rudolf Riedl und Rudolf Mali. Am 7. März 1922 war Gamper zum Obmann der Tiroler Volkspartei bestellt worden; dies ermöglichte es ihm in der Folgezeit, Verbindungen nach Österreich und Deutschland aufzubauen und Hilfe von „draußen" für die Notschule zu sichern.

Deutsche Schulbücher und das notwendige Schulmaterial gelangten in jenen Jahren auf geheimen Wegen über die Grenze. Vor allem Innsbrucker und Südtiroler Studenten waren daran beteiligt. Diese waren oftmals Mitglieder der deutschnationalen „Nibelungen", später des „Völkischen Kampfrings Südtirols" (VKS). Als Verstecke bis zur Verteilung an die Südtiroler Schülerinnen und Schüler dienten meist Sakristeien, Pfarrhöfe und Kirchen.

In den zwanziger und frühen dreißiger Jahren verwendete man vorwiegend österreichische Sprach-, Lese- und Märchenbücher; weit verbreitet waren die dreiteilige „Zeller Fibel" und Walter Dietnos Sprachkunde „Unseren Kindern". Sagen- und Liederbücher wurden von den Deutschtumsverbänden eingeschleust.

Obwohl Gamper darauf achtete, dass die Lehrbücher „nicht den deutschen Irredentismus propagierten", liegt doch die Vermutung nahe, wie Maria Villgrater meint, „daß durch die Lehrmittelbehelfe der Deutschtumsverbände hier und da auch Begriffe von der Bodenständigkeit des mythisch überhöhten Bauerntums und völkisch-totalitäre Schlagwörter in den Kreis der Katakombenschule einsickerten".

In diesem Sinne war die Arbeit in den Katakombenschulen nicht nur katholisch-konservativ ausgerichtet, sondern erhielt auch eine mehr oder weniger deutschnationale Färbung. Aus organisatorischen und verwaltungstechnischen Gründen wurde Südtirol in drei Bezirke eingeteilt: Bozen und Umgebung, Brixen mit dem oberen Eisacktal und dem Pustertal, Meran mit dem Burggrafenamt und dem Vinschgau.

Eines der Hauptprobleme war, Lehrpersonen zu finden. Man sprach junge Mädchen an, die noch keinen festen Beruf hatten. Sie wurden von den Ortsgeistlichen ausgewählt und in Ausbildungslehrgängen für die Arbeit vorbereitet. Zuständig hierfür war Maria Nicolussi.

Im Juli/August 1925 wurden erstmals in einem streng geheimen Lehrgang, der als Nähkurs getarnt war, in Bozen 25 Mädchen des Unterlandes notdürftig ausgebildet. Ein zweiter Lehrgang, der als Ferienaufenthalt getarnt war, wurde in Grado organisiert. Nach frühzeitigem Abbruch wurde er in das Marieninternat in Bozen verlegt, wo er ungestört zu Ende geführt werden konnte. Danach fanden in ganz Südtirol Kurse statt, die hauptsächlich unter kirchlichem Schutz standen. Im Jahre 1931 wurden dann in München Kurse abgehalten.

Diese Aktivitäten blieben den Faschisten nicht verborgen. Am 25. November stellte Präfekt Guadagnini dazu fest:

„Die Aufdeckung einer beträchtlichen Anzahl deutscher Geheimschulen, besonders im Gebiet zwischen Bozen und Salurn, beweist, daß im Alto Adige eine regelrechte Organisation des Widerstandes besteht, welche für die Anwerbung von Lehrern, die Einrichtung der Schulen und die nötige Finanzierung sorgt. [...] In dieser Sache, welcher ich eine besondere politische Bedeutung beimesse, erwarte ich [...] die schärfste Wachsamkeit und die größte Raschheit und Energie."

Mit Gesetz vom 6. November 1926 war die faschistische Gegenoffensive bereits angelaufen. Jahrelang waren jetzt Hausdurchsuchungen, Verhöre, Misshandlungen, Beschlagnahme der deutschen Schulbücher, Verwarnungen, Mahnungen, Gefängnis und Verbannung die Mittel, um die Katakombenschule zu zerstören. Rudolf Riedl wurde 1927 ausgewiesen und ging nach Nordtirol, Josef Noldin wurde auf die Insel Lipari verbannt und starb nach seiner Rückkehr. Ein weiteres Opfer war die Lehrerin Angela Nicoletti, die mehrmals verhaftet, unter Polizeiaufsicht gestellt und dann ausgewiesen wurde und 1930, erst 25-jährig, starb. Die brutale Vorgangsweise der italienischen Behörden rief im ganzen Land Angst und Schrecken hervor. Auch in Österreich und Deutschland wurde darauf mit Empörung reagiert, gleichzeitig solidarisierte man sich mit den Südtirolern und deren Schicksal.

Trotz Idealismus und Opferbereitschaft konnte der Geheimunterricht nur sehr primitiv und unzureichend abgehalten werden. Das lag zum einen daran, dass Scheunen, Dachkammern, Kellerräume und Bauernstuben als Klassenzimmer dienen mussten, zum anderen daran, dass die Möglichkeiten für einen ordentlichen Unterricht äußerst unzulänglich waren. Der deutsche Parallelunterricht zur offiziellen Schule bedeutete für die Schüler eine große Belastung in dem Sinne, dass in der italienischen Schule, vor allem in Heimatkunde und Geschichte, genau das Gegenteil von dem gelehrt wurde, was in der Geheimschule unterrichtet wurde. Der Südtiroler Journalist Claus Gatterer bemerkte zu dieser Identitätslosigkeit der Kinder: „Wir waren Zerrissene, unsere Hülle war Lüge: Wir logen daheim über die Schule, in der Schule über daheim und über uns selbst." In den offiziellen Schulen entstand ein Chaos, weil die italienischen Lehrkräfte vielfach freiwillig das Land wieder verließen. Der damit verbundene häufige personelle Wechsel führte dann dazu, dass manche Kinder in der dritten Volksschulklasse weder lesen noch schreiben konnten. Das Analphabetentum stieg rasant an.

Aufgrund des Mutes, der Verschwiegenheit und der Solidarität vieler gelang es den faschistischen Behörden nicht, die deutsche Notschule zu zerschlagen. Eingestellt wurde sie erst 1940, nachdem die deutsche Sprache offiziell wieder benutzt werden durfte und Sprachkurse ausschließlich für die Kinder der „Optanten" eingerichtet wurden. Für das faschistische Italien war es einigermaßen unfassbar, dass trotz der massiven Maßnahmen gegen die Schule die deutsche Sprache überlebte, obwohl die Gründe auf der Hand lagen.

5.
Weitere Maßnahmen

Die faschistischen Entnationalisierungsmaßnahmen betrafen fast jeden Lebensbereich der Südtiroler. Im Frühjahr 1927 wurde die nationale faschistische Sportkommission „Ente Nazionale per l'Educazione Fisica" gegründet; ihre Aufgabe war die Überwachung der lokalen Sportorganisationen, um antinationale Propaganda zu verhindern. Für öffentliche Betriebe und Einrichtungen gab es immer neue Verordnungen. Ab Juli 1928 mussten in Hotels, Restaurants und Gasthäusern Bilder des Königspaares und des Duce hängen. Wer sich nicht daran hielt und „Mangel an Patriotismus" zeigte, musste mit entsprechenden Konsequenzen rechnen; in den meisten Fällen hieß das Schließung des Betriebes. Rechnungen durften nur mehr entweder zweisprachig oder auf Italienisch ausgestellt werden. Gleichzeitig wurden Maßnahmen gegen Einzelpersonen verschärft, „die sich mißliebig gemacht hatten oder gefährlich zu sein schienen". Nach Angaben von Reut-Nicolussi erhielten 1927 etwa 100 Personen den im Polizeigesetz von 1925 vorgesehenen Sonderpersonalausweis für „gefährliche und verdächtige Personen" und wurden damit praktisch unter Polizeiaufsicht gestellt. Im September 1927 wurde die Kanzlei von Reut-Nicolussi geschlossen, im Oktober jene der Südtiroler Abgeordneten Tinzl und Sternbach. Diese Kanzleien hatten eine wichtige Rolle für die Zusammenarbeit zwischen den Abgeordneten und der Südtiroler Bevölkerung gespielt. Die Begründung klang simpel: „Italienfeindliche Propaganda". In den öffentlichen Bibliotheken mussten genauso viele italienische wie deutsche Bücher aufliegen, Zeitungshändler und Cafés mussten genauso viele italienische wie deutsche Zeitungen und Zeitschriften anbieten.

Die Geisteshaltung der Faschisten wird besonders deutlich erkennbar am Dekret Nr. 7622 vom 16. November 1927. Der erste Präfekt der neu errichteten Provinz Bozen, Umberto Ricci, verbot darin deutschsprachige Grabinschriften; diese mussten von nun an sämtlich in italienischer Sprache abgefasst werden. Der faschistische Parteisekretär der Provinz Bozen meinte dazu im „Popolo d'Italia" am 28. Februar 1928 verharmlosend: „Die italienische Regierung rührt die Vergangenheit überhaupt nicht an; sie schickt sich nur an, die Zukunft anzugehen." Zumindest die Ricci-Maßnahme konnte ab September 1943 mit der Besetzung Italiens durch deutsche Truppen wieder rückgängig gemacht werden.

In einem Interview mit dem „Pétit Parisien" sprach Mussolini ein Projekt an, das alle Aspekte der faschistischen Südtirolpolitik widerspiegelt: die Gründung der Ammoniakfabrik bei Sinich und die Gründung von Borgo Vittoria. Hier sollten die faschistische Industrialisierungspolitik, deren erstes und jahrelang auch einziges Beispiel Sinich war, die Ausnutzung der Wasserenergie, die Landwirtschaft mit der „inneren Kolonisierung" und der „gesamten Bonifizierung" und die Italianisierungspolitik mittels Majorisierung der Südtiroler miteinander verschmelzen. Der Erfolg blieb allerdings aus.

Ein weiteres Instrument zur Italianisierung war die 1921 gegründete und 1929 autonom gewordene „Ente di Rinascita Agraria per le Tre Venezie", die sog. „ERA". Ihre Aufgabe war es, Höfe von Bauern zu übernehmen, die in den Jahren der Wirtschaftskrise aufgeben mussten. Dahinter steckte die Absicht, so viele

Grundstücke und Besitzungen wie möglich zu erwerben, um damit die Zuwanderung von Italienern zu fördern. Dies war der Versuch einer „Eroberung des Bodens", die „conquista del suolo". Im Grunde hatte eine ähnliche Entwicklung schon früher eingesetzt. Der Versuch, Einfluss auf die Südtiroler Bauern zu gewinnen, war allerdings 1926 gescheitert. Es gelang zwar – nicht ohne unrühmliche „Hilfe" aus den eigenen Reihen –, den Südtiroler Bauernbund dem faschistischen Syndikat der Landwirte zu unterstellen, die Umwandlung blieb aber eher ein formaler Akt, da die politische Führung der Bauern auf den Deutschen Verband überging. In einem zweiten Anlauf wurde versucht, dem Bauernbund die finanzielle Stütze zu entziehen.

In Südtirol gab es in den meisten Gemeinden Raiffeisenkassen, die den Landwirten, landwirtschaftlichen Organisationen und Körperschaften auf gewerblicher Grundlage Kredite gewährten. Die Zentrale dieser Organisationen war die Landwirtschaftliche Zentralkasse in Bozen, die insgesamt 136 Raiffeisenkassen umfasste. Im Oktober 1926 sprengten 36 aus Trient angereiste Faschisten die Versammlung der Zentralkasse und verhinderten eine Neuwahl des Ausschusses. Am nächsten Tag wurde Antonio De Steffanini als Aufsichtsperson des Geldinstitutes eingesetzt. Das Ziel der Faschisten war erreicht: Ein „rein deutsches Geldinstitut [...] war in italienische Zwangsverwaltung gekommen". Ein Jahr später musste die Kasse wegen Zahlungsunfähigkeit ihre Schalter schließen. Es blieben die Sparkassen von Bozen, Brixen, Meran, Bruneck, St. Ulrich, Schlanders und Sterzing. Ihre Italianisierung erfolgte schrittweise. Ein Gesetz aus dem Jahre 1928 sah vor, dass es nur eine Sparkasse pro Provinz geben sollte. Zunächst wurde der Zusammenschluss der Sparkassen von Bozen,

Meran und Bruneck angeordnet – mit einem von der Regierung bestimmten Präsidenten. Dies war Teil einer allgemeinen Politik des Faschismus, die Bankenkonzentration zu fördern. Erst 1935 kam es dann zur Gründung der Südtiroler Sparkasse.

Im Rahmen der „Eroberung des Bodens" muss auch das königliche Dekret Nr. 2525 vom 4. November 1928 gesehen werden, mit dem das in Südtirol immer noch geltende österreichische Allgemeine Bürgerliche Gesetzbuch abgeschafft und mit 1. Juli 1929 die gesamte italienische Zivilgesetzgebung auch für Südtirol eingeführt wurde. Damit wurde auch das zuletzt im Jahre 1900 modifizierte „Tiroler Höferecht" abgeschafft, das die Teilung von Höfen verhindert und die geschlossene Erbfolge verordnet hatte. Das Regime wollte die Grundstücke zerstückeln, um so das wirtschaftliche Leben der Südtiroler Bauern unmöglich zu machen und die wichtigste Bevölkerungsgruppe, die de facto den gesamten Primärbereich kontrollierte, zu zerstören.

Die Faschisten erreichten ihr Ziel nicht. Vor allen Dingen deshalb nicht, weil die Bauern trotz mangelnder gesetzlicher Grundlage durch Testamente und Geschäfte zu Lebzeiten das Problem umgingen und an der Institution des geschlossenen Hofes festhielten. Von den 12.000 geschlossenen Höfen wurden bis zur Wiedereinführung des Höferechts im Rahmen des ersten Autonomiestatuts 1948 nur 6,2 Prozent aufgelöst.

Die Bilanz der ERA war insgesamt negativ. Sie übernahm 1931 60 Höfe, 1932 hatte sie 98, 1933 190, 1934 263 und 1939 schließlich 350 Höfe übernommen, die teilweise an italienische Bauern weiterverkauft wurden. Selbsthilfeaktionen der Südtiroler Bauern und Hilfe von „draußen" hatten verhindert, dass mehr Bauernhöfe den Besitzer wechselten.

6.
Das Siegesdenkmal und andere Denkmäler

„Eine arrogante Demonstration der Italianisierung Südtirols" nannte der Historiker Rudolf Lill zutreffend das Siegesdenkmal in Bozen, jenes faschistische Bauwerk, an dem sich die Geister bis heute am meisten scheiden. Die Entscheidung für den Bau eines Siegesdenkmals in Bozen fiel am 10. Februar 1926 in der römischen Abgeordnetenkammer. Das Denkmal sollte nicht nur den italienischen Sieg über den Feind jenseits der Alpen darstellen, Mussolini wollte auch ein Symbol für die von ihm vorangetriebene Italianisierung, das auch noch in die neue Stadtplanung in Bozen, die mit der Kolonisierung Südtirols einherging, eingebaut werden sollte. Er selbst entwarf die Skizze für dieses „grandiose" Unternehmen und stellte auch die für das Projekt zuständige Kommission zusammen. Tolomei schlug vor, das Denkmal an einer gut sichtbaren Stelle zu errichten, wo die Südtiroler Täler zusammenlaufen, und zwar bei der Talferbrücke, genau dort, wo das im Rohbau bereits fertiggestellte Denkmal für die im Ersten Weltkrieg gefallenen Kaiserjäger stand. Der Rohbau wurde weggesprengt und an derselben Stelle das Siegesdenkmal errichtet – eine weitere Demütigung für Südtiroler, Österreicher und Deutsche.

Mit dem Entwurf des Denkmals wurde der Regimearchitekt Marcello Piacentini beauftragt. Er bedankte sich bei Mussolini mit folgenden Worten:

„Ich erlaube mir, Eurer Exzellenz zu versichern, daß ich alle meine Kräfte und meinen Enthusiasmus für

dieses Werk einsetzen werde, das eine so immense po-
litische Bedeutung hat. Meine Absicht ist, ein wahr-
haft faschistisches Denkmal zu schaffen, und mit der
Kraft der Kunst und den Symbolen der Romanität
die ewige Jugendlichkeit unseres Geschlechts zu un-
terstreichen."

Ganz Italien war von dem Vorhaben begeistert: Eine
Spendenaktion übertraf alle Erwartungen; in kürzester Zeit konnten drei Millionen Lire gesammelt werden; auch Mussolini beteiligte sich mit einer persönlichen Spende.

Die Grundsteinlegung am 12. Juli 1926, dem 10. Jah-
restag der Hinrichtung von Cesare Battisti, wurde zu
einer politischen Demonstration: König Viktor Emanuel III., die Marschälle Cadorna und Badoglio, die
Minister Fedele und Cavallaro, Tolomei etc. nahmen
teil. Der Trentiner Fürstbischof Celestino Endrici weih-
te das Unternehmen. In den Grundstein wurde eine
vom Schriftsteller Gabriele D'Annunzio auf Perga-
ment geschriebene Siegeskundgebung gemauert, aus
der hervorgeht, dass mit diesem Denkmal den Südtirolern die Macht des italienischen Staates vor Augen
geführt werden solle.

Gegen Ende der Bauarbeiten suchte Minister Fedele die lateinische Inschrift aus, die an der der Talfer
zugewandten Stirnseite angebracht wurde und die bis
heute das Denkmal prägt:

„HIC PATRIAE FINES SISTE SIGNA HINC CETE-
ROS EXCOLUIMUS LINGUA LEGIBUS ARTIBUS"
(Hier sind die Grenzen des Vaterlandes. Setze die
Feldzeichen. Von hier aus brachten wir den anderen
Sprache, Gesetze und Künste.)

Jede Säule ist ein Liktorenbündel, dessen Beil das Kapitell ersetzt. Auf den aneinandergereihten Quadern der Hauptfassade, die der Talferstadt zugewandt sind, befindet sich die Skulptur der „Vittoria Sagittaria", die den Bogen in Richtung Norden spannt. Sie sollte die Mahnung an Österreich darstellen, dass die politische Unnachgiebigkeit des faschistischen Staates in Bezug auf Südtirol weiter bestehen würde.

Die offizielle Einweihung des Siegesdenkmals erfolgte am 12. Juli 1928, und zwar nachdem der österreichische Bundeskanzler Ignaz Seipel erklärt hatte, Südtirol sei eine ausschließlich inneritalienische Angelegenheit. Anwesend waren, wie schon bei der Grundsteinlegung, der König, der Herzog von Aosta, der Graf von Turin, der Herzog der Abruzzen sowie hohe faschistische Würdenträger. Endrici spendete erneut den kirchlichen Segen, und der faschistische Minister Giovanni Giurati, der Mussolini vertrat, erklärte u. a., das Denkmal werde eingeweiht

„an den Grenzen des Vaterlandes, in dieser Stadt, die Drusus gegründet hat, die bis zum Morgengrauen des verflossenen Jahrhunderts ihren italienischen Charakter unberührt bewahrt hat und die sich schnell von jeder Vermummung befreit. Der Strang, der den Hals Cesare Battistis umgibt, wird auf ewig jenen eine tragische, unumstößliche Antwort erteilen, die jenseits der Alpen noch immer die Sache des Usurpators vertreten. In Ewigkeit wird er sagen, daß die Geographen und die Geschichte das territoriale Recht der Nation bestimmen und daß die durch einen Kranz von Gipfeln bezeichnete Grenze [...] niemals wird geändert werden können. Ein großes Volk von nüchternen und scharfsinnigen Arbeitern und Soldaten kann *nicht dulden, daß die von Gott errichteten Grenzen auch nur diskutiert werden. Es kann nicht zulassen, daß als Vorwand für die kühnen Ansprüche die unendlich kleinen Minderheiten dienen, die während der verflossenen Jahrhunderte in einige Provinzen einwanderten."*

Das Denkmal ist Träger vieler widersprüchlicher Botschaften. Am widersprüchlichsten ist die Statue Cesare Battistis, der, wie bekannt war, keinen „Anschluss" Südtirols an Italien gewollt hatte. Dem Widerstand von Battistis Familie ist es denn auch zu verdanken, dass das Denkmal nicht wie geplant Battistidenkmal heißt. Im Unterschied zu einigen anderen faschistischen Monumenten wurde das Siegesdenkmal nach 1945 nicht zerstört. Lediglich eine Mussolini verherrlichende Schrift wurde entfernt. Immer wieder diente das Denkmal italienischen Nationalisten dazu, Hass und Zwietracht zu fördern; berüchtigt waren die Kranzniederlegungen jeweils am 4. November, dem „Tag der Armee". Die finden dort seit einiger Zeit nicht mehr statt.

Auf Vorschlag von Bozens Bürgermeister Giovanni Salghetti Drioli wurde das Thema „Umgestaltung" am 24. September 1998 im Bozner Gemeinderat behandelt. In der Sitzung kam es zu Polemiken und Tumulten. Als die Vertreter der Rechtsparteien Alleanza Nazionale und Unitalia eine Diskussion zum Antrag auch durch lautes Schreien und tumultartige Szenen nicht verhindern konnten, verbanden sie sich mit Parteitüchern den Mund. Damit wollten sie zeigen, dass sie sich geknebelt fühlen. Das Verhalten der Rechtsopposition veranlasste den Präsidenten des Gemeinderates, die Carabinieri zu holen, um die Ordnung im Saal wiederherzustellen. Erst dann gelang es, mit großer Mehrheit – 34 Ja- gegen vier Nein-Stimmen – die Neugestaltung des Siegesdenkmals und des umliegenden Platzes zu beschließen.

Der Bürgermeister hatte „im Sinne des friedlichen Zusammenlebens" vorgeschlagen, die Einzäunung zu entfernen, in der Krypta ein Dokumentationszentrum einzurichten und auf einer Gedenktafel auf den historischen Kontext des Denkmals hinzuweisen. Salghetti Drioli war der erste italienische Bürgermeister, der eingesteht, dass die Inschrift des Denkmals für die deutschsprachigen Südtiroler beleidigend ist. Auf der geplanten Tafel sollte daher stehen:

> *„Dieses Denkmal wurde 1928 vom faschistischen Regime gewollt, um damit die Annexion dieses Landes an Italien zu feiern, was für die deutschsprachige Bevölkerung die Abtrennung vom Vaterland bedeutete. Bozen will sich heute versöhnen und verurteilt jede Form von Nationalismus, setzt sich für die Wahrheit und Freiheit ein, um Trennung und Haß zu überwinden."*

Außerdem sollte es keine Feierlichkeiten mehr vor dem Siegesdenkmal geben. Bürgermeister Salghetti Drioli plädierte zudem für eine Umbenennung des Siegesplatzes (zur weiteren Entwicklung s. unten, S. 254f.).

Neben dem Siegesdenkmal in Bozen errichteten die Faschisten in den dreißiger Jahren noch an anderen Orten Südtirols „ihre" Denkmäler, entweder genau da, wo Südtiroler Denkmäler vorher zerstört worden waren – wie im Falle des Siegesdenkmals –, oder in deren unmittelbarer Nähe, z. B. das Alpinidenkmal am damaligen Savojer-Platz in Meran oder das zehn Tonnen schwere Alpinidenkmal in Bruneck, das 1938 gebaut wurde und einen Alpini-Soldaten mit Umhang und Regenkapuze darstellt. Das im Südtiroler Volksmund „Kapuziner-Wastl" genannte Denkmal wurde 1944 von einem deutschen Panzer vom Sockel geholt, 1951 [!] von Italien wiederaufgebaut. Im Zuge der Verschärfung der Lage in Südtirol wurde am 20. Februar 1959 der erste Sprengstoffanschlag auf das Denkmal verübt, am 2. Dezember 1966 der zweite, der die Statue zerriss. Einige Stunden nach dem Anschlag versammelten sich die Vertreter verschiedener italienischer Veteranenorganisationen in Südtirol und sandten folgendes Telegramm an die italienische Regierung:

„Empört und im Innersten ihrer Gefühle schändlichst beleidigt, stolz auf die Symbole und Traditionen reinsten Ruhmes heldenhafter Vaterlandsliebe, vom Willen zu Gegenmaßnahmen beseelt, stehen die Südtiroler Alpini als würdige Vertreter der großen italienischen Gemeinschaft in einsamer Bestürzung und in Verlassenheit vor den Trümmern des Alpini-Denkmals von Bruneck, das einem brutalen Sprengstoffanschlag zum Opfer fiel. Niemals bereit, ihren stolzen Willen zu beugen, zu jedem Einsatz entschlossen, unentwegt bereit, rufen sie ihr machtvolles ‚basta' (es genügt, Schluß damit)!"

Innenminister Paolo Emilio Taviani ließ das Denkmal für zehn Millionen Lire erneuern – und beauftragte denselben Mann mit dieser Aufgabe, der es 1938 erstellt hatte. Die Südtiroler Volkspartei sprach sich entschieden gegen eine Wiederherstellung des Denkmals aus. Am 30. Juli 1967 wurde das provisorisch hergestellte Denkmal enthüllt, diesmal wurde es „allen in den Alpen kämpfenden Truppen" geweiht. Am 30. Juni 1968 wurde das reparierte Denkmal abgebaut, nach Cuneo gebracht und dort auf dem Gelände der Kaserne aufgestellt. An seiner Stelle wurde ein identisches, neues Denkmal eingeweiht. 10.000 aus ganz Norditalien angereiste Alpini-Veteranen nahmen an der pompösen Veranstaltung teil. Der Provinzsekretär der „Nationalen Vereinigung der Alpinisoldaten", Barello, erklärte, dass das Denkmal all jene „zu loyalen und würdigen Taten anleiten soll, die dieses Land wahrhaft lieben".

1938 wurde noch ein anderes Denkmal errichtet: das Reiterstandbild in Waidbruck, das eindeutig die Züge Mussolinis trug und im Volksmund „Aluminium-Duce" genannt wurde. Die Inschrift lautete „Al genio del fascismo"; sie wurde 1945 in „Al genio del lavoro italiano" umgeändert. Dieses Denkmal wurde am 30. Januar 1961 von Tiroler „Freiheitskämpfern" gesprengt. Ministerpräsident Amintore Fanfani wies den Minister für öffentliche Arbeiten an, das zerstörte Denkmal wieder aufbauen zu lassen – was dann aber stillschweigend unterblieb.

In den zwanziger Jahren entstanden auch die „Beinhäuser", Gedenkstätten für die gefallenen italienischen Soldaten in Südtirol. Diese wurden in Burgeis, in der Nähe von Gossensaß und in Vierschach errichtet – und stellten damit eine weitere üble Verzerrung der Geschichte dar: Die Frontlinie im Ersten Weltkrieg war ungefähr 80 Kilometer weiter südlich verlaufen. Bis nach Südtirol hatte es kein italienischer Soldat geschafft.

7.
Die Zerstörung Südtiroler Denkmäler

Will man einer Minderheit ihre Identität nehmen, so muss man ihr auch ihre Symbole nehmen. Genau dies sollte auch in Südtirol geschehen. Die Italiener hatten sich ihr Symbol geschaffen, das Siegesdenkmal; jetzt ging es um die Beseitigung bzw. Zerstörung der wichtigsten Südtiroler Denkmäler, die Symbolcharakter hatten: das Walther-Denkmal, den Laurinbrunnen und das Bozner Museum. Das Walther-Denkmal – von Heinrich Natter geschaffen und Walther von der Vogelweide gewidmet – war am 15. September 1889 eingeweiht worden. Der Vorsitzende des Errichtungs-Komitees meinte damals, dass, solange auch nur ein Körnchen des Denkmals übrigbleibe, Bozen eine „von deutschen Gefühlen beseelte Stadt" bleiben möge (heute sind rd. 70 Prozent der Einwohner Bozens Italiener). Bürgermeister Perathoner versprach im Namen der Stadt, das Denkmal für die deutschen Gefühle und die Treue gegenüber dem Doppeladler ewig bewahren zu wollen. Dies war der Grund, warum Tolomei die Beseitigung des Denkmals forderte. Im „Archivio per l'Alto Adige" von 1934 schrieb er:

> *„Walther von der Vogelweide bleibt immer das berüchtigte Symbol, das Symbol des Südtirol beherrschenden Deutschtums: ein Symbol, das auf einem bekannten Fehler basiert, nachdem die Literaturkritik, auch die deutsche, inzwischen eingesteht, daß der Dichter im Donaugebiet geboren wurde und nicht im Alto Adige. Mit Betrug und mit Gewalt wurde deshalb jenes pan-*

germanistische Symbol auf dem Hauptplatz von Bo-
zen errichtet und bleibt auch dort.

[Deutschlands Außenminister] Stresemann sagt,
es sei gleichgültig, ob er ein großer oder ein kleiner
Dichter war, so, wie er ist, ist er das Zeichen der ger-
manischen Nation am Südhang der Alpen. Und die
zahllosen Artikel des Tiroler, bayerischen und Ber-
liner Irredentismus richten sich nach jenem Stein,
blicken auf die Stadt, die er besetzt, und die man im-
mer die Waltherstadt nennt: Bolzano, die Stadt des
Walther!

[...] Deshalb forderten wir immer und fordern im-
mer noch, daß jenes falsche Denkmal entfernt wird
und einer der deutschen Städte geschenkt wird, die
es haben wollen. Die Rückkehr jenes Steines in sein
Vaterland, jenseits des Brenners, bedeutet ein intel-
lektuelles Locarno, einen freien Verzicht des Deutsch-
tums, die spontane Anerkennung der ewigen Grenze
zwischen beiden Geschlechtern. Andernfalls soll man
ihn auf ehrenhafte Weise in den Museumspark stellen
als Erinnerung an vergangene Zeiten. Aber auf dem
Hauptplatz Bozens, der von Drusus gegründeten Stadt,
soll an der Stelle Walthers der lateinische Held er-
stehen, jener, der als erster die Täler des Etschlandes
dem zivilisierten Leben geöffnet hat.

Kommt Drusus zurück, kommt Rom zurück!"

Am 8. August 1935 beschloss der Bozner Podestà, das
Denkmal in einen entlegenen Park zu bringen, offiziell aus verkehrstechnischen Gründen. Drusus kam
Gott sei Dank nicht zurück, dafür aber das Walther-
denkmal. Seit 1981 steht es wieder auf seinem angestammten Platz.

Bereits 1933 zerstörten Unbekannte den Laurinbrunnen, ein Werk des Bildhauers Andrä Kompatscher aus dem Jahre 1907, das den Kampf Dietrichs von Bern gegen den Zwergenkönig Laurin darstellt. Der Legende nach hielt Laurin eine Prinzessin in seinem Rosengarten gefangen. Nach seiner Niederlage gegen Dietrich von Bern – den historischen Theoderich – verwandelte sich der Rosengarten in Stein. Damit erklärt sich die rote Farbe, die der gleichnamige Gebirgsstock abends annimmt. „Mehr denn je stellte diese Legende in den dreißiger Jahren das intime Verhältnis des Bozners mit der Gebirgslandschaft dar und wurde zu einer Allegorie für die Idee der Heimat, für ein Zugehörigkeitsgefühl zum Ort, an dem man dieses Naturschauspiel erlebt hat und weiterhin erlebt." Wie Walther wurde auch Laurin ein nationaler Inhalt gegeben: Dietrich stehe symbolisch für das Deutschtum, das den Italiener besiege. So sah es zumindest Tolomei:

> *„Und aus den Parkanlagen an der Talfer soll jene untolerierbare plumpe Figur des deutschen Kriegers verschwinden, der sich anschickt, das kleine lateinische Volk im Gebirge zu zertreten. Der On. Rava, der zum Wissenschaftskongreß nach Bozen gekommen ist, stellte in seiner wunderbaren Rede im Theater fest, daß der Gotenkönig Theoderich, der sich in Ravenna das gewaltige römische Bauwerk errichtete und die römische Kultur durch und durch erlebte, in der historischen Realität etwas ganz anderes ist als die beleidigende Figur von Bozen: der deutsche Krieger, der sich bückt, um König Laurin zu zerquetschen, was nichts anderes bedeutet als folgendes: das große Deutschland über uns kleinen, niedrigen Leuten. Das in einem öffentlichen Park einer italienischen Stadt*

zu tolerieren, heißt entweder, daß man die Tatsachen
nicht kennt oder daß man die Beleidigung verbirgt."

In den achtziger Jahren wurde das Denkmal restauriert und steht seit 1993 auf dem Platz vor dem Landhaus.

Ein weiterer symbolträchtiger Ort war das Bozner Museum. Der Museumsverein war 1882 von einer Gruppe Bozner Notabeln gegründet worden; gemäß seinem Statut sollte das Museum die kirchliche Kunst retten, die Pflege des heimischen Kunstgewerbes betreiben und die deutschen bzw. tirolerischen Traditionen der Stadt bezeugen. Im Gesellenhaus, dem heutigen Kolpinghaus, gab es eine erste Ausstellung. Finanziert wurde das Museum von der Stadt. 1902 beschloss der Gemeinderat den Bau eines neuen Museums in der heutigen Museumstraße. 1918 hisste Tolomei hier die erste italienische Fahne und machte dann, wie bereits oben erwähnt, das Museum zum Sitz seines „Kommissariats für die Sprache und Kultur des Oberetsch". Er forderte die Italianisierung dieses Museums, das für ihn eine Hochburg des Deutschtums darstellte. Seiner Meinung nach wollte man damit den Besuchern aus allen Nationen die Überzeugung einprägen, dass das Gebiet seit jeher deutsch war und immer deutsch bleiben würde. Entsprechend seien die Ausstellungsstücke angeordnet. In den folgenden Jahren konnte sich das Museum dennoch eine gewisse Autonomie bewahren. Erst 1934 beschloss der Podestà den Abriss des Museumsturms, um, wie es offiziell hieß, die Aussicht auf den Rosengarten nicht zu stören, in Wirklichkeit aber wohl, um die äußere Gestalt des Museums zu italianisieren: Im Mittelalter stutzten nämlich die siegreichen Familien die Türme der Verlierer. Bis 1938 wurden die als deutsch geltenden Stilelemente des Turms, die Zinnen und die Nische mit der Statue Oswald von Wolkensteins entfernt. Erst 1992/93 wurde zumindest der Turm wieder aufgebaut.

8.
Die Bozner Industriezone

Wenn man heute auf der Autobahn nach Süden fährt und nach Bozen kommt, so sieht man auf der linken Seite jenes riesige Industriegebiet, das die Struktur der Stadt am nachhaltigsten verändert hat. Mit der Industriezone und den dafür angesiedelten italienischen Arbeitern sollte das Verhältnis zwischen deutsch- und italienischsprachiger Bevölkerung zugunsten letzterer geändert werden. Die Anzahl der in der Industriezone beschäftigten Italiener stieg von Null im Jahre 1936 auf 7000 im Jahre 1942/43, und um weitere 12.000 bis zum Jahr 1947. Die Einwanderer stammten vor allem aus den benachbarten italienischen Regionen (vor allem aus dem Veneto, auch aus Belluno, Vicenza, Padua, Rovigo und Verona) und deren benachbarten Regionen Friaul und Lombardei sowie aus dem Trentino. Dass die Arbeiter fast alle aus der gleichen Gegend kamen, war auf die gezielte Planung des Regimes zurückzuführen, das die Bildung einer sprachlichen und regionalen Identität unter den in Bozen angesiedelten Italienern schaffen wollte. Dass dies nicht gelang, liegt vor allem auch daran, dass es trotz der Zugehörigkeit zur selben Region große historische und soziale Unterschiede zwischen einem „Rovigott", einem Belluneser und einem Trentiner gab und dass die Behörden

den Zufluss nicht so perfekt regeln konnten, wie sie behaupteten.

Die „Maßnahmen zur industriellen Entwicklung der Gemeinde Bozen" – wie man das Gesetz nannte – wurden im September 1934 verkündet. Am 20. Februar 1935 versammelten sich im Palazzo Venezia die höchsten Exponenten der italienischen Wirtschaft sowie die politischen Funktionäre der Provinz Bozen, wo Mussolini sie über die Pläne der Regierung unterrichtete und den Großindustrien der Lombardei und des Piemont den Auftrag gab, in Bozen Zweigstellen zu errichten. Um diesen Industriellen aus Altitalien den Bau einer Zweigstelle in einem wirtschaftlich uninteressanten Ort wie Bozen noch schmackhafter zu machen, wurden mit Dekret vom 9. Mai 1935 Steuererleichterungen und Gebührenbefreiung für die Arbeiter gewährt. Im Herbst 1935 begann man mit der Planierung des Geländes. Dafür wurden 50.000 Obstbäume kurz vor der Ernte gefällt, was zu besonderer Verbitterung bei den Boznern beitrug. Zur gleichen Zeit besuchte Mussolini die Baustelle.

Ein Jahr später gewährte die Regierung als Entschädigung für den schlecht gelegenen Standort Eisenbahntariferleichterungen, die für Lieferungen aus dem Süden bzw. nach dem Süden galten, Begünstigungen also für die Beschaffung von Rohstoffen und den Abtransport der Fertigwaren. Für 130 Kilometer wurde eine Freifahrt gewährt – das war genau die Entfernung von Bozen bis zum Eintritt der Brennerbahn in die Poebene. Die nach Norden führenden Bahnstrecken Bozen-Brenner, mit der Abzweigung nach Innichen, und Bozen-Mals wurden ausdrücklich von der Vergünstigung ausgenommen. Die ersten Fabriken – Zweigstellen großer italienischer Firmen – wurden bereits in den Jahren 1937/38 eröffnet: ein Aluminiumwerk der Montecatini-Gesellschaft, ein Holzfaserplattenwerk der Feltrinelli-Masonite-Gesellschaft in Mailand, ein Magnesiumwerk der Società Italiana per il Magnesio (1939), das Stahlwerk Acciaierie di Bolzano der Falck-Gruppe, das Karosseriewerk Viberti der Lancia-Gruppe in Turin. Das gleiche Unternehmen errichtete die Lancia, den größten Betrieb in der Industriezone überhaupt. Dort sollten zunächst nur Ersatzteile und Gussstücke für Autos hergestellt werden; später ging man zur Produktion von ganzen Autos bzw. Lastkraftwagen über, entsprechend stieg die Belegschaft von 400 im Jahr 1936 auf 600 1940 und 2000 1942, später auf 6000. Das Werk konnte bis zu 200 LKWs monatlich produzieren.

Die meisten dieser Betriebe, die sich in Bozen ansiedelten, hatten einen hohen Energiebedarf im Produktionsprozess, und Energie war in Bozen eher günstig zu haben. Strom bezog man aus dem Kraftwerk Kardaun, die Kohle kam nun nicht mehr per Schiff aus England, sondern mit der Bahn aus dem Deutschen Reich. Das schloss jedoch nicht aus, dass Bozen für einige Betriebe ein in wirtschaftlicher Hinsicht sinnloser Standort war. Das galt im Besonderen für die Aluminiumwerke, die den Rohstoff aus Porto Marghera (Venedig) nach Bozen transportieren und das fertige Metall wieder dorthin zurückschicken mussten.

Für die Arbeiter und deren Familien wurden am rechten Eisackufer, genau gegenüber der neuen Industriezone, Mietskasernen und „halbländliche Siedlungshäuser", die sog. „semirurali" hauptsächlich für vier Familien errichtet (nach dem Muster des Geburtshauses von Mussolini in Predappio). Die Arbeiterstadt entstand 1937–1939 innerhalb kürzester Zeit parallel zum Bau der Industriezone. Die Häuser waren äußerst einfach; jedes Häuschen hatte einen durchschnittlich 100 Quadratmeter großen Garten, womit die Erinnerung an das Land erhalten bleiben sollte, da die Bewohner der „semirurali" in erster Linie von der Rezession betroffene Bauern waren, die nun zu Arbeitern geworden waren. Die Häuser waren kalt und feucht; im ganzen Viertel gab es keine sozialen Einrichtungen und Erholungsstätten. Trotzdem haben diese „semirurali" im kollektiven Bewusstsein der Italiener Südtirols eine wichtige Bedeutung. Sie sind ein Punkt, mit dem sie sich identifizieren können. Heute sind sie modernen Wohnblocks gewichen; ein Haus existiert noch und ist in ein Museum umgewandelt worden.

Durch die Errichtung der Bozner Industriezone, „die als der eigentliche Motor der fremdsprachigen Überschichtung Südtirols anzusehen ist, hinterließ der Faschismus ein Erbe, das sich weit über den Zweiten Weltkrieg hinaus in fast allen Lebensbereichen ausgewirkt hat" (Albin Pixner). Hier zumindest leistete der neue Präfekt Giuseppe Mastromattei (seit 1933) ganze Arbeit.

IV.
1939: Die Option

1.
Der „Völkische Kampfring Südtirols" (VKS)

Auf Südtiroler Seite war inzwischen eine interessante Entwicklung eingetreten. 1926 war die legale Führung der Südtiroler, der Deutsche Verband, verboten worden. Zur Zeit der Auflösung bestanden bereits sogenannte Jugendgruppen, die zu Keimzellen der nationalsozialistischen Bewegung in Südtirol werden sollten. Sie schlossen sich 1927/28 zum Gau-Jugend-Rat (GJR) zusammen. Er war von Anfang an politisch und nicht nur kulturell oder sportlich ausgerichtet. Aus ihm kamen dann später viele der führenden Mitglieder der NS-Vereinigung in Südtirol, des „Völkischen Kampfrings Südtirols" (VKS), so z. B. die überzeugten Nationalsozialisten Robert Helm und Norbert Mumelter. Von daher kann man den GJR als eine Überleitungsorganisation zum Völkischen Kampfring ansehen. Der GJR konnte aber bis 1933 die Führung nicht übernehmen; dies lag erstens am Widerstand der alten Politiker des Deutschen Verbandes, die ihre eigene Führungsrolle zunehmend gefährdet sahen, und zweitens an der oppositionellen Haltung der Katholischen Aktion, die fürchtete, ihre Monopolstellung in der Jugendarbeit zu verlieren. Bis zu diesem Zeitpunkt gab es keine grundsätzlichen Spannungen zwischen dem Deutschen Verband und dem Gau-Jugend-Rat. Das änderte sich mit der Machtübernahme Hitlers im Januar 1933, als der Gau-Jugend-Rat in nationalsozialistisches Fahrwasser geriet. In diesem Jahr wurde der entscheidende Schritt hin zur „Bewegung" getan. Auf einer Versammlung am 18. Juni 1933 auf der Haselburg bei Bozen wurde der Beschluss zur Gründung einer auf dem Führerprinzip aufgebauten Organisation gefasst. Die drei Studenten Norbert Mumelter, Kurt Heinricher und Robert Helm sowie Rolf Hillebrand, der bisherige „Chef" des Gau-Jugend-Rates, der nunmehr zum „Ersten Landesführer der Bewegung" ernannt wurde, hatten dafür die entscheidenden Vorarbeiten geleistet. Der Name der Bewegung, der 1933 noch „Südtiroler Heimatfront" lautete, wurde zu Beginn des Jahres 1934 in „Völkischer Kampfring Südtirols" (VKS) umgeändert. Der Name war gleichzeitig Programm, das eine streng hierarchisch nach dem Führerprinzip aufgebaute Gliederung vorsah und sich in seinen Kernaussagen am Programm der NSDAP orientierte. Es ging um die „Durchdringung des Südtiroler Volkes mit der nationalsozialistischen Weltanschauung", wie es hieß. Ab 1935 übernahm der Bozner Schneidermeister Peter Hofer, der aus dem Katholischen Jugendbund kam, die Führung des VKS.

Während die NS-Propaganda in Südtirol immer größere Erfolge aufweisen konnte, geriet die faschistische Politik von sich aus in eine Krise. Alle Maßnahmen im sprachlichen, schulischen und verwaltungstechnischen Bereich vermochten es nicht, aus den deutschsprachigen Südtirolern Italiener zu machen. Die Feststellung, dass der Nationalsozialismus immer mehr Anhänger in Südtirol fand, war nur eine zusätzliche Anregung dafür, alte, nur teilweise umgesetzte Projekte einer massiven Zuwanderung von Italienern aus den alten

Provinzen nach Südtirol wieder aufzugreifen. In diesem Zusammenhang reifte 1934 in Rom die Entscheidung, in Bozen eine Industriezone zu errichten.

Besondere Auswirkungen hatte unter diesen Umständen die Abstimmung im Saarland über die Wiedervereinigung mit dem Deutschen Reich am 13. Januar 1935, obwohl Hitler mit dem Datum der Abstimmung überhaupt nichts zu tun hatte. In Südtirol waren die Einschaltquoten der deutschen Rundfunksender an diesem Tag besonders hoch. Bergfeuer wurden entzündet, nationalsozialistische Symbole erschienen und irredentistische Schriften – „heute die Saar – wir übers Jahr" – tauchten auf. Man hoffte, dass auch in Südtirol das geschehen würde, was im Saarland geschehen war: „Vielleicht wird auch für uns der Tag kommen, an dem wir uns zu den Urnen begeben werden, um jubelnd unsere Stimme dem Deutschen Vaterland zu geben." Oder: „Wir warten auf den Tag, an dem auch wir in einer Abstimmung unser Schicksal werden bestimmen können." Der Tag sollte schon bald kommen – allerdings völlig anders, als die Südtiroler erhofft und erwartet hatten.

2.
Der „Anschluss" Österreichs

Die Ereignisse um den „Anschluss" Österreichs im März 1938 steigerten das Selbstwertgefühl der Südtiroler in ungeahntem Maße. Der „Führer" würde es den Italienern, den „Katzelmachern", schon zeigen! Begierig und fast schon als Bestätigung dieses Glaubens wurde das Gerücht aufgenommen, Mussolini würde Hitler Südtirol als „Morgengabe" für die neue

Allianz schenken. Deutsche Männer am Brenner – im März 1938 waren Jubel, Hochgefühl, Hoffnungen und Erwartungen grenzenlos in Südtirol. Ein neues Zeitalter schien angebrochen; das Ausharren hatte sich offensichtlich gelohnt, es schien nur noch eine Frage der Zeit, bis der „Führer" auch Südtirol „heim ins Reich" holen und die neue Grenze bei Salurn verlaufen würde. So wie die illegalen Nazis in Österreich triumphiert hatten, so würden bald auch die illegalen Nazis in Südtirol triumphieren, glaubte man. Die Begeisterung kannte keine Grenzen, die wenigsten Südtiroler waren willens und in der Lage, Hitlers schon seit den zwanziger Jahren mehrfach geäußerten und bestätigten – und bekannten – Verzicht auf Südtirol so zu nehmen, wie er von Hitler tatsächlich gemeint war, nämlich endgültig. Bis zu diesem Zeitpunkt hatten viele diese Tatsache einfach nicht zur Kenntnis genommen und lediglich als taktisches Manöver Hitlers zur Ablenkung Mussolinis interpretiert. Und offensichtlich sah Mussolini das ähnlich; zumindest konnte man die faschistische Südtirolpolitik der dreißiger Jahre – mit dem Ausbau der militärischen Sicherungsanlagen in Südtirol – so interpretieren.

Am 11. März 1938 – ein Tag vor dem Einmarsch der deutschen Truppen in Österreich – versprach Hitler noch einmal dem Duce feierlich, was auch immer die Folge der bevorstehenden Ereignisse sein werde, er habe eine klare Grenze gegenüber Frankreich gezogen und ziehe jetzt eine ebenso klare gegen Italien: „Es ist der Brenner. Diesen Entschluß habe ich nicht 1938 gefaßt, sondern gleich nach Ende des Großen Krieges, und ich habe nie ein Geheimnis daraus gemacht" – womit er ausnahmsweise die Wahrheit gesagt hatte. Und wie reagierte VKS-Landesführer Peter Hofer auf den

Die „zwei großen Führer" auf einer Propagandapostkarte.

„Anschluss"? Er machte seinen „Kameraden" klar, dass der „Führer" jetzt mit der Größe und Macht des zusammengefassten deutschen Volkes am Brenner stehe und den Glauben und die Verpflichtung zum Kampf für Deutschlands südlichste Grenze ins Unendliche steigere. Es gebe nur mehr ein einziges, großes Deutsches Reich von den Alpen bis zur Ostsee, das in Kürze Mitteleuropa unangreifbar beherrschen werde. Demgegenüber spiele es

> „eine kleine Rolle, daß der Führer gezwungen war, um einen Eingriff aller europäischen Großmächte zu verhindern, Mussolini Zusicherungen wegen der Brennergrenze zu geben. So schmerzlich diese Tatsache für uns ist, kann sie uns die Freude an dem einen größeren Ereignis, der Einheit Deutschlands, nicht rauben."

Die Ernüchterung kam für etliche am 7. Mai 1938 mit Hitlers Rede in Rom, als dieser erneut klarmachte, dass es sein „unerschütterlicher Wille und sein Vermächtnis an das deutsche Volk" sei, „die von der Natur aufgerichtete Alpengrenze für immer als eine unantastbare anzusehen".

Die Reaktion Norbert Mumelters, der die Rede Hitlers miterlebte, zeigte aber schon, wohin die Reise des VKS gehen sollte. Das „Vermächtnis des Führers" schmetterte Mumelter zwar zunächst „geistig" zu Boden, aber dann fing er sich wieder; er riss sich zusammen und formulierte, was für ihn der „Endsinn" war, nämlich: „Für Großdeutschland muß man selbst seine Heimat opfern können."

3.
Das „Hitler-Mussolini-Abkommen"

Ein Jahr später war es so weit: 1939 sollten die Südtiroler dem Bündnis der beiden Diktatoren Hitler und Mussolini geopfert werden. Die Südtiroler wurden vor die Wahl gestellt, entweder für die deutsche Staatsbürgerschaft zu optieren, was mit der Aussiedlung aus der angestammten Heimat verbunden war, oder sich für die Beibehaltung der italienischen Staatsbürgerschaft zu entscheiden, mit der Drohung, dass sie dann keinerlei Schutz mehr für ihr Volkstum in Anspruch nehmen konnten. Das war die berühmt-berüchtigte Option. Die bittere Alternative lautete: entweder durch Dableiben dem Volkstum oder durch Gehen der Heimat untreu zu werden, ins Großdeutsche Reich bzw. in von

Deutschland erobertes Gebiet zu übersiedeln oder in der zunehmend „welschen" Heimat zu bleiben – unter dem Damoklesschwert, „südlich des Po" angesiedelt zu werden. Die Heimat würde man in jedem Fall verlieren. Die überwältigende Mehrheit der Südtiroler – etwa 220.000, rd. 86 Prozent der Bevölkerung – wurde zu „Gehern", während gleichzeitig die „Dableiber" von ihnen zu Verrätern erklärt wurden. Mit der Option begann das wohl leidvollste Kapitel Südtirols, das jahrzehntelang ein Tabuthema war und wohl immer ein schwieriges Thema bleiben wird. Die Emotionen wirken noch heute nach und machen eine unvoreingenommene Beurteilung nicht leicht. Die Fragen, die damit verbunden sind, sind nur schwer zu beantworten.

Wer die Antwort nur in den Geschehnissen jener Monate von Juni/Juli bis Dezember 1939 sieht und die Mehrheit jener Südtiroler, die für Deutschland optierten (schon bei der vielzitierten Zahl 86 Prozent gibt es Probleme), pauschal zu Nazis und Landesverrätern und die Abstimmung zu einem eindeutigen Bekenntnis für Hitler und das „Dritte Reich" erklärt, liegt falsch und macht sich die Sache zu einfach – was allerdings nicht heißen soll, dass es damals in Südtirol keine überzeugten und fanatischen Nationalsozialisten gegeben hätte. Es gab sie, und sie haben mitgeholfen, ein ganzes Volk in tiefste Verzweiflung zu stürzen. Die Dinge sind viel komplizierter, einfache Antworten gibt es nicht. Wenn das Optionsergebnis etwas zeigt, dann das, wie erfolgreich die NS-Propaganda war.

Am 23. Juni 1939 kam es in Berlin zu jener Vereinbarung, die der italienische Botschafter in Berlin, Bernardo Attolico, mit nicht zu überbietendem Zynismus als „einen Akt außergewöhnlicher politischer Weisheit" bezeichnete. Es ging um das Schicksal Südtirols: Nach zwei Stunden waren sich Deutsche und Italiener grundsätzlich einig über eine Umsiedlung der Südtiroler; „volkliche Flurbereinigung", wie das in jenem unsäglichen, menschenverachtenden Nazi-Jargon hieß (heute würde man „ethnische Säuberung" sagen, was auch nicht viel besser klingt). Federführend war bezeichnenderweise „Reichsführer SS" Heinrich Himmler, der im Oktober 1939 von Hitler dann auch noch zum „Reichskommissar für die Festigung deutschen Volkstums" ernannt wurde; außer für Südtirol war er später auch für die Umsiedlungs- und Germanisierungsaktionen in den besetzten Ländern Ost- und Südosteuropas zuständig.

Wie war es möglich, dass es zu jenem 23. Juni kommen konnte? Wer waren die Urheber, wo sind die Hauptverantwortlichen zu suchen? Auf deutscher oder auf italienischer Seite? Eine Frage, die gerade auch nach 1945 im Zusammenhang mit der Forderung nach Selbstbestimmung und der Rückoption von zentraler Bedeutung war – ganz abgesehen von dem moralischen Aspekt des Problems. Auch wenn für so manchen – je nachdem, auf welcher Seite er steht – die Schuldzuweisung eindeutig war und ist, ganz so einfach ist die Sache auch hier nicht. Es gibt sowohl von deutscher wie von italienischer Seite Zeugnisse, die in einer Umsiedlung der Südtiroler die Lösung des Problems sahen – und dies schon lange vor 1939. Austausch und Umsiedlung ganzer Volksgruppen zur Lösung von Minderheitenproblemen und Schaffung übereinstimmender Staats- und Volksgrenzen war an sich nichts Neues; es war das Ergebnis eines „auf die Spitze getriebenen und bis zur letzten Konsequenz gedachten nationalstaatlichen Prinzips des 19. Jahrhunderts" und Anfang der zwanziger Jahre zwischen Griechenland und der

Türkei im großen Stil praktiziert worden, was wiederum die Phantasie so mancher Nationalisten angeregt hatte. Für Südtirol steht auch hier der Name Tolomei; er und sein Mitstreiter Colocci Vespucci behaupteten schon 1914, dass das Recht der Nation Vorrang habe vor dem Heimatrecht und dass sich von diesem Prinzip das Recht Italiens ableite,

> *„die deutschen Verunreinigungen, welche heute im Gebiet des Alto Adige fast ausschließlich beherrschend sind, auszusiedeln und über den Brenner zurückzujagen [...]. Die 200.000 Deutschen, die Südtirol verunreinigen, müssen die biblische Schuld für die Sünden ihrer Väter tragen."*

Auf der anderen Seite standen die Proponenten des 1905 gegründeten Tiroler Volksbundes, Wilhelm Rohmeder und Michael Mayr, für die die Trentiner italianisierte Räter oder Germanen waren, mit der Konsequenz einer Eindeutschung italienischer Namen, es gab bereits den Gartensee für Gardasee, Reif für Riva, Reifheit für Rovereto usw. Als natürliche Grenze erschien ihnen der Südabhang der Alpen. Es ist nicht verwunderlich, dass sich Mayr als österreichischer Kanzler 1921 nicht für Autonomierechte der Südtiroler einsetzen konnte.

Pläne und skurrile Ideen sind eine Sache, deren Umsetzung in praktische Politik ist eine andere. Mit Mussolini an der Macht war Tolomeis Italianisierungsprogramm umgesetzt worden, aber erst mit Hitler an der Macht wurde die Umsiedlung möglich. Der österreichische Zeithistoriker Karl Stuhlpfarrer hat den Zusammenhang zwischen NS-Politik und Südtirol treffend folgendermaßen beschrieben:

„Außenpolitische Programmatik, Bündnisüberlegungen, Volkstumsideologie und Lebensraumdogma bildeten die Logik nationalsozialistischer Politik, die mit systemimmanenter Zwangsläufigkeit auf die Umsiedlung der Südtiroler zusteuerte."

Nach dem „Anschluss" Österreichs im März 1938 lag das Thema Umsiedlung geradezu in der Luft. Wie beim „Anschluss" selbst scheint auch hier zunächst Hermann Göring die treibende Kraft gewesen zu sein. Görings Italien-Connection bestand seit dem gescheiterten Hitler-Putsch 1923; er kannte das Südtirolproblem, und vor allen Dingen wusste er um die Bedeutung dieses Themas für die italienischen Faschisten. So verwundert es auch nicht, dass er im Januar 1937 in Rom gegenüber Botschafter Ulrich von Hassell erstmals konkret von einer Lösung des Problems durch Umsiedlung sprach: Für das Bündnis mit Italien müsse das Deutschtum in Südtirol geopfert werden. Im März/April 1938 gab es erste Kontaktgespräche zwischen Italienern und Deutschen, wobei interessant ist, dass nicht Außenminister Ribbentrop oder Himmler, sondern Göring die zentrale Figur auf deutscher Seite war (daneben die Vertreter des Auswärtigen Amts: Staatssekretär Ernst von Weizsäcker und die höchsten Beamten der Italienabteilung, Generalkonsul Max Lorenz und Gesandter Kurt Heinburg). Die italienischen Gesprächspartner waren Außenminister Galeazzo Ciano, der Rassentheoretiker Giovanni Preziosi und die diplomatischen Vertreter in Berlin: Botschafter Attolico, Botschaftsrat Massimo Magistrati und Generalkonsul Giuseppe Renzetti – allesamt Vertreter einer „radikalen Lösung". Ciano notierte damals in sein Tagebuch, man werde den Deutschen andeuten müssen, dass es opportun wäre, ihre

Leute wieder aufzunehmen, weil das Alto Adige geographisch ein italienisches Land sei. Und weil man Berge und Flussläufe nicht versetzen könne, müsse man eben die Menschen versetzen.

Beide Seiten waren sich grundsätzlich darin einig, die Südtirolfrage durch Umsiedlung radikal und endgültig zu lösen – und von daher kommt diesen Sondierungsgesprächen für die weitere Entwicklung ganz besondere Bedeutung zu. Unmittelbares Ergebnis war ein Memorandum von Generalkonsul Max Lorenz noch vom März, dessen Kernaussage Grundlage der späteren deutschen Politik wurde und blieb: Totalumsiedlung der Südtiroler in noch zu eroberndes Siedlungsgebiet im Osten.

Eine ähnlich klare Vorstellung gab es auf italienischer Seite von Anfang an nicht, was manche der Ungereimtheiten im Herbst 1939 erklärt. Nur wenige – darunter allerdings der einflussreiche Polizeichef Arturo Bocchini – waren für eine ähnliche Radikallösung, auch wenn sie anfangs aus taktischen Gründen dafür plädierten, wie etwa Ciano oder Mastromattei (dessen Haltung allerdings nicht ganz eindeutig ist); die meisten wollten nur eine Teilumsiedlung: Alles, was nach 5. Kolonne aussah, sollte verschwinden; etwa 10.000 Reichsdeutsche bzw. Ex-Österreicher, dann 20.000 bis 40.000 unerwünschte, besonders „gefährliche" Südtiroler, Intellektuelle usw., Arbeitslose sowie Arbeiter und Angestellte, die ohne weiteres durch Italiener ersetzt werden konnten; mit dem Rest würde man dann schon fertig. An eine Aussiedlung der Bergbauern hat wohl niemand gedacht – und an eine massenweise Entscheidung der Südtiroler für Deutschland erst recht nicht. Wie sollte man auch, schätzte doch selbst der auch für Südtirol zuständige deutsche Generalkonsul in Mailand, Otto Bene, Anfang 1939 die Zahl der Aussiedlungswilligen auf höchstens 1000 bis 2000.

Nach dem Italienbesuch Hitlers im Mai 1938 hatten sich die Gemüter der Italiener zwar zunächst einmal wieder beruhigt, aber so ganz war das Misstrauen in Rom gegenüber Hitlers Garantie der Brennergrenze doch nicht gewichen, hatte er doch im Zusammenhang mit der „Tschechenkrise" erklärt: „Wir wollen gar keine Tschechen!", und dann im März 1939 die „Zerschlagung der Resttschechei" folgen lassen – ohne Konsultation Mussolinis. Ohne dieses offensichtliche Überschreiten der „volkstumspolitischen Grenzen" wäre es möglicherweise niemals zu jener unmenschlichen Übereinkunft vom Juni 1939 gekommen, aber jetzt wollten die Faschisten auf Nummer sicher gehen und die Deutschen beim Wort nehmen, zumal man mit den laufenden Verhandlungen zum „Stahlpakt" gute Karten in der Hand hatte. Botschaftsrat Magistrati sprach am 5. April 1939 im Auswärtigen Amt vor und schlug als Lösung der Südtirolfrage die Totalumsiedlung vor. Dass bei dem ganzen Unternehmen von Anfang an auch handfeste wirtschaftliche Interessen mitspielten, war auch klar: Italien wollte das Umsiedlungsvermögen mit den seit dem „Anschluss" in Österreich eingefrorenen Devisen ablösen, während umgekehrt das Deutsche Reich, das unter katastrophaler Devisenknappheit litt, mit der Ablösung der Vermögen in erster Linie die Einfuhr von Rohstoffen aus Italien und die Löhne der rd. 60.000 italienischen Gastarbeiter im Reich bezahlen wollte.

Bei diesem Punkt sollte es später die größten Schwierigkeiten geben; für Reichsmark und Lire wurde schließlich ein Sonderkurs festgelegt (1 RM = 4,5 Lire; offizieller Kurs 1 RM = 7,63), der allerdings in den Gesprächen im Oktober von Italien auf 1 Mrd. Lire beschränkt wurde; das war, so der Südtiroler Historiker Leopold Steurer, „nur 1/15 bis 1/20 des geschätzten Vermögens der deutschsprachigen Südtiroler". Auf den ersten Blick ist die Schlussfolgerung, die Steurer daraus zieht, zwingend, nämlich: „Italien sicherte sich durch diese wirtschaftliche Bestimmung dahingehend ab, dass die Zahl der tatsächlich Abwandernden nicht oder nur kaum die von ihm gewünschte Höchstgrenze überschreiten würde." Mit anderen Worten: Es wäre zu keiner Totalaussiedlung gekommen – m. E. eine zu weitgehende Interpretation. Was den wirtschaftlichen Aspekt der Option angeht, so ist klar, dass Italien nicht auf diesem Umweg eine Provinz kaufen wollte, die es 1919 umsonst bekommen hatte. Richtig ist auch, dass ab 1940 die Wertfeststellung von Italienern und Südtirolern als Instrument benutzt worden ist, die Totalumsiedlung zu verzögern; man hätte sie damit letztlich aber wohl nicht verhindern können. Verhindert worden ist sie durch den – aus NS-Sicht – unglücklichen Kriegsverlauf! Wäre der Krieg anders verlaufen, Himmler hätte, davon kann man wohl ausgehen, das Umsiedlungsprogramm durchgezogen, wahrscheinlich genauso, wie er das in Ost- und Südosteuropa bereits praktiziert hatte, ohne Rücksicht auf irgendwelche Reichsmark-Lire-Sonderkurse, finanzielle Beschränkungen oder gar Transportprobleme – und die Südtiroler Bauern wären dann wohl irgendwo im Osten „Wehrbauern" geworden.

Noch war es nicht so weit, aber spätestens seit Ende Mai 1939 war Himmler zur Totalumsiedlung entschlossen (Aufzeichnung vom 30. 5. 1939); am 16. Juni wurde er von Hitler offiziell mit der Gesamtplanung des Unternehmens beauftragt. Für Himmler muss das eine faszinierende Aufgabe gewesen sein; alles, was jetzt

folgt, trägt seine Handschrift; es wurde ein giganti-
scher Apparat aufgezogen. Südtirol wurde zum ersten Experimentierfeld des NS-„Menscheneinsatzes".

4.
Die Haltung des VKS

Bis zum 23. Juni 1939 war das Thema „Option und Umsiedlung" in erster Linie eine deutsch-italienische Angelegenheit – danach wurde es auch eine Südtiroler
Angelegenheit und hier zuallererst eine Angelegenheit des VKS. Der Weg führte geradewegs in das wohl
leidvollste Kapitel Südtirols, das eine unübersehbare
Spur in der Geschichte des Landes hinterließ. Die Verantwortung des VKS steht dabei außer Frage, genauso
wie die Tatsache, dass sich in seinen Reihen überzeugte
Nazis befanden, die in gar keiner Weise exkulpiert werden können.

Von Leopold Steurer wissen wir, dass im April 1939
eine Abordnung des VKS von Reichsleiter Martin Bor-
mann und SS-Oberführer Hermann Behrends in München „in offizieller Weise" darüber informiert wurde,
dass Hitler die Frage Südtirol „im Sinne der Aussiedlung" gelöst habe. Der VKS lehnte die Umsiedlung zunächst ab; in dem entsprechenden Memorandum hieß
es, dies sei der einzige „Befehl Hitlers", dem man nicht
Folge leisten werde, auch wenn es ansonsten „in allem
bei dem (bliebe), was wir oft und oft erklärt haben,
wir verteidigen unerschütterlich Heimat und Volkstum, sonst aber ordnen wir uns in allem und jedem in
Treue, Vertrauen und Gehorsam dem Führer unter".
Und an anderer Stelle hieß es, es sei

„unverständlich, daß man einen solchen Plan über-
haupt in Erwägung ziehen kann, obgleich der Grund-
satz unzertrennlicher Einheit von Blut und Boden zu
den Leitsätzen nationalsozialistischer Weltanschau-
ung gehört. Auch im Reich muß man sich die Gefahr
vor Augen halten, einen Präzedenzfall zu schaffen,
dessen Wiederholung später einmal für das Reich
selbst volkspolitisch verhängnisvoll werden kann. [...]
Ein Volk, das über ein Jahrtausend lang Bollwerk
Deutschlands im Süden war und in allen Kämpfen
um deutschen Lebensraum an vorderster Stelle seinen
Mann stand, dessen Bauern vielfach seit hunderten
von Jahren in einer Familienfolge auf der ererbten
Scholle sitzen, wird sich niemals freiwillig aussie-
deln lassen. [...] Freiwilliger Verzicht auf ein Stück
deutschen Lebensraumes aber kann keine Lösung
sein und ist des wiedererstarkten Reiches unwürdig."

Die Konsequenz daraus war für den VKS eindeutig: „So
muß es klar sein, daß wir den Gedanken der Umsiedlung unbedingt ablehnen." Das klang zumindest nach
„Befehlsverweigerung". Als dann die Berliner Vereinbarung bekannt wurde, war die erste Reaktion des VKS
ebenfalls Ablehnung; auf einer gemeinsamen Sitzung
von Vertretern des Deutschen Verbandes und des VKS
wurde beschlossen, unter keinen Umständen auszu-
wandern.

Wenige Tage später kam die Wende des VKS um
180 Grad. Plötzlich hieß es:

„[...] Das deutsche Volk von Südtirol verläßt die alte
Heimat und schlägt zur Rettung und Erhaltung sei-
nes deutschen Volkstums im Großdeutschen Reich
eine neue Heimat auf, den Ahnen zur Rechtfertigung

und der Jugend zur völkischen Verpflichtung. Das Volk von Südtirol hat nicht umsonst zwanzig Jahre lang unter den Fremden gelebt und weiß, daß es nach dem Abschlusse der Umsiedlung in der Landschaft an Eisack und Etsch deutsches Leben nicht mehr geben wird."

Nach Meinung von Leopold Steurer war die „germanische Gefolgschafts- und Nibelungentreue" des VKS für diesen totalen Schwenk entscheidend. Ausdrücklich lehnt er es ab, für die Haltungsänderung des VKS die „sizilianische Legende" gelten zu lassen: jenes Gerücht nämlich, dass die Italiener alle jene, die nicht für Deutschland optieren würden, nach Sizilien, Abessinien oder in andere Gegenden, jedenfalls „südlich des Po", deportieren würden.

Wir wissen aus zahlreichen Zeugnissen, die auch durch ein Oral-History-Projekt bestätigt wurden, dass dieses Gerücht für sehr viele, wenn nicht für die meisten Südtiroler bei ihrer Entscheidung zu gehen ausschlaggebend gewesen ist. Lothar von Sternbach, obwohl ein „Bleiber", räumt ein: „Die Androhung einer Zwangsumsiedlung nach dem Süden hat mehr Leute zu ,Gehern' gemacht als die Nazipropaganda." Die „sizilianische Legende" war eine taktische Meisterleistung Berlins. Wo die „Nibelungentreue" nicht mehr ausreichte, musste nachgeholfen werden. Der deutsche Generalkonsul in Mailand, Otto Bene, übernahm diesen Part. Er informierte am 29. Juni die Auslandsdeutschen in Meran offiziell über die Entscheidung von Berlin. Bei dieser Gelegenheit sprach er als Erster von der möglichen Deportation jener Südtiroler in den Süden, die nicht für Deutschland optieren würden. Anschließend fiel die Entscheidung des VKS. Bene hat es geschickt verstan-

Den beruhigenden Versicherungen des faschistischen Präfekten, dass kein „Dableiber" deportiert werde, schenkt niemand mehr Glauben. Ansprache Mastromatteis am 5. November 1939 in Brixen unter einem Sinnspruch des „Duce": „Wo der König, da ist das Gesetz, wo der Führer, da ist das Licht."

den, die Urheberschaft dieses Gerüchts zu verschleiern; tatsächlich wurde sie später fast ausschließlich Mastromattei zugeschrieben, der am 6. Juli zum ersten Mal davon sprach und darin zunächst ebenfalls ein äußerst nützliches Instrument sah, die Umsiedlungsbereitschaft bei den Südtirolern zu steigern.

Die Italiener waren in jenen Wochen „mit völliger Blindheit geschlagen", setzten ihre Politik der Drohungen und Schikanen fort und ahnten nicht, dass sie dabei waren, eine Lawine loszutreten. Noch im Juli verfügte die Regierung die Entlassung des deutschen Personals in den Amtsstellen und des gesamten weiblichen Personals in Gasthöfen, das durch Männer aus der Lombardei, Ligurien und Piemont ersetzt werden musste. Sämtliche Touristen mussten Südtirol verlassen, die Besitzer von Tabak- und Zeitungsläden durften mit ihren Kunden nicht mehr deutsch sprechen.

Als die Italiener endlich merkten, was sich anbahnte, dass möglicherweise eine entvölkerte, auch noch für teures Geld gekaufte Provinz zurückbleiben würde, die man selbst nie wieder zu blühendem Leben würde erwecken können, war es schon zu spät. Mastromattei konnte noch so viel dementieren, dass natürlich niemand in den Süden deportiert würde. Seine Dementis bewirkten genau das Gegenteil. Dieser Mann hatte sich in den Augen der Südtiroler dermaßen diskreditiert, dass man ihm nicht ein einziges Wort mehr glaubte. Vielleicht hätte ein klärendes Wort Mussolinis die Sache noch umgebogen; zumindest die „Dableiber" erhofften das und entsandten aus diesem Grund im November eine Delegation nach Rom. Aber Himmler triumphierte, die Intervention seines persönlichen Adjutanten Wolff hatte Erfolg: Mussolini lehnte einen Empfang der Delegation ab – eine folgenreiche Entscheidung, denn nun standen die „Dableiber" mit völlig leeren Händen da. Wolff unterzeichnete stattdessen am 17. November ein besonders perfides Abkommen mit Polizeichef Arturo Bocchini und Guido Buffarini Guidi, dem Staatssekretär im italienischen Innenministerium. Darin wurde den „Dableibern" zwar das Recht auf Verbleib in Südtirol zugesichert, gleichzeitig

aber unmissverständlich klargemacht, dass die Umsiedlung eine „endgültige und vollständige völkische
Lösung" sei, nach deren Abschluss es „eine Frage ethnischer Minderheit im Alto Adige nicht mehr gibt".

5.
Gehen oder bleiben? Die Ent-
solidarisierung unter den Südtirolern

Zu diesem Zeitpunkt rollte bereits eine gigantische
Propagandawelle über das Land. Einmal entschieden,
galt es für den VKS jetzt, dem Führer ein NS-gemäßes
Ergebnis melden zu können. Dafür hatte man bis zum
31. Dezember 1939 Zeit. Wenn es zu einem solchen
„Treuebekenntnis" kommen würde, dann, so hat wohl
manch einer auch gehofft, würde der „Führer" nicht
nur sein Südtiroler Volk, sondern auch noch das Land
„heim ins Reich" holen. Man dachte an das Saarland,
und nicht umsonst meldete VKS-Führer Peter Hofer
Anfang Januar 1940 ein nach oben „ergänztes" Optionsergebnis nach Berlin: 90,7 Prozent; genauso hatte die
Saarbevölkerung 1935 abgestimmt. Die Hoffnung war
trügerisch, Himmlers Antwort ernüchternd: Der „Führer" habe sich über den Volksentscheid „gefreut"; er
habe die Wahlziffer genau durchgelesen und davon
„Kenntnis genommen". Und dann spendete Himmler
Lob: „Deutschland ist stolz auf sein Südtiroler Volk",
um im gleichen Atemzug alle Hoffnungen auf ein Bleiben im Lande zu zerstören:

„Ich wiederhole, daß das Südtiroler Volk geschlossen
angesiedelt werden wird, und daß die Volksführung

des Südtiroler Volkes Gelegenheit haben wird, die
Landschaften, die für die Ansiedlung in Frage kom-
men, kennenzulernen, bevor ein endgültiger Entscheid
über die Wahl der Landschaft getroffen wird."

Die Zusicherung des geschlossenen Siedlungsgebietes
war eine Trumpfkarte, die der VKS in seiner Propaganda mit Erfolg ausgespielt hatte; die Leute glaubten daran, und es schien sie nicht zu stören, dass dieses Gebiet erst von der Wehrmacht erobert und die dortigen
Bewohner vertrieben werden mussten. Es sollte allerdings ein schönes Gebiet sein, mindestens so schön wie
Südtirol, möglichst schöner, wo auch noch der vierte
Sohn einen eigenen Bauernhof bekommen würde. Zu
spät merkten viele, dass es das Land, in dem Milch und
Honig fließen würden, nicht gab. (Etwa 75.000 – für
die Italiener „nachrückten" – gingen, ein Aderlass, der
dem Land nach 1945 schwer zu schaffen machte und
bis heute noch nicht überwunden ist.) Die Beskiden
in Galizien, das erste Gebiet, das Himmler vorschlug,
passte nicht; so mancher Südtiroler kannte diese Gegend noch aus der Zeit des Ersten Weltkrieges; damit
konnte man schlecht Propaganda machen, und so ver-
schwand dieser Plan schleunigst wieder in der Versen-
kung; man beließ es bei der Zusage, dass alles mindestens genauso sein würde wie in Südtirol und dass man
zusammenbleiben würde.

Die Drohung mit der Zwangsumsiedlung in den Süden und die Zusicherung eines geschlossenen Siedlungsgebietes waren die Hauptwaffen im Propaganda-
krieg des VKS zwischen Gehern und Bleibern. Wo die
Propaganda ihre Wirkung verfehlte, griffen die Nazis
zum Terror. Das übelste Kapitel in der Geschichte Südtirols wurde jetzt von den Südtirolern selbst geschrie-

ben! Erst dieser Umstand erklärt, warum die tiefen Wunden, die damals geschlagen wurden, später nur schwer verheilten und immer wieder aufbrachen.

„Deutsch oder walsch! Zusammenbleiben und gemeinsam eine neue Heimat aufbauen!" Das waren griffige und erfolgreiche Formeln. Dieser Propaganda konnten sich auch diejenigen nicht entziehen, die bis dahin der Politik gegenüber eine eher indifferente Haltung eingenommen hatten. Die Flut von Flugblättern, Hetzschriften und Kettenbriefen drang bis ins kleinste Bergbauerndorf und zielte vor allem auf die Verfemung und Denunziation von „Dableibern". „Fliegende Blätter zur Ehre der Deutschtumsverräter" knöpften sich jeden einzelnen „Dableiber" eines Ortes der Reihe nach vor und machten auch vor der Privatsphäre nicht halt. Die Dableiber waren die „Walschen", die eigentlichen „Verräter". Von Zigeunern und Juden war die Rede und von der Angst vor Arbeit und Kriegsdienst im „Dritten Reich". Die Lebensläufe von „Dableibern" wurden auf „Schwachstellen" ausgeleuchtet und in die politische Auseinandersetzung eingeflochten. Gewaltandrohung und -anwendung waren an der Tagesordnung. Auf die Fassade eines „Dableiber"-Gasthauses, in dem ein jüdischer Obsthändler geschlafen hatte, wurde „Hotel Israel" geschrieben, ein anderer „Dableiber" mit Jauche überschüttet; so mancher Heustadel ging in Flammen auf, die Kinder der „Dableiber" wurden mit Steinen beworfen, Fensterscheiben wurden eingeschlagen, Häuser mit Kot und Dreck beschmiert; Freundschaften, Nachbarschaften und Familienverbände wurden zerstört. Es kam sogar zu Selbstmorden. Der bekannte Politiker und neben Kanonikus Gamper wohl prominenteste „Dableiber", Friedl Volgger, beschrieb das in seinen Erinnerungen so: „Was die Juden im Dritten Reich waren, war jetzt ein Teil der Südtiroler in den Augen ihrer fanatisierten Landsleute."

Das las sich dann so:

„Wer sind die Dableiber?
Falsche Christen – Alte Weiber,
Egoisten – Hurentreiber,
warme Brüder – schlechte Pfaffen,
Welschbastarden – ein paar Grafen,
einige mit vielen Millionen,
die ihr Geld mit Betrug gewonnen.
Mancher, der vor Angst ums Geld
fleißig zu den Welschen hält.
Mancher wollte später starten
und auf Otto Habsburg warten.
Allesamt, wann's jemand wundert,
sind jedoch nicht acht von hundert."

„Wer sind die Abwanderer?
Antichristen – Glaubensfeinde –
Kommunisten – feige Schweine –
arme Teufel – wenig Reiche,
Landesverräter sondergleichen.
Einige, die vor lauter Schulden
die schlechten Zeiten nicht mehr dulden,
mit leeren Taschen das Weite suchen
und vor Hunger Hitler rufen.
Bauern ohne Heimatstolz,
die Wald besitzen, ohne Holz,
Bauern, die in dummem Grolle
feig verlassen Haus und Scholle,
aufgehetzt von Lügenmäulern,

stürzen sich ins Abenteuer.
Doch sie alle starten froher Natur
und bringen nach Polen die deutsche Kultur."

In nahezu allen Dörfern wurden Optanten- und Dableiberversammlungen abgehalten; tausende Flugblätter, Schmähschriften, Spottgedichte und Kettenbriefe kursierten unter der Südtiroler Bevölkerung.

Die Masse der Südtiroler war angesichts der Propagandalawine, die über sie hinwegrollte, zutiefst verunsichert und optierte schweren Herzens und nach großer Seelennot für das nach ihrer Meinung kleinere Übel der deutschen Staatsbürgerschaft und Umsiedlung. Insgeheim hoffte man wohl doch noch auf die Befreiung nach dem „Endsieg". Die Begründung, die der Erzbischof von Trient, Celestino Endrici, im Mai 1940 in einem Schreiben an den Vatikan gab, hat bis heute nichts von ihrer Gültigkeit verloren:

„Bei 80 % der Bevölkerung hätten all diese Argumente [der Nazipropaganda] keinen Erfolg gehabt, wenn nicht die ganze Option ein Ausbruch der Reaktion gewesen wäre gegen die Methoden der Regierung, die ihr suggeriert worden sind vom Senator Tolomei und ausgeführt vom Präfekten Mastromattei, Methoden, die heute selbst von italienischen Autoritäten als irrsinnig angesehen werden. Nur dieser Umstand kann die Heftigkeit der Leidenschaft erklären, welche die große Mehrheit der Bevölkerung erfaßt und selbst einfache Bauersleute dazu geführt hat, fremden Agitatoren Gehör zu schenken, dem eigenen Pfarrer ihr Ohr zu verschließen und auf den hundertjährigen Besitz Verzicht zu leisten, von dem sie bisher auch nicht einen Quadratmeter preisgeben wollten."

Die „Dableiber" wollten der brutalen Lösung der Umsiedlung eine Absage erteilen und alle Folgen auf sich
nehmen. Nur: Damals standen sie auf verlorenem Posten, hofften wohl auch insgeheim auf irgendeine Wen-
dung des Schicksals. Für ihre Überzeugung stritten
und litten sie; zunächst unter ihren eigenen Landsleuten und dann unter den Nazis – bis ins KZ Dachau.

Wenn man heute liest, wie die VKS-Führer die Dinge damals beschrieben, dann bekommt man einen Eindruck davon, wohin politischer Fanatismus führen
kann. So schrieb VKS-Führer Peter Hofer am 11. November an Generalkonsul Otto Bene u. a.:

> *„Wenn ich daran denke, daß dieses Südtiroler Berg-*
> *volk jahrhundertelang in der volksfremden Parole der*
> *alten Habsburger ‚für Gott, Kaiser und Vaterland'*
> *erzogen wurde und bis vor kurzem gar nicht wußte,*
> *was Deutschland heißt, so wollen wir alle in tiefer*
> *Dankbarkeit diese bewußte Volkswerdung erkennen,*
> *die eher bereit ist, auf den 1000jährigen Heimatboden*
> *der schönsten deutschen Landschaft zu verzichten,*
> *bevor sie sich von ihrem deutschen Volkstum trennt.*
> *Und für dieses Ereignis, das uns in seiner Schlichtheit*
> *und seiner Größe, für jeden Deutschen stolz erkenn-*
> *bar, am Ende dieses für uns so schicksalsschweren*
> *Jahres ergreifen wird, wollen wir vor allem dem Füh-*
> *rer unseren Dank sagen."*

Und Karl Nicolussi vom VKS-Führungsstab sprach am
10. November in einem Brief an Peter Hofer von einer positiven „Abstimmungs-Psychose", von „Muster-
dörfern", wo man zur „geschlossenen Meldung" übergegangen sei: Die Stimmabgabe habe sich zu einer
„Volkskundgebung" gestaltet; die Leute seien „freudig

gestimmt" und hätten sich „z. B. in Gossensaß auch nicht durch den Pfarrer abhalten lassen, der sich dem Zug der Abstimmenden auf der Straße zwischen Gossensaß und Sterzing entgegengestellt hat". Er beendete seinen Brief mit folgenden Sätzen:

> *„Ich bin auf unser Volk noch nie so stolz gewesen wie an diesen letzten zwei Tagen, wo ich Gelegenheit hatte, seine höchsten nationalen Werte zu bewundern. Nach Jahren voll unzähliger Enttäuschungen [...] entschließt sich ein ganzes Volk, Hab und Gut, vor allem seine Heimat zu verlassen, ohne über seine Zukunft weiteres zu wissen, nur im Glauben und Vertrauen an Deutschland und an den Führer; bei Gott, solche Deutsche hat der Führer noch nirgends gefunden. Was dabei aber unsere Bewegung getan hat, werden Außenstehende nie erfassen können."*

6.
Die Kirche

„Kirche und Option" ist ein besonderes Thema; auch hier blieben tiefe Wunden zurück. Der Name des Brixner Fürstbischofs Johannes Geisler wird wohl für immer damit verbunden bleiben. Geisler kam aus Nordtirol, er war ein liebenswürdiger, sehr menschlicher, aber auch ein sehr schwacher Kirchenfürst, der im entscheidenden Moment versagte. Er schwankte anfangs zwischen Zustimmung zur Umsiedlung und ihrer Ablehnung, änderte dann aber seine Haltung, als er mehr und mehr unter den Einfluss seines Generalvikars Alois Pompanin geriet. Pompanin war Ladiner, ein fanatischer Befürworter der Umsiedlung ins Reich und glühender Bewunderer Hitlers (und erhielt 1958 das Ehrenzeichen des Landes Tirol!!!).

Mahnende Worte des Papstes, in dieser Frage vorsichtig zu agieren, blieben ungehört. Es kam schon bald zum Bruch zwischen dem Bischof und seinem Klerus, dem schon Ende Oktober 1939 ein Propagandaverbot auferlegt wurde. Der Klerus war gegen die Option für das Deutsche Reich; er wies auf die Kirchenverfolgung und die Euthanasie in Deutschland hin – und wurde in diesem Punkt von seinem Bischof der Zensur unterworfen. Als Endrici in seinem Diözesanblatt für den deutschen Anteil seiner Diözese (das war der weitaus größere Teil Südtirols, der im Eisacktal bis zur ersten Ortschaft südlich von Brixen und im Vinschgau bis zur Pfarrgemeinde Prad am Stilfserjoch reichte) gegen die Umsiedlung Stellung bezog, unterließ es Geisler, mitzuunterzeichnen.

Auch das Brixner Domkapitel stand gegen Geisler. Die Auseinandersetzung mit ihm ging so weit, dass es sogar die Absetzung des Bischofs durch Rom verlangte. Das geschah zwar nicht, aber die Mitteilung des vatikanischen Botschaftsrates Giuseppe Misuraca, Geisler stehe es frei, zurückzutreten und die Diözese zu verlassen, war nicht unbedingt ein Vertrauensbeweis für den Bischof.

Am 25. Juni 1940 (für die Kirche war die Optionsfrist bis zum 30. Juni 1940 verlängert worden) optierte Geisler mit dem Argument: „Der gute Hirt folgt seiner Herde." Auf die Idee, dass ein guter Hirt seiner Herde die Richtung angibt, war er nicht gekommen. Geislers Entscheidung war genau das, worauf die Nazis gewartet hatten, und wurde von ihnen propagandistisch entsprechend ausgeschlachtet (auch wenn es auf das Optionsergebnis natürlich keinen Einfluss mehr hatte). Der Klerus entschloss sich dagegen mehrheitlich für den Verbleib in der Heimat; nur rd. 20 Prozent entschieden sich dafür, dem Bischof zu folgen; im deutschen Anteil der Diözese Trient waren es sogar nur zehn Prozent.

Hat die katholische Kirche also in dieser kritischen Zeit versagt?

Katholische Kirche, darauf weist der Südtiroler Kirchenhistoriker Josef Gelmi zu Recht hin, bedeutet nicht nur Bischof und Generalvikar. Die Mehrheit der Seelsorger hatte damals mit ihrem Votum zum Ausdruck gebracht, dass sie, wenn auch vor allem aus rein religiösen Gründen, eindeutig gegen das NS-Regime eingestellt war. Geradezu einzigartig und zutiefst unchristlich war allerdings die Art und Weise, wie die Auseinandersetzung zwischen Bischof und Klerus geführt wurde. Genauso bemerkenswert war auch die Art und Weise, wie man 1945 zur Tagesordnung überging, so als ob nichts geschehen wäre.

Nach Abschluss der Optionsfrist wartete man in der Neujahrsnacht 1940 mit Spannung auf das „Wahlergebnis". Der Führer hatte gerufen und alle, fast alle, sollten kommen. So wünschten es sich die VKS-Aktivisten. Zweifelsohne wäre es denkbar gewesen, das Abkommen zu ignorieren und überhaupt keinen Stimmzettel abzugeben. Eine solche Variante wurde aber so gut wie nicht in Erwägung gezogen, und der VKS meldete aus den schon genannten Gründen 90,7 Prozent „Optanten" nach Berlin (s. S. 92); später wurde die Zahl 86 Prozent genannt. Die italienischen Angaben sahen ganz anders aus: 72,5 Prozent. Man wollte niedrige Zahlen, um die Italianisierungspolitik nicht als gänzlich gescheitert ansehen zu müssen.

Interessant ist, wie die unterschiedlichen Options-
zahlen Teil der politischen Auseinandersetzung nach
1945 wurden, als es um die Frage der Rückkehr Südtirols nach Österreich ging. Da sprach die italienische
Regierung von 86 Prozent und die österreichische von
71,3 Prozent. Die Absicht war klar: je höher die Zahl
der Optanten, so argumentierten die Italiener, um so
mehr Nazis in Südtirol und um so gefährlicher, an der
Brennergrenze zu rütteln. Das stimmte zwar so nicht,
war aber sehr geschickt, zumal die Westmächte das
Optionsergebnis nur als Bekenntnis zum Nationalsozialismus deuteten. Mit den österreichischen Zahlen
wurde dagegen die Bedeutung der „Dableiber" unterstrichen. Unabhängig davon: Ohne die „Dableiber" würde es Südtirol, so wie es heute existiert, wohl nicht
mehr geben. Ohne sie hätte im Mai 1945 auch keine
Südtiroler Volkspartei gegründet werden können, niemand hätte eine auch moralisch gerechtfertigte Forderung nach Selbstbestimmung stellen können, von der
dann erreichten Autonomie und der Möglichkeit der
Rückoption ganz zu schweigen.

V.
1940–1945: Umsiedlung und „Wiedervereinigung"

1.
Die Umsiedlung

Bereits im September 1939 war mit Hauptsitz in Bozen und Zweigstellen in allen Städten und größeren Dörfern des Landes die „Amtliche deutsche Ein- und Rückwanderungsstelle" (ADERST) errichtet worden. Sie sollte zwar „nur" Option und Abwanderung organisieren und durchführen, entwickelte sich aber schon bald zu einer Art deutscher Parallelverwaltung, was von den Faschisten zähneknirschend zur Kenntnis genommen wurde. Die ADERST unter Leitung von Wilhelm Luig und die im Januar 1940 aus dem VKS entstandene „Arbeitsgemeinschaft der Optanten" (ADO) unter Führung von Peter Hofer waren nun die Ansprechpartner der „Optanten". Diese konnten jetzt wieder offen „deutsch" sein: Die deutsche Schule wurde wieder zugelassen, ebenso die Vereine. Seit dem Frühjahr 1940 gab es „deutsche Sprachkurse", die parallel zu den italienischen Pflichtschulen bestanden und am Nachmittag durchgeführt wurden. Die Lehrinhalte waren stark nationalsozialistisch geprägt, das Unterrichtsmaterial kam aus dem Deutschen Reich. Es ging nicht in erster Linie darum, den Kindern der „Optanten" Sprachunterricht zu erteilen, sondern um die Sozialisation zukünftiger „Volksgenossen". Im Herbst 1940 wurden in Rufach im Elsass (für Knaben) bzw. Achern in Baden

(für Mädchen) sogenannte „Reichsschulen für Volksdeutsche" eingerichtet, die allerdings mehr Napolas,
Nationalpolitischen Erziehungsanstalten, glichen als
normalen Gymnasien. Wer durch eine dieser nationalsozialistischen Eliteschulen ging, war für sein Leben
geprägt.

Mehrere ehemalige VKS-Mitglieder wurden auf die
Führung im versprochenen Siedlungsgebiet vorbereitet:
„Ein kleiner Kreis ausgewählter und verdienter Südtiroler ‚Kameraden' erhielt schließlich eine spezielle
politische Ausbildung auf den SS-Ordensburgen des
Dritten Reiches (vor allem auf der Ordensburg Sont-
hofen im Allgäu)."

In Südtirol selbst wurden die Traditionen, die der
Faschismus 20 Jahre lang unterdrückt hatte – Volks-
tanz, Blasmusik, Schützenwesen, Pflege des Volkslie-
des und der Trachten – nun geschickt mit der nationalsozialistischen Weltanschauung verbunden. In jener
Zeit wurden die „Dableiber", also jene Südtiroler, die
entweder gar nicht abgestimmt oder sich für die Beibehaltung der italienischen Staatsbürgerschaft entschieden hatten, von ihren Landsleuten weiter geäch-
tet; sie blieben Außenseiter der Südtiroler Gesellschaft.
Sie waren allen möglichen Schikanen ausgesetzt; ihre
Kinder durften auch nicht am deutschen Sprachunterricht teilnehmen. Beim Kriegseintritt Italiens am
10. Juni 1940 jubelten beide Seiten: die „Dableiber",
weil sie davon überzeugt waren, dass Deutschland mit
Italien als Bündnispartner den Krieg verlieren würde
und die Südtiroler im Lande bleiben könnten; die „Optanten", weil die „Dableiber" jetzt zumindest auch zum
Militär eingezogen würden – und zwar zur italienischen Armee. Die „Dableiber" fanden allerdings schnell
eine Lösung für dieses Problem, und zwar gemeinsam

mit den faschistischen Ortsoberen. Leiter von landwirtschaftlichen Betrieben, Besitzer wie Pächter, waren nämlich von einer Einberufung freigestellt. Es wurden Hunderte von Pachtverträgen abgeschlossen, wobei die Italiener genau wussten, dass es zum Teil Scheinverträge waren. Kam der Einberufungsbefehl, wurden die Pachtverträge bei der zuständigen italienischen Stelle präsentiert – und akzeptiert. Auch sonst kam der italienische Staat den „Dableibern" jetzt in vielfacher Hinsicht entgegen: Für kinderreiche Familien und Bergbauern gab es Steuererleichterungen; es durften auch wieder Liegenschaften gekauft werden. Mussolini hatte am 21. März 1940 eine Abordnung empfangen und zugesichert, dass die „Italienoptanten" in ihrer Heimat bleiben dürften und „niemand daran dachte, sie in andere Teile des Königreiches zu verpflanzen".

Die Umsiedlung selbst ist eine Geschichte für sich. Deutschland und Italien verfolgten grundsätzlich verschiedene Interessen. Deutschland wollte die Zuführung von Arbeitskräften, die Rekrutierung von Freiwilligen und Wehrpflichtigen, die Ansiedlung von „germanischen" Wehrbauern in eroberten Gebieten und die Kompensation von Südtiroler Vermögenswerten mit italienischen Forderungen an das „Dritte Reich". Italien dagegen wollte „nach dem Scheitern seiner Assimilierungspolitik in Südtirol die deutschsprachigen Bewohner aus dem Lande haben und dadurch den Unruheherd an seiner Nordgrenze beseitigen".

Es ging vor allem um die Abwanderung der politischen und gesellschaftlichen Elite, der Unternehmer, Freiberufler und der Obst- und Weinbauern – die Bergbauern aber sollten bleiben, da sie wohl kaum durch Italiener ersetzt werden konnten. Der VKS wollte den Kern der Südtiroler Bevölkerung, die Bauern, die wirtschaftliche Substanz und das Südtiroler Kulturgut erhalten, um im neuen geschlossenen Siedlungsgebiet wieder ähnliche Strukturen aufbauen und die politische Führung übernehmen zu können. Die ersten Abwanderer waren Strafgefangene, die optiert hatten und nun nach Deutschland überstellt wurden; außerdem Soldaten, die beim italienischen Heer waren und bei einer Option für Deutschland sofort entlassen wurden und in die Wehrmacht wechseln mussten, sowie Freiberufler, die ihre Existenzgrundlage – zum Beispiel durch Lizenzentzug – verloren hatten.

Ab Mitte November 1939 trafen in Innsbruck Umsiedlertransporte in größerem Ausmaß ein. Die Zahl der bis zum 9. Dezember 1939 umgesiedelten Südtiroler gab SS-Gruppenführer Karl Wolff am 12. Dezember 1939 in einem Memorandum mit 4092 an; bis Jahresende waren es etwa 11.500.

Im Januar 1940 wurde Mussolini eine Abwanderungszahl von 200 bis 250 Südtirolern täglich zugesichert. Man vertraute darauf, dass das geschlossene Siedlungsgebiet bald feststehen werde. Bis dahin sollten die Besitzlosen, die lohnabhängigen Arbeiter, die Beamten, die politisch Verfolgten, die wirtschaftlich Unhaltbaren – kurz: der „verzichtbare" Teil des Südtiroler Volkes – abgesiedelt werden. Die Südtiroler Wirtschaft sollte durch die Abwanderung aber nicht geschädigt werden. Von daher war folgender Stufenplan zur Umsiedlung vorgesehen:

1. in Südtirol sesshafte „Reichsdeutsche";
2. „Volksdeutsche", die nicht bodengebunden waren;
3. „bodengebundene" Volksdeutsche.

Aufgrund der Zusammensetzung der ersten Auswanderer erlitt die einheimische Bevölkerung die stärksten

Einbußen bei den Beschäftigten in der Industrie und im Handwerk, im Verkehrswesen und bei den häuslichen Diensten. Am wenigsten litt die Landwirtschaft. Dass nur neun Prozent der Umsiedler aus der Landwirtschaft kamen, führte nach 1945 zum Schlagwort und Mythos vom Bauern als „Retter des Landes". Die Bauern, die das Land verließen, wurden entweder in Tirol und Vorarlberg auf Höfen angesiedelt oder aber in sogenannten „rückgegliederten" oder „befreiten" Gebieten, die mit militärischer Gewalt erobert und in das Deutsche Reich eingegliedert worden waren, etwa in Luxemburg, dem Elsass oder Böhmen.

Etwa 50 Prozent jener rd. 75.000 „Optanten", die Südtirol tatsächlich verließen, wanderten im Jahr 1940 aus; danach geriet die Umsiedlung ins Stocken: 1941 24 Prozent, 1942 acht Prozent, 1943 nur noch vier Prozent. Dafür gab es mehrere Gründe. Einer der wichtigsten war wohl, dass kein endgültiges Siedlungsgebiet gefunden wurde, dem die ADO-Führer ja zustimmen mussten. Im Frühjahr 1940 tauchten Gerüchte über eine eventuelle Ansiedlung in Elsass-Lothringen auf; im Juni 1940, nach Beendigung des Frankreichfeldzuges, wurde von Himmler Burgund als neues Siedlungsgebiet festgelegt. Dort sollte das neue Südtirol aufgebaut werden; die burgundischen Städte sollten einfach in Bozen, Meran, Brixen, Bruneck usw. umgetauft werden. Die ADO-Führer haben Burgund damals besichtigt; von den wenigen Zeugnissen dieser Besichtigungsreise existiert ein Foto, das u. a. Karl Tinzl zeigt (der von 1941 bis 1943 persönlicher Berater von Peter Hofer und nach dessen Tod im Dezember 1943 bis 1945 sein Nachfolger als Präfekt von Bozen war).

Hitler hatte andere Vorstellungen; sein Waffenstillstand mit Frankreich sah die Vichy-Regierung vor, in deren Wirkungsbereich Burgund lag. Schließlich wurde eine Ansiedlung der Südtiroler auf der Halbinsel Krim am Schwarzen Meer erwähnt.

Das fehlende Siedlungsgebiet war aber nicht der einzige Grund für die Verzögerung der Umsiedlung. Es kamen wohl noch andere Gründe hinzu. Die anfängliche Begeisterung war schnell Ernüchterung gewichen. Die ersten, die tatsächlich umsiedelten, waren am Bahnhof in Innsbruck, dem obligaten ersten Aufnahme- und Durchgangsort, noch von Gauleiter Hofer mit einem Transparent „Südtiroler – der Führer erwartet Euch", oder „Südtiroler – Großdeutschland heißt Euch willkommen", mit Marschmusik und zündenden Reden empfangen worden. Das änderte sich alles sehr schnell; schon im Laufe des Jahres 1940 gab es für so etwas keine Zeit mehr. Es kamen die Schwierigkeiten bei der Unterbringung und der Ausstattung der Wohnungen für die Auswanderer hinzu. Von den großen Versprechungen blieb nichts mehr übrig. Viele Umsiedler wurden in Notunterkünften untergebracht (Untermietzimmer, Baracken, Klöster, Kasernen) und mussten eine Arbeit annehmen, die oft ihren Gewohnheiten widerstrebte.

Es kam hinzu, dass es mit der Schätzung und Ablösung der Vermögenswerte der „Optanten" in Südtirol große Schwierigkeiten und Verzögerungen gab; viele haben auf diese Weise den Zeitpunkt des Weggehens so lange hinausgezögert, bis ihr Vermögen endgültig festgelegt waren. Ende 1942 hatten von 63.000 Antragstellern erst 9700 einen Schätzungsbescheid erhalten. Noch im August 1942 drängte Himmler die zuständigen Instanzen in Bozen, die Abwanderung zu forcieren und das Warten auf ein geschlossenes Siedlungsgebiet nicht als Ausrede gelten zu lassen. In Bozen saß allerdings seit Oktober 1941 Ludwig Mayr-Falkenberg als ranghöchster Mann der deutschen Umsiedlungsbehörden und Nachfolger des entlassenen Generalkonsuls Otto Bene. Er war alles andere als ein linientreuer Parteigenosse und tat alles, um die Umsiedlung zu verzögern.

2.
Gauleiter Franz Hofer

Der Sturz Mussolinis, der Übertritt Italiens auf die Seite der Alliierten und die Besetzung Südtirols und Norditaliens durch deutsche Truppen am 9. September 1943 wurden von der überwiegenden Mehrheit der Südtiroler als Befreiung vom italienischen Joch empfunden. Nach 20 Jahren faschistischer Herrschaft schien der Tag der langersehnten Befreiung gekommen zu sein. Doch der erhoffte offizielle „Anschluss" Südtirols an das Deutsche Reich und damit die Wiedervereinigung Tirols blieb aus. Es kam zwar zu einer Art De-facto-Annexion, staatsrechtlich blieb Südtirol aber ein Teil Italiens, und zwar der neuen Schein-„Repubblica di Salò" Mussolinis (die de facto von der Gnade Berlins abhing). Die nachfolgenden 20 Monate deutscher Zivilverwaltung sind in mehrfacher Hinsicht interessant; es wurden teilweise Voraussetzungen geschaffen, die für die unmittelbare Nachkriegszeit entscheidend werden sollten.

Mit Befehl vom 10. September 1943 ordnete Hitler die Errichtung zweier Operationszonen im nun von deutschen Truppen besetzten Italien an, und zwar der „Operationszone Adriatisches Küstenland" und der „Operationszone Alpenvorland"; letztere bestand aus den Provinzen Trient, Bozen und Belluno. Diese Gebiete wurden durch die dafür eingerichtete Zivilverwaltung vom Rest Italiens getrennt. In den Operationszonen wurden den militärischen Befehlshabern zivile Berater beigegeben, die den Titel „Oberster Kommissar" führten. Für die „Operationszone Alpenvorland" wurde dies Franz Hofer. Er sollte in den folgenden zwei Jahren eine zentrale Rolle bei den Entscheidungen dort spielen. Hofer verfolgte eine Politik, die auf eine faktische Verschmelzung der Operationszone mit dem Gau Tirol-Vorarlberg abzielte. Er wollte zumindest Südtirol in seinen Gau eingliedern, mit anderen Worten, die Wiedervereinigung Tirols erreichen. Von Anfang an drängte er Hitler und die oberste Reichsleitung zur Annexion dieses Gebietes.

Er konnte sich jedoch nicht durchsetzen. Hitler nahm auf Mussolini, der am 12. September von deutschen Fallschirmjägern befreit worden war, Rücksicht; er wollte seinen Verbündeten nicht bloßstellen. Die oberste Reichsleitung verbot daher alle Maßnahmen, die den Eindruck einer offiziellen Annexion erwecken konnten. Südtirol blieb auch weiterhin offiziell Teil der Republik von Salò, auch wenn deren Einfluss fast Null war.

Mit Verordnung vom 6. November 1943 wurde die allgemeine Wehrpflicht im gesamten Gebiet der Operationszone eingeführt. Wer sich der Einberufung entzog, musste mit der Todesstrafe rechnen, und bei Flucht konnten Angehörige als Geiseln genommen werden. In Südtirol wurden 2000 Mann starke Polizeiregimenter aufgestellt („Bozen", „Brixen", „Schlanders", „Alpenvorland"). Bei der Einberufung wurde im Prinzip kein Unterschied zwischen „Optanten" und „Dableibern" gemacht (tatsächlich wurden zuerst die „Dableiber" an die Front geschickt). Das bedeutete, dass Angehörige beider Gruppen zu deutschen Verbänden eingezogen wurden, was eindeutig dem Völkerrecht widersprach. Aber auch darum kümmerte sich damals niemand. Jüngere Männer wurden sogar in Einheiten der Waffen-SS gezwungen. Die Polizeiregimenter, die dem SS-Gruppenführer Karl Wolff unterstellt und später in „SS-Polizei" umbenannt wurden, wurden in Südtirol, im Trentino oder in der Provinz Udine zur Objektsicherung und zur Partisanenbekämpfung eingesetzt; das Polizeiregiment „Brixen" wurde wegen Eidesverweigerung nach Schlesien strafversetzt. Die noch im Lande verbleibenden Südtiroler dienten bei der Wehrmacht, der Polizei und dem Südtiroler Ordnungsdienst (SOD). Der SOD wurde nachträglich von den deutschen Stellen anerkannt und mit italienischen Beutewaffen ausgerüstet. Der Aufbau ging sehr schnell voran; schon im Oktober kam man auf fast 9000 Mann. Von Anfang an gab es aber einen Konkurrenzkampf um den Oberbefehl über den SOD. Wehrmacht und Polizei sowie Hofer verfolgten dabei ihre eigenen Interessen. Hofer konnte sich schließlich durchsetzen, und der SOD wurde ihm unterstellt. Der SOD hatte Patrouillen und Wachaufgaben durchzuführen, wurde aber auch zur Partisanenbekämpfung eingesetzt. So waren z. B. Mitglieder des SOD im Juni 1944 an der Ermordung führender Trentiner Widerstandskämpfer und auch an der Verhaftung des bekanntesten Trentiner Widerstandskämpfers, Giannantonio Manci, beteiligt.

Die 11. Kompanie des Polizeiregiments „Bozen" war nach der Ausbildung nach Rom verlegt worden. Rom war damals zur offenen Stadt erklärt, die deutschen Truppen zum größten Teil abgezogen worden. Auf diese

Kompanie wurde am 23. März 1944 in der Via Rasella ein Sprengstoffattentat von kommunistischen Partisanen verübt. 33 Südtiroler wurden getötet.

Als Vergeltung ermordeten SS-Männer unter dem Kommando des damals 36-jährigen Oberst Herbert Kappler 335 italienische Geiseln in den Ardeatinischen Höhlen. Die Opfer der Fosse Ardeatine waren zwischen 14 und 75 Jahre alt. Um ein Beispiel zu geben, brachten Kappler und andere höhere SS-Führer die ersten Opfer durch Genickschuss um. Nachdem die SS-Leute das Massaker verübt hatten, wurden die Zugänge zu den Höhlen durch Sprengungen verschüttet. Die Geiselexekution hätte nach den geltenden Gebräuchen von der betroffenen Einheit, also der Bozner Kompanie, durchgeführt werden sollen, aber deren Kommandant weigerte sich mit der Begründung, seine Männer seien katholisch und zudem ältere Jahrgänge, die es nicht über sich brächten, auf die wehrlosen Geiseln zu schießen. In den neunziger Jahren war diese Geiselerschießung Thema der italienischen Justiz. Kappler wurde 1948 zu lebenslanger Haft verurteilt; 1977 gelang ihm die Flucht nach Deutschland, wo er ein Jahr später starb.

Auch wenn im Operationsgebiet die italienische Gebietshoheit und die Staatsgrenze formell unangetastet blieben und die Lira gesetzliches Zahlungsmittel blieb, hatten die deutschen Behörden praktisch die Macht übernommen und sorgten für entsprechende Erleichterungen für die Südtiroler. Hofer verfügte schon im September 1943 die Gleichstellung der deutschen neben der italienischen Sprache. Von nun an konnte überall wieder legal in der Öffentlichkeit deutsch gesprochen werden; beide Sprachen waren gleichberechtigte Amtssprachen. Auch die deutschen und ladinischen Ortsnamen wurden wieder eingeführt und neben den italienischen Ortsnamen angebracht. Wohl aus Rücksicht auf die Republik von Salò wurden die italienischen Namen beibehalten. Die Podestàs wurden durch örtliche Bürgermeister ersetzt; die Kinder der „Dableiber" konnten nun auch die deutsche Schule besuchen, die jetzt zu einer „normalen", alle Fächer umfassenden Schule wurde.

Die deutschen Behörden gingen gezielt gegen die Presse vor. Das Verlagshaus Athesia wurde geschlossen, die „Dolomiten" (die bei der Athesia erschienen und bis 1943 NS-kritische Kommentare veröffentlicht hatten), die faschistische „Alpenzeitung" und die italienische „La Provincia di Bolzano" mussten ihr Erscheinen einstellen. Als einzige Tageszeitung gab es jetzt nur noch das neugegründete „Bozner Tagblatt". Die Italiener in Südtirol hatten nun keine eigene Tageszeitung mehr; ihnen blieb nur mehr die Trentiner Tageszeitung „Il Trentino"; Zeitungen der Repubblica di Salò durften nicht in die Operationszone Alpenvorland eingeführt werden. Rundfunksendungen gab es auch nur noch in deutscher Sprache. Noch härter traf sie das Verbot jeglicher Parteibetätigung in der Operationszone: Die faschistische Partei war genauso verboten wie die NSDAP. Für die Italiener bedeutete dies den Zusammenbruch jedweder Infrastruktur des öffentlichen Lebens in Südtirol. Die zugewanderten Italiener waren noch keineswegs mit dem Land verwurzelt. Nichts war gewachsen, sondern vom Faschismus in wenigen Jahren schnell aufgezogen – bis zur Bar und zum Fußballklub. Trotz dieser Situation gab es keine Abwanderung, sondern eine Zuwanderung von Italienern nach Südtirol. Der Grund war einfach: Die Italiener in Südtirol wurden nicht zum Wehrdienst einberufen. Um diese Zuwanderung zu verhindern, erließ Gauleiter Hofer strenge

Einreise- und Aufenthaltsgesetze für die Operationszone. Bei Borghetto, der alten Südgrenze Tirols, wurde dafür eine Kontrollstation errichtet.

Die deutsche Herrschaft brachte die nationalsozialistische Vernichtungsmaschinerie auch in Italien in
Gang. Dies traf vor allem die Juden. Bis 1943 konnten
sie im faschistischen Italien mehr schlecht als recht
leben, aber doch überleben. Das änderte sich sofort
nach dem Einmarsch der Wehrmacht. Die einzige or-
ganisierte jüdische Gemeinde in der Operationszone
gab es in Meran, wo zum Zeitpunkt des deutschen Ein-
marsches noch 60 Mitglieder lebten. Die übrigen waren vorher schon weggezogen. Bereits am 16. September wurden 24 von ihnen vom SOD unter Führung der
Gestapo verhaftet. Sie wurden in das Lager Reichenau bei Innsbruck gebracht. 19 von ihnen wurden in
Auschwitz ermordet, vier starben in Reichenau, eine
Frau überlebte. Den wenigen Juden in Brixen erging
es ähnlich. Darüber hinaus wurden 350 Geisteskranke
ermordet, und aus den Südtiroler Dörfern „verschwan-
den" auch andere geistig und körperlich Behinderte.

1944 wurde vor den Toren Bozens ein sogenanntes
polizeiliches Durchgangslager errichtet, das im Volksmund KZ Sigmundskron genannt wurde. Bis zum Mai
1945 wurden rund 11.000 Menschen durch dieses Lager
auf dem Weg in die großen Konzentrationslager wie
Mauthausen, Dachau und Auschwitz geschleust; im
Lager selbst wurden auch Exekutionen durchgeführt;
zeitweise wurden dort 4000 Menschen gefangen gehalten.

Die Kirche in Südtirol zeigte sich den neuen Herren
gegenüber durchaus kompromissbereit, aber vorsichtig. Bischof Geisler bemühte sich, kirchenfeindliche
Maßnahmen abzuschwächen und einen Modus Viven-

di mit Gauleiter Hofer zu finden. Zwar wurden vereinzelt Priester verhaftet, die Kirchenverfolgung erreichte aber dennoch nie ein ähnliches Ausmaß wie in Nordtirol, wo immerhin jeder fünfte Priester mindestens einmal in Haft war.

3.
Der Widerstand

In Südtirol gab es wenig Widerstand gegen den Nationalsozialismus, was durchaus verständlich ist, da man keinen Kampf gegen die deutsche Herrschaft führte, sondern nur gegen die Ideologie des Nationalsozialismus. Im übrigen Italien war ja besonders das Motiv der nationalen Befreiung von der deutschen Fremdherrschaft für den Widerstand ausschlaggebend. Diese Komponente fehlte in Südtirol aus den bekannten historischen, ethnischen und politischen Gründen gänzlich. Für die Südtiroler brachte die nationalsozialistische Herrschaft außerdem eine Reihe von Grundrechten zurück (und zudem war ja die NSDAP verboten).

So manch einer betrachtete – und betrachtet – im Übrigen den Tag, an dem die Wehrmacht einmarschierte, als Tag der Befreiung. Der Widerstand arbeitete darüber hinaus noch zweigleisig: Auf italienischer Seite gab es auch in Bozen eine Zweigstelle des „Comitato di Liberazione Nazionale" (CLN), auf deutschsprachiger Seite den „Andreas-Hofer-Bund" (AHB). Militärische Widerstandshandlungen gab es bei beiden Gruppen praktisch nicht. Es gab auch kaum Kontakte zwischen ihnen, da ihre Ziele zu verschieden waren. Der CLN forderte einen Verbleib Südtirols bei Italien und damit die Erhaltung der Brennergrenze, der Andreas-Hofer-Bund die Rückkehr zu Österreich.

Der Andreas-Hofer-Bund war schon 1939 gegründet worden; die Kerntruppe bestand in der Folgezeit aus drei Dutzend „Dableibern". Sie waren gegen die Aussiedlung, wollten diese verzögern, betreuten aber auch Nichtoptanten und hielten Kontakt zu deutschen Stellen (vor allem zum Präfekten Tinzl). Erster Obmann war Friedl Volgger; nach dessen Verhaftung trat Hans Egarter an seine Stelle. Der Andreas-Hofer-Bund forderte, wie erwähnt, ein wiedervereinigtes Tirol in einem demokratischen Österreich. Diese Vorstellungen für eine Neuordnung nach dem Krieg kamen in der von Kanonikus Gamper im Exil in Florenz verfassten Denkschrift zum Ausdruck. Dort hieß es u. a.: „Ein mit dem neu erstandenen, demokratischen und von imperialistischen Bestrebungen freien Österreich vereinigtes Tirol wäre auch in Zukunft ein starkes Bollwerk gegen etwa wiederauftretende alldeutsche Tendenzen." Dies sollte dann 1946 zu einem wichtigen Argument werden.

Am 3. Mai 1945 übernahm der CLN die Verwaltung des Landes bis zum Brenner. Am gleichen Tag hissten Carabinieri dort die italienische Fahne. Italien hatte wieder die Regierungsgewalt in Südtirol übernommen; in Bozen war eine Regierung im Amt, die ihre Tätigkeit im Namen Italiens ausübte und dann von den Amerikanern in diesem Amt bestätigt wurde. Die bereits erwähnte zunehmend antideutsche Einstellung des CLN machte sich dann besonders im administrativen Bereich sofort bemerkbar. Das Bozner Unterland, Cortina d'Ampezzo und Buchenstein wurden von der Provinz Bozen abgetrennt und der Provinz Trient bzw. Belluno angegliedert. In vielen Gemeinden wurden ehemals faschistische Funktionäre wieder als Bürgermeister eingesetzt, und auch in der Bürokratie fand eine allgemeine Re-Italianisierung bzw. Re-Faschisierung statt. In vielen Bereichen kam es zu einer direkten Fortsetzung der ehemals faschistischen Politik.

4.
Die Gründung der
Südtiroler Volkspartei (SVP)

Am 8. Mai 1945 wurde in der Villa Malfèr in Bozen „von einer Handvoll mutiger Männer unter der Führung des Bozner Kaufmannes Erich Amonn", so Friedl Volgger in seinen Erinnerungen, die Südtiroler Volkspartei (SVP) gegründet. Die Parteigründung war zumindest in ihrer inhaltlichen Ausrichtung kein „Einfall der Stunde", sondern die logische Fortsetzung einer bereits in den Kriegsjahren begonnenen diesbezüglichen Tätigkeit der „Dableiber". Schon Ende 1942 war es Erich Amonn gelungen, unter einem Vorwand in die Schweiz zu reisen, wo er sich mit Vertretern des österreichischen Widerstands traf. Nach dem Sturz Mussolinis im Juli 1943 kam auf dem Ritten eine Gruppe Südtiroler Widerstandskämpfer zu einer Aussprache zusammen, die von einem Abgesandten aus Nordtirol initiiert wurde. Mit Blick auf ein mögliches Ende des Krieges sollten vorbereitende Maßnahmen getroffen werden, Kanonikus Gamper sollte Südtirol verlassen und südlich der „Gotenlinie" Kontakt mit den Alliierten aufnehmen. Wenig später flüchtete Gamper und verfasste in seinem Versteck bei Florenz das bereits erwähnte Memorandum über das Südtirolproblem, dessen Leitlinien die später gegründete SVP übernahm. Darin hieß es unter anderem: „Südtirol soll mit dem Lande Tirol wiedervereinigt und dem neu entstehenden Österreich angegliedert werden (siehe auch S. 267)."

Bei der Parteigründung in Bozen wurde Erich Amonn zum Obmann der Partei, der Burggräfler Bauer Josef Menz-Popp, ehemaliger christlich-sozialer Landtagsabgeordneter, zum Obmannstellvertreter und Josef Raffeiner zum Parteisekretär gewählt. Friedl Volgger stieß sofort nach seiner Rückkehr aus dem Konzentrationslager Dachau dazu und wurde zum Organisationsleiter bestellt. Die Gründungsversammlung verabschiedete einvernehmlich drei programmatische Punkte, die von der am 19. Mai erstmals wieder erscheinenden Tageszeitung „Dolomiten" publiziert wurden, nämlich:

„1. Nach 25jähriger Unterdrückung durch Faschismus und Nationalsozialismus den kulturellen, sprachlichen und wirtschaftlichen Rechten der Südtiroler auf Grund demokratischer Grundsätze Geltung zu verschaffen.

2. Zur Ruhe und Ordnung im Lande beizutragen.

3. Seine Vertreter zu ermächtigen – unter Ausschluß aller illegalen Methoden –, den Anspruch des Südtiroler Volkes auf Ausübung des Selbstbestimmungsrechtes bei den alliierten Mächten zu vertreten."

Zentral war der dritte Punkt, in dem die SVP ganz explizit das Selbstbestimmungsrecht für Südtirol forderte. Diese Einforderung des Selbstbestimmungsrechtes bedeutete – in Anlehnung an die Tätigkeit im Vorfeld des 8. Mai – indirekt nichts anderes als die Forderung nach

Angliederung Südtirols an Österreich. Das wurde in den folgenden Wochen und Monaten das entscheidende Ziel der SVP, aber auch des wiedererstandenen Österreichs. Machtvolle Demonstrationen unterstrichen diese Forderung. Am Ende war die Enttäuschung groß, als die Alliierten die Grenze am Brenner bestätigten.

VI.
1945–1948: Gruber-De Gasperi-Abkommen, erstes Autonomiestatut und „Optantendekret"

Am 30. Oktober 1943 verabschiedeten die Außenminister Großbritanniens, der USA und der Sowjetunion bei ihrem Treffen in Moskau die „Moskauer Deklaration", in der als Ziel alliierter Politik die Wiedererrichtung eines freien, unabhängigen Österreich nach Kriegsende formuliert wurde. Das Foreign Office in London beschäftigte sich daraufhin in den folgenden Wochen mit den künftigen Grenzen dieses neuen Österreich und erstellte am 18. Februar 1944 ein umfangreiches Memorandum, in dem auch die Problematik „Südtirol" erörtert wurde. Vor- und Nachteile von vier möglichen Lösungen wurden ausführlich diskutiert:
1. Beibehaltung der Brennergrenze;
2. Verschiebung der Grenze bis Trient;
3. Verschiebung der Grenze bis nördlich von Bozen;
4. Abhaltung eines Plebiszites.

Der Staatsminister im Foreign Office, Richard Law, legte dieses Memorandum dem für die Nachkriegsplanung zuständigen Ministerausschuss am 8. Mai 1944 vor. In einem zweiten Memorandum sprach er die Empfehlung aus, bei der weiteren Behandlung des Themas „Österreich" von dem Österreich in den Grenzen des Jahres 1937 auszugehen; eine spätere Angliederung Südtirols sollte aber nicht ausgeschlossen sein. Der Ministerausschuss akzeptierte diese Empfehlung am 18. Mai.

In den folgenden Monaten wurde diese Frage dann nicht weiter verfolgt. Sie wurde erst im April 1945 wieder aufgegriffen, als im Foreign Office die Vorarbeiten für den mit Italien abzuschließenden Friedensvertrag begannen. Im ersten Entwurf dieses Vertrages vom 20. April war die Rückgabe Südtirols an Österreich vorgesehen. In einem zweiten Entwurf vom 9. Mai wurde diese Rückgabe noch nicht ausgeschlossen. Noch hieß es: „Italien verzichtet zugunsten der Vier Mächte auf alle Rechte im Hinblick auf die Provinz Bozen." Und weiter: „Italien erkennt die Entscheidung der Grenzkommission an, die die Vier Mächte zur Festlegung der Grenze zwischen Italien und Österreich in diesem Gebiet einrichten werden."

Von dieser Position ging man in der Folgezeit aber ab. Der britische Außenminister Anthony Eden legte dem Kabinett am 5. Juli ein Memorandum vor, in dem die entscheidende Passage zum Thema „Rückgabe Südtirols" jetzt folgendermaßen lautete:

> „Es geht bei dieser Entscheidung in der Tat um eine hochpolitische Angelegenheit, nämlich: Haben wir langfristig mehr zu gewinnen, wenn wir Italien weitere Demütigungen ersparen oder wenn wir die österreichischen Ansprüche befriedigen?"

Er selbst gab die Antwort:

> „Ich neige der ersten Alternative zu. Man kann nicht sagen, daß der Gewinn Bozens absolut notwendig ist für ein ‚freies und unabhängiges Österreich' – auf das wir uns festgelegt haben –, es könnte andererseits aber zu einem Gefahrenherd werden, falls Österreich völlig unter russischen Einfluß gerät."

Von daher sollte in dem Friedensvertragsentwurf nichts über Südtirol gesagt werden.

Die übrigen Mächte hatten wohl ähnliche Vorstellungen mit Blick auf die Brennergrenze. Auf der Außenministerkonferenz im September in London wurde von keiner Seite eine Änderung dieser Grenze vorgeschlagen. Lediglich der amerikanische Außenminister James Byrnes legte eine Zusatzformel im Hinblick auf territoriale Regelungen vor, die ohne Diskussion angenommen wurde. Sie lautete:

> *„Die Grenze mit Österreich wird unverändert bleiben, mit der Ausnahme, jeden Fall zu hören, den Österreich für kleinere Grenzberichtigungen zu seinen Gunsten vorbringt."*

Damit war eine Grundsatzentscheidung getroffen worden, an der in der Folgezeit nicht mehr gerüttelt werden sollte. Daran änderten auch die zahlreichen Demonstrationen und Manifestationen in Südtirol und in Österreich für eine Rückkehr Südtirols zu Österreich nichts. Nach den Nationalratswahlen am 25. November und dem vernichtenden Ergebnis für die Kommunisten wurde zwar in London und Washington noch einmal über dieses Thema nachgedacht, im Foreign Office von einer Arbeitsgruppe sogar die Rückgabe Südtirols an Österreich empfohlen, aber diese Überlegungen fanden am 4. März 1946 ein Ende.

An diesem Tag beendete der neue britische Außenminister Ernest Bevin persönlich die interne Diskussion über Südtirol. Er entschied für Italien und gegen Österreich. Unterm Strich, so betonte er in einer Sitzung im Foreign Office, hätten die Österreicher zwar die besseren Argumente, wenn man ihnen aber die Kraftwerke in Südtirol überantwortete, dann „könnte man damit tatsächlich den Russen einen bedeutenden Hebel in die Hände spielen, mit dem sie Italien unliebsam unter Druck setzen können"; man werde auf diese Weise die Ambitionen der Sowjets in Mitteleuropa unterstützen und gegen die eigenen Interessen in Italien handeln. Der britische Verhandlungsführer in Paris, Gladwyn Jebb, wurde angewiesen, in den Verhandlungen beim Thema Südtirol „nicht die Initiative zu übernehmen". Am 24. Juni 1946 bekräftigten die vier Außenminister in Paris dann ihren Beschluss vom September.

In Wien stand man damit zwar vor einem Scherbenhaufen, die Entscheidung von Paris bedeutete aber noch keinesfalls das Ende der Südtirolproblematik. Das Gegenteil war der Fall – und wieder liefen alle Fäden im Foreign Office zusammen.

Ausgangspunkt neuer Überlegungen im Foreign Office war ein erster Bericht des britischen Vertreters in Wien, William Mack, über die Reaktion von Außenminister Gruber und Bundeskanzler Leopold Figl nach Bekanntwerden der Pariser Entscheidung, die in Wien wie eine Bombe eingeschlagen war. Gruber fühlte sich von den westlichen Außenministern hintergangen und verraten und fiel in einen Zustand tiefer Depression, wie Mack nach London berichtete. Mack versuchte zwar, ihn einigermaßen wiederaufzurichten; aber, so berichtete er weiter, „ich fürchte, ohne großen Erfolg". Figl sah die Dinge realistischer. Er teilte Mack mit, er habe bereits Kontakt mit der Tiroler Landesregierung aufgenommen und darauf hingewiesen, dass jetzt alles darauf ankomme, „Ruhe und Ordnung" zu bewahren. Die Bundesregierung werde vor dem Nationalrat eine Regierungserklärung abgeben, eine ausgedehnte Debatte erwarte er aber nicht. Und was Südtirol betraf, so war Figl nach wie vor der festen Überzeugung, dass es eines Tages nach Österreich zurückkehren werde. „Zwanzig Jahre sind nichts im Leben einer Nation, die Franzosen haben 50 Jahre gebraucht, um Elsaß-Lothringen zurückzubekommen; in der Zwischenzeit wird die Bundesregierung die Mitbürger in Südtirol wissen lassen, daß sie sie nach wie vor als Österreicher betrachtet", wie er Mack anvertraute. Seiner Meinung nach waren zwei Dinge jetzt notwendig: Zum einen mussten die Großmächte Italien zwingen, die österreichische Mehrheit in Südtirol anständig zu behandeln, d. h., es mussten eigene Schulen und eigene kulturelle Einrichtungen zugestanden und entsprechende Garantien gegeben werden, dass sie nicht so schikaniert würden wie unter den Faschisten. Zum anderen mussten die Österreicher die Eisenbahnverbindung zwischen Innsbruck und Lienz ohne Kontrolle durch die Italiener benutzen dürfen. Dies könne in bilateralen Verhandlungen zwischen Wien und Rom geklärt werden.

Der Ausweg sollte nun, aus britischer Sicht, in direkten Gesprächen zwischen Rom und Wien liegen. Wieder ging die Initiative direkt vom Foreign Office aus, vom höchsten Beamten dort, Sir Orme Sargent. Und in diesem Sinne – direkte Kontaktaufnahme zwischen Rom und Wien – wurde Mack am 27. Juni bei Gruber vorstellig, allerdings ohne Erfolg. Gruber zeigte sich nach wie vor „nicht nur tief enttäuscht, sondern auch ziemlich verbittert"; er hatte „wenig Hoffnung, daß direkte Verhandlungen irgendein Ergebnis bringen". Nach dem Beschluss der Außenminister stehe man mit leeren Händen da, und die Italiener hätten keinen Grund mehr, Österreich entgegenzukommen. Nach der Aussage Grubers, so Mack abschließend,

> „ist die innenpolitische Lage in Österreich fast hoff-
> nungslos. Die Entscheidung von Paris hat die Position
> der Regierung geschwächt, die Kommunisten werden
> täglich stärker, die Russen haben jetzt 150 Fabriken
> übernommen, und Gruber sieht keine Möglichkeit,
> sie zurückzubekommen."

Und wenige Tage später:

> „Die Österreicher halten es im gegenwärtigen Sta-
> dium, wo sie ohne das Pustertal nichts in Händen
> und die Italiener keinerlei Veranlassung zu einer ver-
> nünftigen Regelung haben, für sinnlos, den direkten
> Kontakt mit der italienischen Regierung zu suchen.
> Es ist im Moment unmöglich, sie von dieser Haltung
> abzubringen."

Nun begann eine Phase, in der die Briten stärksten
Druck sowohl auf Italiener als auch auf Österreicher
ausübten. Sargent war davon überzeugt, dass, solange
man Italiener und Österreicher sich selbst überlasse,

> „nichts geschehen wird. Die Österreicher sind zu
> schwach, um die Dinge voranzutreiben, und für die
> Italiener als beati possidentes besteht eigentlich
> keinerlei Veranlassung, sich in einem Abkommen
> eindeutig festzulegen, sosehr sie auch ihren guten
> Willen bekunden und vage Versprechungen hinsicht-
> lich guter Absichten machen."

Zunächst wurde Druck auf die Italiener ausgeübt. Der
italienische Botschafter in London, Carandini, wurde
am 2. August vor seiner Abreise nach Paris ins Foreign
Office gebeten, wo Hoyer Millar mit Nachdruck auf

das Interesse der britischen Regierung an einer einvernehmlichen Lösung der Südtirolfrage zwischen Italien und Österreich verwies, einer Lösung, die möglicherweise in den Friedensvertrag mit Italien übernommen werden konnte. Ein freundlich gesinntes Österreich müsse im Interesse Italiens liegen, Italien könne nichts dabei gewinnen, wenn „Österreich in die Arme der Russen getrieben wird". Wenn sich dagegen Österreicher und Italiener auf ein Autonomiestatut einigen könnten, das unter anderem freien Personenverkehr zwischen Südtirol und Österreich ermögliche, dann habe man schon eine ganze Menge erreicht. Carandini hatte offensichtlich verstanden, worum es ging, zumindest hat er es so formuliert. Mit allem, was der Brite gesagt hatte, stimmte er überein, er war sicher, dass dies auch für De Gasperi zutraf. In jedem Fall wollte er seinen Ministerpräsidenten dazu drängen, Kontakt mit den Österreichern aufzunehmen.

Am nächsten Tag, dem 3. August, wandte sich Sir Orme Sargent direkt an Bevin und an die Vertreter der britischen Delegation in Paris. Er nahm Bezug auf dieses Gespräch Carandini–Hoyer Millar, in dem der italienische Botschafter auch gesagt hatte, er sei sicher, dass seine Regierung auf jeden entsprechenden Schritt der österreichischen Regierung positiv reagieren werde, und verwies dann gleichzeitig auf die sich verschlechternde Lage in Österreich und darauf, dass einzig die Kommunisten aus der schwierigen Situation Kapital schlagen würden, um dann kategorisch festzustellen:

„Es geht jetzt darum, die Angelegenheit zufriedenstellend zu regeln. Die Zeit ist jetzt gekommen, Schritte zu unternehmen, um Italiener und Österreicher unter der Ägide der vier Mächte zusammenzubringen, so

daß sie Vorschläge vorlegen, die die berechtigten An-
sprüche beider Seiten befriedigen."

Es liege im britischen Interesse, das Abgleiten eines
oder beider Länder ins kommunistische Lager zu verhindern, daher gelte es jetzt, die Sache schnell zu regeln.
Der erste Schritt sollte demnach eine Einladung an beide Regierungen sein, Vertreter nach Paris zu schicken,
wo dann beide Vorschläge für die Regelung der ethnischen, wirtschaftlichen und strategischen Fragen vorlegen sollten. Wichtig sei dabei, so hieß es, dass in der
Grenzfrage noch keine endgültige, von allen Staaten
unterschriebene Regelung mit Italien getroffen werden sollte, da, so Sargent, nur während eines Zustan-
des der Unsicherheit mit einer gewissen italienischen
Kompromissbereitschaft zu rechnen sei. Sargent stellte sich die Lösung folgendermaßen vor: lokale Selbst-
verwaltung und weitreichende Autonomie im deutschsprachigen Raum bis zur Salurner Klause; durch Gesetz
festgelegte Garantien im Bereich Sprache, Kultur, Re-
ligion usw.; Sonderregelungen für Handel und Verkehr
zwischen diesem Gebiet und Nordtirol. Durchführung
und Einhaltung aller Bestimmungen sollten von einer
neutralen Kommission überwacht werden.

„Es ist wichtig", so Sargent abschließend, „daß wir
die Initiative ergreifen und diese beiden, im Grunde
genommen westlichen Länder an einen Tisch bringen
und etwas nachhelfen, daß sie in ihrem und unserem
Interesse so schnell wie möglich eine vernünftige Lö-
sung für dieses unselige Problem finden. Denn, wenn
man die Sache langfristig und vom europäischen
Blickwinkel aus betrachtet, dann ist es unerläßlich,
daß beide Länder, die nun einmal beide so dicht am

Eisernen Vorhang liegen, zusammenstehen. Dies haben kluge Leute in Italien und Österreich zwar bereits erkannt, aber die beiden Länder als Ganzes sind aus psychologischen Gründen unfähig, aufeinander zuzugehen, es sei denn, sie werden von den Großmächten gezwungen, ihre gegenseitige Antipathie zu überwinden und die Streitereien zu begraben, die sonst die gegenseitigen Beziehungen auf Dauer vergiften und ihnen selbst und uns nur Schaden zufügen werden."

Aufgrund dieser letzten britischen Initiative kam es dann innerhalb der nächsten Wochen zur italienisch-österreichischen Übereinkunft. Das, was Italiener und Österreicher in Paris vorlegten, die taktischen Varianten, wie am besten vorzugehen war, um dies dann auch – und das war eben wichtig – im Friedensvertrag zu verankern, all dies wurde sehr intensiv mit den Engländern in Paris besprochen, auch wenn ihnen De Gasperi und Gruber dann die letzte Fassung des Abkommens vor der Unterzeichnung nicht mehr vorlegten.

Am 5. September 1946 unterzeichneten Gruber und De Gasperi dann jene Vereinbarung, die als Gruber-De Gasperi-Abkommen in die Geschichte eingegangen ist. Es lautete folgendermaßen (in deutscher Übersetzung, da das Original in Englisch, einer der Konferenzsprachen, abgefasst werden musste)[1]:

„1. Den deutschsprachigen Einwohnern der Provinz Bozen und der benachbarten zweisprachigen Ort-

---

[1] Das englischsprachige Original findet sich als Faksimile in meiner Arbeit „Südtirol im 20. Jahrhundert. Vom Leben und Überleben einer Minderheit", Innsbruck/Wien 1997, 1999³, S. 328.

schaften der Provinz Trient wird volle Gleichberechtigung mit den italienischsprachigen Einwohnern im Rahmen besonderer Maßnahmen zum Schutze des Volkscharakters und der kulturellen und wirtschaftlichen Entwicklung des deutschsprachigen Bevölkerungsteiles zugesichert werden. In Übereinstimmung mit schon getroffenen oder in Vorbereitung befindlichen gesetzgeberischen Maßnahmen wird den Staatsbürgern deutscher Sprache insbesondere folgendes gewährt werden:

a) Volks- und Mittelschulunterricht in der Muttersprache;

b) Gleichstellung der deutschen und italienischen Sprache in den öffentlichen Ämtern und amtlichen Urkunden sowie bei den zweisprachigen Ortsbezeichnungen;

c) das Recht, die in den letzten Jahren italianisierten Familiennamen wiederherzustellen;

d) Gleichberechtigung hinsichtlich der Einstellung in öffentliche Ämter, um ein angemesseneres Verhältnis der Stellenverteilung zwischen den beiden Volksgruppen zu erzielen.

2. Der Bevölkerung der oben erwähnten Gebiete wird die Ausübung einer autonomen regionalen Gesetzgebungs- und Vollzugsgewalt gewährt werden. Der Rahmen für die Anwendung dieser Autonomiemaßnahmen wird in Beratung auch mit einheimischen deutschsprachigen Repräsentanten festgelegt werden.

3. In der Absicht, gutnachbarliche Beziehungen zwischen Österreich und Italien herzustellen, verpflich-

*tet sich die italienische Regierung, in Beratung mit
der österreichischen Regierung binnen einem Jahr
nach Unterzeichnung dieses Vertrages:*

*a) in einem Geist der Billigkeit und Weitherzigkeit
die Frage der Staatsbürgerschaftsoptionen, die
sich aus dem Hitler-Mussolini-Abkommen von
1939 ergeben, zu revidieren;*

*b) zu einem Abkommen zur wechselseitigen Anerken-
nung der Gültigkeit gewisser akademischer Gra-
de und Universitätsdiplome zu gelangen;*

*c) ein Abkommen für den freien Personen- und Güter-
durchgangsverkehr zwischen Nord- und Osttirol
auf dem Schienenwege und in möglichst weitge-
hendem Umfange auch auf dem Straßenwege auszuarbeiten;*

*d) besondere Vereinbarungen zur Erleichterung ei-
nes erweiterten Grenzverkehrs und eines örtlichen
Austausches gewisser Mengen charakteristischer
Erzeugnisse und Güter zwischen Österreich und
Italien zu schließen."*

Ergänzt wurde dieses Abkommen durch einen Brief-
wechsel zwischen De Gasperi und Gruber vom selben
Tag. Im Brief De Gasperis an Gruber (in englischer
Sprache) hieß es:

*„Entsprechend unserer mündlichen Verständigung
erlaube ich mir zu bestätigen, daß die italienische
Regierung bereit sein wird, alle Vorschläge der österreichischen Regierung genau zu prüfen ['give careful
attention'], die auf die beste Lösung der in Artikel 10
enthaltenen Punkte, so wie in dem von uns verein-
barten Text enthalten, abzielen."*

Alcide De Gasperi und Karl Gruber am
5. September 1946 in Paris.

In seinem Antwortschreiben (ebenfalls in Englisch)
an De Gasperi bestätigte Gruber den Empfang dieses
Schreibens, zitierte den o. g. Passus und fuhr fort, er
möchte hinzufügen,

> „daß die Tatsache, daß es der italienischen und der
> österreichischen Regierung gelungen ist, einen ge-
> meinsamen Vorschlag zur Verbesserung des Art. 10
> der Konferenz zu unterbreiten, von uns mit großer
> Befriedigung betrachtet wird. Wir hoffen sehr, daß

unser Abkommen den Anfang einer fruchtbaren Ent-
wicklung in den austro-italienischen Beziehungen
im Geiste freundschaftlicher Nachbarschaft und in-
ternationaler Zusammenarbeit bedeuten wird. Der
Geist von Unparteilichkeit und Offenheit, welchen
Sie bei der Behandlung dieser Angelegenheit gezeigt
haben, hat auf mich einen tiefen Eindruck gemacht,
und ich bin überzeugt, daß es ein gutes Vorzeichen
für zukünftige vertrauensvolle Beziehungen zwischen
der österreichischen und italienischen Regierung
ist."

Wie es im „Tätigkeitsbericht" der Südtiroler Delegation
(drei Südtiroler waren in Paris mit dabei: Friedl Volgger,
Otto von Guggenberg und Hans Schoefl) heißt, legte
Gruber dem Schreiben De Gasperis besonders großen
Wert bei, da sich die italienische Regierung dadurch
verpflichtet hatte, alle Anregungen der österreichischen
Regierung zur Autonomiefrage sorgfältig zu prüfen.
Damit stand der österreichischen Regierung seiner
Meinung nach das Recht zu, wann und in welcher Frage
immer, in die Autonomieverhandlungen einzugreifen,
wie auch später jederzeit wegen eventuell mangelhaf-
ter Durchführung oder späterer Beschränkung der Autonomie usw. Vorhaltungen zu machen, ohne dass die
italienische Regierung diese Einflussnahme Österreichs
ablehnen durfte oder konnte.

Wie sahen das die Italiener? Welche Verpflichtungen
ergaben sich für sie aus diesem Abkommen? Carandini
geht darauf in einem Brief vom 25. September 1946 an
Renato Prunas, den Generalsekretär des italienischen
Außenministeriums, ein. Demnach war das, was unterzeichnet worden war,

„kein normaler Vertrag, der beide Parteien in allen
Punkten kategorisch verpflichtet. Das Dokument ist
für uns im ersten Teil, in dem es um bestimmte Maß-
nahmen betreffend Sprache usw. geht, verbindlich. Es
ist nicht verbindlich im zweiten Teil, sowohl was den
Inhalt als auch den Umfang der Autonomie betrifft.
Im dritten Teil (Fragen internationalen Charakters)
ist es verbindlich, was den allgemeinen Charakter der
einzuführenden Maßnahmen und die Beratung mit
der österreichischen Regierung betrifft. Ganz allge-
mein ist es ein Abkommen, das im guten Glauben ge-
schlossen wurde und das, wie Gruber versichert und
wie die Ereignisse zeigen werden, Beständigkeit und
Wert nur dann haben wird, wenn es auch im guten
Glauben angewandt wird."

In Wien, wo monatelang nur von der Rückkehr Südtirols gesprochen worden war, hatte man zunächst
Schwierigkeiten, das Abkommen richtig einzuordnen.
„Der sogenannte Vertrag, der kein Vertrag ist", so
heißt es dann im Protokoll der Ministerratssitzung am
1. Oktober, als Gruber berichtete. In Grubers Selbstver-
ständnis war das Abkommen, wie er es dort bezeichnete,
demnach lediglich ein „Gentlemen's Agreement", der
eigentliche Vertrag mit ausgearbeiteten Details sollte
erst noch geschlossen werden. Dabei gab er sich wohl
naiver, als er war. Er hatte schließlich als Außenminister und nicht als Privatmann unterschrieben. Kom-
pliziert war es für Gruber und die Wiener Regierung
durch etwas anderes geworden. In Paris war damals
geplant, dass diese Vereinbarung als Artikel 10 im italienischen Friedensvertrag einfach „aufgegangen" wäre,
wie es hieß. Auf diese Weise wäre mit Blick auf Südtirol
nur Italien zu etwas verpflichtet worden, von Öster-

reich wäre nichts unterschrieben worden, wie Gruber nach Wien telegrafierte. De Gasperi ahnte, was er unterschrieben hatte – mit welchen Konsequenzen vor allem für Italien. Am 6. September machte er daher einen Rückzieher und erklärte Gruber, er sei

> „nach einer schlaflosen Nacht zu der Ansicht gelangt, daß es aus innenpolitischen Gründen für ihn unmöglich sei, die Aufnahme einer für Italien so drückend und nur ihm Verpflichtungen auferlegenden Vereinbarung in den Friedensvertrag formell vorzuschlagen. Eine solche Geste wäre für ihn untragbar und würde wahrscheinlich seinen Sturz bedeuten."

Im letzten Moment einigte man sich darauf, das Abkommen – mit beiden Unterschriften und damit mit Verpflichtungen für beide Länder – als Annex an den Friedensvertrag anzuhängen. Die Sowjetunion erhob keinen Einspruch.

Niemand bezweifelte später, dass ein Vertrag abgeschlossen worden war. Dennoch ist ja wohl interessant, dass das Abkommen weder vom Nationalrat ratifiziert (was ja selbst die Völkerrechtler im Außenamt für notwendig gehalten hatten) noch im Bundesgesetzblatt veröffentlicht wurde. Lediglich der Ausschuss für auswärtige Angelegenheiten des Nationalrates nahm am 1. Oktober 1946 eine Resolution an, in der es hieß, die mit Italien vereinbarte „Regelung", von der nicht feststehe, ob sie die Zustimmung des gesamten Südtiroler Volkes gefunden habe, bedürfe noch „mancher Interpretation, um als Zwischenlösung angesehen werden zu können". Und weiter: „Die Haltung Österreichs bedeutet in keiner Weise einen Verzicht auf die unveräußerlichen Rechte unseres Staates auf Südtirol. Der

Ausschuß gibt der bestimmten Hoffnung Ausdruck, daß eine geänderte Weltlage in Zukunft den Südtirolern die Möglichkeit der Selbstbestimmung über ihre staatliche Zugehörigkeit geben wird." Dieses Prinzip sei „der einzige Weg für eine dauernde Lösung der Südtirolerfrage", die von Österreich als „gerecht und befriedigend angenommen werden könnte". Bei dieser Art von Begeisterung konnte man für die Zukunft noch einiges in der Südtirolfrage erwarten!

Einer der umstrittensten Punkte bei der Auslegung des Abkommens war von Anfang an die territoriale Abgrenzung des Autonomiegebietes. Hier sorgte Italien dann für ein Fait accompli, indem es im Juni 1947 eine Verfassung beschloss, die im Artikel 108 die Bildung einer autonomen Region Trentino-Alto Adige (Trentino-Tiroler Etschland) vorsah, und im Januar 1948 das entsprechende Autonomiestatut verabschiedete. Dies war keine Landesautonomie für Südtirol! War das in Paris vereinbart worden? Die territoriale Abgrenzung des Autonomiegebietes war der Kern des Abkommens, die Einbeziehung des Trentino würde „alles umstoßen", wie es Figl im Ministerrat am 17. September formulierte. Man hätte daher eigentlich erwarten können, dass gerade in dieser Frage die Dinge mit absoluter Klarheit formuliert worden wären, ohne Raum für unterschiedliche Interpretationen zu lassen. Das genaue Gegenteil ist geschehen, und zwar – wie die Akten zeigen – aus gutem Grund. Die Akten zeigen auch, dass es in diesem Punkt in Paris zwischen Gruber und De Gasperi, Österreichern und Italienern keinerlei Unklarheiten gab, mit Rücksicht auf die öffentliche Meinung in Österreich und Italien die Dinge aber nicht so deutlich beim Namen genannt werden konnten. Man kann fragen, warum De Gasperi in Paris überhaupt unterschrieben hat? Niemand und nichts konnte ihn dazu zwingen, auch nicht die Briten. Die Südtiroler Delegation selbst sprach noch in Paris von „freiwillig" eingegangenen Verpflichtungen De Gasperis.

De Gasperi wollte Ruhe am Brenner, die Forderung „Los von Rom!" ein für allemal aus den Schlagzeilen der Weltpresse haben – und für „seine" Trentiner eine Autonomie – und war bereit, dafür einen Preis zu zahlen; und das war seine Unterschrift in Paris. Gruber wollte, nachdem das Spiel „Südtirol" bei den Großmächten endgültig ausgereizt war, zumindest eine international abgesicherte Verpflichtung Italiens, damit die von Italien anerkannte Schutzmachtfunktion Österreichs für Südtirol, und gleichzeitig die Optantenfrage regeln. Für dieses Ziel musste ebenfalls ein Preis gezahlt werden, nämlich:

a) auf die Forderung nach Selbstbestimmung und Rückkehr Südtirols nach Österreich musste verzichtet werden, was natürlich nicht öffentlich geschehen konnte, obwohl das Abkommen genau dieses bedeutete und was manche in Nordtirol, aber auch in Südtirol und Wien, nicht akzeptierten. Für sie war das Abkommen nur eine Übergangslösung, wobei sich die Frage stellte: Übergangslösung für welche Art von endgültiger Lösung? Doch noch Selbstbestimmung eines Tages? 1960/61 nahm diese Frage geradezu dramatische Formen an.

b) musste Gruber das akzeptieren, was De Gasperi bereit war zu geben, wollte er nicht mit leeren Händen aus Paris zurückkehren. Wäre er unter Protest aus Paris abgereist – was wohl möglich gewesen wäre –, dann wären die Südtiroler völlig schutzlos geblieben, es hätte auch keine „Schutzmacht" Österreich gegeben (obwohl die erst in der zweiten Hälfte der fünfziger Jahre aktiv wurde). Es hätte keine völkerrechtliche Verankerung der Autonomie Südtirols gegeben.

Mit dem Abkommen wurde die Südtirolfrage völkerrechtlich „internationalisiert", Österreich „Schutzmacht" Südtirols. Anders als nach dem Ersten Weltkrieg war Südtirol damit keine rein inneritalienische Angelegenheit mehr. Einzelne Formulierungen des Abkommens waren unscharf, aber, so Gruber intern, je allgemeiner, umso besser, denn „damit war jeder Auslegung von Seiten der Südtiroler sowie jeder Initiative Österreichs Tür und Tor geöffnet". Auch der Weg Österreichs zur UNO 1960, der ohne das Abkommen nicht möglich gewesen wäre. Als Außenminister meinte Bruno Kreisky einmal 1961: „Die Schwäche und gleichzeitig auch Stärke des Abkommens besteht darin, dass nirgends konkrete Angaben enthalten sind."

Um sein Ziel zu erreichen, spielte Gruber zeitweise ein gewagtes Spiel und hat dabei seine Karten nie wirklich aufgedeckt – wenn er denn überhaupt noch welche hatte. Das wird nirgends so deutlich wie bei der Frage der territorialen Abgrenzung des Autonomiegebietes. Die Ausgangspositionen der Italiener, Österreicher und Südtiroler in Paris waren in diesem Punkt völlig klar. In dem vom Bozner Präfekten Silvio Innocenti ausgearbeiteten Plan sollten Südtirol und Trentino ein miteinander verbundenes Autonomiegebiet bilden. Damit aber wären die Südtiroler von vornherein in eine Minderheit geraten, und zwar in einem solchen Maße, dass es nicht länger möglich gewesen wäre, von einer echten Autonomie für Südtirol zu sprechen (200.000 Südtiroler gegenüber 500.000 Italienern).

De Gasperi, selbst Trentiner, hatte, und das war bekannt, seinen Landsleuten – die separatistische Tendenzen hegten – eine Autonomie versprochen und wünschte daher aus innenpolitischen Gründen ein Zusammengehen oder gar eine Vereinigung der Provinzen Bozen und Trient.

Laut Botschafter Carandini war Gruber bereit, die Frage der geographischen Grenzen offenzulassen, aber er wollte lieber eine mehr allgemeine Formulierung. Er habe schließlich Carandinis Vorschlag akzeptiert, der dann auch so ins spätere Abkommen übernommen wurde und folgendermaßen lautete: „Der Rahmen [‚frame'] für die Anwendung dieser Autonomiemaßnahmen wird in Beratung auch [‚also'] mit einheimischen deutschsprachigen Repräsentanten festgelegt werden." Gruber wollte lediglich das Wort „auch" („also") gestrichen haben. Carandini verwies auf die Verfassunggebende Versammlung, die logischerweise als erste zu beraten habe, und dann würden zusammen mit den italienischsprachigen Gruppen „auch" deutschsprachige Vertreter konsultiert. Dem habe Gruber zugestimmt.

Gruber gab am 24. September in einem privaten Saal des Restaurants „Drouant" ein Frühstück für Carandini, an dem auch die Botschafter Schmid, Bischoff und Wimmer – Carandini: „Zeugen aller unserer Vereinbarungen" – teilnahmen. Carandini berichtete Generalsekretär Prunas am nächsten Tag, was geschah:

„Ich hatte Gelegenheit, in völliger und absoluter Offenheit noch einmal den Sinn unserer Vereinbarung und den Willen, mit dem diese geschlossen wurde, klarzustellen. Ich sagte zu Gruber und den anderen:
‚1. Wir haben ein Abkommen unilateralen Charakters unterzeichnet, mit dem wir uns verpflichten, die Autonomie zu gewähren, ohne dafür eine ausdrückliche Verzichtserklärung Eurer territorialen Ansprüche zu verlangen. Dies geschah, um Euch gegenüber Eurer

nationalistischen öffentlichen Meinung nicht in eine
schwierige Lage zu bringen. Es stimmt, daß Euer Verzicht aus der Tatsache hervorgeht, daß Ihr auf der
Konferenz jeden vorhergehenden Anspruch fallengelassen habt. Es stimmt, daß der Einschluß unseres
Abkommens in den Friedensvertrag die italienisch-
österreichische Frage, die sich auf der Konferenz aufgrund eines territorialen Anspruchs ergeben hat und
eben dort durch die Gewährung einer Autonomie für
die betreffende Minderheit gelöst worden ist, zu einer
internationalen Angelegenheit macht. Aber was ist
Eure Überlegung?'

Gruber erklärte mir: ,An dem Tag, an dem die Autonomiefrage geregelt ist und damit die Wünsche der
deutschsprachigen Minderheit befriedigt sind, wird
der Fall Südtirol für Österreich abgeschlossen sein.'

2. Was die territoriale Ausdehnung betrifft, wies ich
(ich muß mich schon zwingen, zum x-tenmal auf dieses Thema zurückzukommen) auf die Notwendigkeit
hin – zumal es sich um eine Frage handelt, bei der ich
selbst mitverantwortlich bin –, noch einmal von ihm
zu hören, daß es keine Mißverständnisse darüber gibt,
daß diese Frage offengelassen wurde. Ich wollte eine
letzte Erklärung, um sie Ministerpräsident De Gasperi mitzuteilen. Gruber gab mir eine ausführliche
und klare Zusicherung und wiederholte, daß die Entscheidung von uns abhänge und daß er sich dafür einsetzen wolle, daß die Dinge möglichst ohne Probleme
und in gutem Einvernehmen entschieden würden. Er
bat mich, ihn aus taktischen Gründen eine Zeitlang
gegenüber seiner eigenen, nationalistisch eingestellten Öffentlichkeit nicht in Verlegenheit zu bringen,
indem er offen eine Verpflichtung anerkennen müßte,

die er, obwohl sie sich deutlich aus der angewandten Formel ,im Rahmen ...' ergibt, akzeptiert hatte, weil er auf unsere Diskretion vertraute. Und dies alles sagte er in sehr kategorischem Ton. Wenn ich ihm nun unter diesen Bedingungen einen Brief schreiben würde, er möge in der einen oder anderen Weise öffentlich seine Erklärung bekräftigen, würde ich ihn nicht nur in die Verlegenheit, sondern vielleicht auch in die Zwangslage bringen, mir eine vage Antwort geben zu müssen, die über den Inhalt des unterzeichneten Vertrages nicht hinausgehen würde, die ihn darüber hinaus nicht verpflichten und ihn direkten internen Angriffen aussetzen würde, was es aber im gemeinsamen Interesse zu vermeiden gilt."

Otto von Guggenberg hatte ähnliche Probleme wie Prunas – allerdings aus anderen Gründen. Auch er wollte es genau wissen und hatte Gruber am 23. September gebeten, seine Zusicherungen schriftlich zu formulieren, „da ein mündliches Weitergeben unsererseits leicht zu Irrtümern und vor allem zu Anzweiflungen führen könnte". Und so schrieb Gruber am 24. September, nach dem Frühstück mit Carandini, jenen inzwischen berühmten Brief an v. Guggenberg. Die entscheidenden Sätze darin lauteten, er, Gruber, habe De Gasperi erklärt:

„Jede Lösung, die die freie und von Druckmitteln unbeeinflußte Zustimmung der Südtiroler fände, werde auch in Österreich gutgeheißen werden. Wir müßten aber trotzdem verlangen, daß der Wortlaut so gefaßt werde, daß eben die Ausdehnung dieser Autonomiegrenzen einer Zustimmung der Südtiroler bedürfe. Wir einigten uns schriftlich auf das Wort ,frame', dessen Sinn durch die Unterredung klargestellt ist, wenn

man es mit dem im selben Satz vorkommenden Wort
‚consultation‘ in Zusammenhang bringt.“

In Innsbruck erläuterte Gruber zwei Tage später in
einer Aussprache mit Vertretern Nord- und Südtirols
die Gründe für direkte Verhandlungen und den Abschluss mit Italien. Er nannte drei:

> *„1 – Im Falle eines Bruches mit Italien hätte ST sei-*
> *tens Österreich durch mindestens zwei Jahre nicht*
> *auf eine Hilfe oder Unterstützung rechnen können, da*
> *ja Österreich selbst um seine Existenz kämpfen muß.*
> *Dazu braucht es aber die Großmächte, die im Falle*
> *eines Bruches gegen Österreich eingestellt gewesen*
> *wären. In STirol, das dann auf Gnade und Ungnade*
> *den Italienern ausgeliefert gewesen wäre, hätte es in*
> *der Folge sicherlich eine Spaltung in der Partei gege-*
> *ben, da ein Flügel derselben bestimmt die Mitarbeit*
> *mit den Italienern gesucht hätte.*
>
> *2 – Es ist richtig, daß man mit einem flammenden*
> *Protest nach Hause fahren und diesen Protest nach*
> *2–3 Jahren vielleicht hätte erneuern können, doch in-*
> *zwischen wären in Südtirol Dinge geschehen, die die*
> *Lage für die Zukunft nicht erleichtert hätten. Durch*
> *den Vertrag ist den Südtirolern ein gewisser Lebens-*
> *und Freiheitsstandard gesichert worden – freilich*
> *weiß er, daß jeder Vertrag, wenn der gute Wille fehlt,*
> *nur ein Fetzen Papier ist. Wir haben für uns aber den*
> *Druck der öffentlichen Meinung auf Italien. Jeden-*
> *falls bietet der Vertrag:*
> *1 – wird ein Lebensmodus gefunden; die weitere Exis-*
> *tenz der Südtiroler wird gesichert und für später alle*
> *Entwicklungsmöglichkeiten;*

2 – kommt eine gegenseitige Verständigung in ST nicht zustande, so kann später eingegriffen werden, dann kann man an ein internationales Forum appellieren – jedenfalls bietet der Vertrag ein Ausgangspodium.

Er glaube übrigens, wenn dieser Geist, in dem das Abkommen geschlossen wurde, die weiteren Verhandlungen beherrschen wird, es möglich sein wird, eine Beruhigung zu erzielen. Der Weg Italiens zur Wiedergewinnung seiner Großmachtstellung führt über Österreich, daher muß es ein gutes Verhältnis zu Österreich suchen. Er habe immer erklärt, daß Österreich zur Mitarbeit bereit sei, falls die Südtiroler sich in Italien zufrieden fühlen. Dies wurde oft vor Carandini wiederholt. Die Südtiroler Frage hat jetzt eine Basis. Wenn dieselbe auch schwach sein mag, so hat man sie doch international verankert, sie ist jedenfalls jetzt juristisch entstanden, was bisher nicht der Fall war."

De Gasperis Unterschrift offenbarte ein Stück europäischer Gesinnung – zumindest schien es damals so. Die Realität sah dann allerdings anders aus: Die Italiener entzogen sich in der Folgezeit zur Enttäuschung der Südtiroler und Österreicher der damit übernommenen Verpflichtung. Sie legten das Abkommen äußerst restriktiv aus; und das begann mit der Bildung der Autonomie. SVP-Vertreter wurden nur mehr zu Diskussionen über die Ausgestaltung des Autonomiestatuts nach Rom geladen, nicht aber zu Beratungen zur Autonomie selbst. Dabei waren sie in dem entsprechenden Gremium der Verfassunggebenden Versammlung nicht einmal vertreten (die Provinz Bozen war zur Wahl der Costituente am 6. Juli 1946 nicht zugelassen worden; im 18-köpfigen Verfassungsausschuss für die Region mit Sonderstatut hatte sie ebenfalls weder Sitz noch Stimme). In einem Brief Grubers an De Gasperi vom 10. Januar 1948 teilte dieser dem italienischen Regierungschef mit, dass er der SVP geraten habe, die Region Trentino-Alto Adige unter der Voraussetzung der Annahme der Mindestforderung zu akzeptieren, verhehlte aber nicht seine Enttäuschung darüber, dass nach Wiener Sicht die getroffene Entscheidung nicht dem Geist des Pariser Abkommens entspreche. Immerhin kam es am 18. Januar 1948 zu einer Aussprache zwischen den Südtiroler SVP-Abgeordneten und dem italienischen Vertreter Silvio Innocenti. In den folgenden Tagen erreichten die Südtiroler einige wichtige Verbesserungen am Autonomiestatut: Das Unterland kehrte zur Provinz Bozen zurück, die Provinz erhielt legislative Befugnisse auf kulturellem Gebiet, wurde zum eigenen Wahlkreis und erhielt Verwaltungsautonomie. Wegen der erhaltenen Zugeständnisse schrieben die Südtiroler Abgeordneten Erich Amonn und Otto von Guggenberg am 28. Januar 1948 den inzwischen berüchtigten Brief an den Kommissionsvorsitzenden Tommaso Perassi, wonach sie in der Errichtung der Einheitsregion die Verwirklichung des Gruber-De Gasperi-Abkommens sahen. Der Brief wurde seitdem von der italienischen Regierung propagandistisch ausgewertet und als Zustimmungserklärung der Südtiroler zum Autonomiestatut von 1948 betrachtet.

Zuvor war es in äußerst schwierigen Verhandlungen zwischen Österreich und Italien gelungen, eine Vereinbarung für den Wiedererwerb der italienischen Staatsbürgerschaft für die Optanten zu erreichen. Mit der Verabschiedung dieses „Optantendekrets" ließ sich die italienische Regierung dann aber bis zur Regelung der Autonomiefrage Zeit. Es trat erst am 5. Februar 1948 in Kraft.

VII.
1948–1969: Von der „Schein-autonomie" zum „Paket"

1.
„Los von Trient!"

Es verwundert nicht, dass das ganze Vorgehen in Fragen der Autonomie bei den deutschsprachigen Südtirolern Zweifel an der Aufrichtigkeit der italienischen Politik weckte. Dieses Misstrauen wurde im Schulbereich massiv bestätigt. Im Herbst 1948 sollten in Bozen italienische Schulen entstehen, in denen für einige Fächer Unterricht in deutscher Sprache vorgesehen war. Unter der Überschrift „Gefahr im Verzug" drückten die „Dolomiten" aus, was die Südtiroler dachten:

> *„Die Faschisten, die nach wie vor in den Regierungsstellen sitzen, läßt es nicht ruhen, sie möchten ihr Ziel erreichen, das heute dasselbe ist wie vor 20 Jahren – die stufenweise Italianisierung der Südtiroler Schule. Geändert haben sich nur die Methoden. An die Stelle brutaler Gewalt ist das raffinierte Tausch- und Umgehungsmanöver getreten."*

Den Protest der SVP rief aber besonders der Mangel an Durchführungsbestimmungen zum Volkswohnbau hervor. Dieser lag im Kompetenzbereich des Landes. Umso mehr wurde die Wohnbaupolitik der italienischen Regierung kritisiert. Genauso wie durch die Errichtung einer gemischtsprachigen Schule wollte Italien durch den massiven Bau von Volkswohnungen und die anhaltende Zuwanderung die Entnationalisierungspolitik des Faschismus fortsetzen. Die italienische Zuwanderung stellte in den Augen der deutschsprachigen Südtiroler die größte Gefahr dar. Somit erhielt der Volkswohnbau gewissermaßen Symbolcharakter, und es war dann genau dieses Problem, das die Lage in der Folge eskalieren ließ. In den „Dolomiten" schrieb Kanonikus Michael Gamper am 28. Oktober 1953, von 1946 bis 1952 seien 60.000 Italiener nach Südtirol eingewandert, und weiter: „Es ist ein Todesmarsch, auf dem wir Südtiroler uns seit 1945 befinden, wenn nicht noch in letzter Stunde Rettung kommt."

Seiner Meinung nach würde Rom die Autonomie erst geben, wenn die Italiener die Mehrheit hätten, und dann würde man machtlos sein. In der italienischen Presse hieß es, die Einwanderung sei auf wirtschaftliche Gründe zurückzuführen, deren Wirkung zu verhindern widersinnig wäre; darüber hinaus dürfe es in einem demokratischen Land keine Behinderung des freien Verkehrs geben. Das war ein Scheinargument; allerdings stimmte auch die von Gamper genannte Zahl 60.000 nicht, der „Todesmarsch" beherrschte aber von nun an die Diskussion. Und dies zu Recht: Wie neue italienische Dokumente belegen, betrieb Rom für Südtirol die „51%"-Politik, d. h. Unterwanderung.

Alcide De Gasperi war 1953 als Ministerpräsident zurückgetreten; die Zeiten wurden noch härter. Sein Nachfolger, Giuseppe Pella, selbst ein ehemaliger faschistischer Podestà, forderte unter Berufung auf das Selbstbestimmungsrecht die Rückkehr Triests zu Italien, während er gleichzeitig den Südtirolern dasselbe Recht verweigerte. Als Triest 1954 tatsächlich zu Italien zurückkam, ging das nicht mit einer toleranteren Politik gegenüber Südtirol einher, das Gegenteil war der Fall. „Politik, Exekutive und Justiz arbeiteten Hand in Hand, um in Südtirol eine Atmosphäre präpotenter Repression zu erzeugen."

Es folgte Schikane auf Schikane. Im März 1952 war ein Gesetz erlassen worden, das Südtiroler Frontheimkehrer von der seit 1948 gehandhabten bevorzugten Stellenvermittlung in niedere Dienstposten (z. B. Landbriefträger) zugunsten italienischer Zuwanderer ausschloss. Ab Juli 1952 musste der gesamte innere Amtsverkehr in Südtirol in italienischer Sprache geführt werden, auch zwischen rein deutschen Stellen (z. B. Schulinspektoren und Schulleiter). Für die Parlamentswahlen vom 7. Juli 1953 schlugen die Neofaschisten (MSI) mit Billigung der DC einen Kommunisten als gemeinsamen Senatskandidaten aller Italiener in Südtirol zur Bekämpfung der Südtiroler Volksgruppe vor. Das Vorhaben scheiterte an der Ablehnung des Kommunisten! Im April 1954 wies die italienische Regierung ein Kindergartengesetz des Südtiroler Landtags zurück, weil es zwar der Verfassung entspreche, aber den einschlägigen (faschistischen, noch nicht an die Verfassung angepassten) Staatsgesetzen widerspreche; gleichzeitig wies sie ein Landschaftsschutzgesetz zurück, weil es zwar dem einschlägigen Staatsgesetz entspreche, aber nicht der Verfassung. Am 20. Juni 1954 führten 5000 Südtiroler Kriegsversehrte (darunter zwölf Vollblinde und 300 Amputierte – unter ihnen Silvius Magnago) einen Schweigemarsch durch Bozen durch, um gegen das Ausbleiben des seit Jahren versprochenen Rentengesetzes zu protestieren. Dabei wurden einige Teilnehmer verhaftet.

Seit Herbst 1953 wurden faschistische Sondergesetze über die militärische Genehmigungspflicht bei

Eigentumsübertragungen, die seit 1947 ausgesetzt worden waren, in 37 Südtiroler Gemeinden wieder angewendet. Am 10. Februar 1955 gaben die Gerichtsbehörden in der Provinz Bozen ein Rundschreiben des italienischen Justizministers weiter, wonach es, gestützt auf die faschistische Verordnung vom 9. Juli 1939, verboten war, Kindern italienischer Staatsangehöriger fremdsprachige, d.h. deutsche Vornamen zu geben. Mit Gesetz vom 31. März 1955 wurden die Enteignungsbefugnisse des aus der faschistischen Ära stammenden Ente per le Tre Venezie, das zur „Eroberung des Bodens" in Südtirol geschaffen worden war, reaktiviert und mit 5 Mrd. Lire ausgestattet. Noch im selben Monat wurde der große Grundkomplex „Brennerbad" aufgrund eines nicht ausgeführten Enteignungsdekrets vom 9. April 1939 beschlagnahmt. Im April 1955 stellte die italienische Regierung 2 Mrd. Lire für den Volkswohnbau (davon 1,8 Mrd. in der Stadt Bozen) zur Verfügung. Am 23. Mai 1955 wurden zwei junge Südtiroler zu zwölf bzw. 16 Monaten Kerker verurteilt, weil sie in einer Aufschrift auf einem Heustadel das Selbstbestimmungsrecht auch für Südtirol gefordert hatten.

Im Mai 1957 kam es dann zur Wachablösung innerhalb der SVP: Die Moderaten wurden entmachtet, die „Alten" hatten ausgedient. Auf der 10. Landesversammlung der SVP am 25. Mai 1957 wurden 14 Parteiausschussmitglieder neu gewählt; nur sechs wurden in ihrer Funktion bestätigt. Silvius Magnago wurde neuer Parteiobmann, und Erich Amonn, der noch für das Amt des Stellvertreters kandidiert hatte, wurde in dieser Funktion von Friedl Volgger verdrängt. Die radikale Richtung in der Partei hatte damit auch formell in den obersten Parteigremien die Mehrheit erlangt.

Diese „Palastrevolution" bedeutete für die Partei und für die gesamte Südtirolpolitik einen gravierenden Einschnitt. Die neue SVP-Führungsspitze war zu einem inneritalienischen Dialog nicht mehr bereit, sie glaubte nunmehr, mit Kompromisslosigkeit und direkter Sprache gegenüber Trient und Rom – und mit stärkerem Blick auf Wien und vor allem auf Innsbruck – eine bessere Lösung für die eigene Volksgruppe zu finden, und die hieß Landesautonomie.

Als die italienische Regierung im Oktober 1957 im Rahmen eines gesamtstaatlichen Wohnbauprogramms von 93 Mrd. Lire 2,5 Mrd. für 5000 Wohnungen in Südtirol zur Verfügung stellte, kam es zur Eskalation. Am 17. November 1957 versammelten sich etwa 35.000 Südtiroler auf Schloss Sigmundskron. „Los von Trient!", „Schutz vor 48 Millionen", „Südtirol vor die UNO", „Schluss mit der Scheinautonomie" – so lauteten die Parolen. Neben volkstumspolitischen Fragen waren es vor allem auch soziale Probleme, die zur Kundgebung in Sigmundskron führten. So beklagte man, dass nur 7,1 Prozent der deutschsprachigen Südtiroler im öffentlichen Dienst tätig waren, gegenüber 52 Prozent bei den italienischsprachigen – dies auch eine Folge der Option, zumal vorwiegend die städtische deutschsprachige Bevölkerung ausgewandert war.

Mit Sigmundskron wurde öffentlich das demonstriert, was in der SVP im Mai stattgefunden hatte: Von nun an blies ein schärferer Wind. Im Bündnis mit Innsbruck und Wien begann eine neue Phase in der Südtirolpolitik. Auch von daher kommt Sigmundskron in der Geschichte Südtirols eine ganz besondere Bedeutung zu. Sigmundskron war gleichzeitig eine Bewährungsprobe für den neuen Obmann der SVP, Silvius Magnago, dessen politischer Aufstieg jetzt begann.

Sigmundskron, 17. November 1957: 35.000 Südtiroler protestieren gegen die Scheinautonomie und wollen „Los von Trient!"

Am 4. Februar 1958 – unmittelbar vor Beginn der österreichisch-italienischen Gespräche in Wien – brachten dann die Abgeordneten der SVP den Entwurf eines Verfassungsgesetzes für Südtirol im italienischen Parlament ein. In „unwiderlegbarer Weise" wurde in diesem Entwurf festgestellt, dass mit dem Autonomiestatut aus dem Jahre 1948, „das das Schicksal der deutschsprachigen Bevölkerung auf dem Gebiet der Autonomie bestimmt", die Autonomie in der Praxis „nicht verwirklicht" worden sei. Das Pariser Abkommen vom 5. September 1946 müsse endlich voll und ganz durchgeführt werden, indem dem Gebiet der Provinz Bozen und seiner Bevölkerung eine „wahre und wirkliche Autonomie" gewährt werde; dies sei ein gerechter und rechtmäßiger Wunsch. Die Provinz Bozen sollte demnach zur autonomen Region mit Sonderstatut erhoben werden, und zwar mit den historischen und der Sprache der Mehrheit der Bevölkerung dieses Gebietes entsprechenden

Namen unter Abschaffung der Bezeichnung „Alto Adige napoleonischer Erfindung, womit endlich die Erinnerung an das faschistische Verbot, den Namen ‚Südtirol' zu gebrauchen, ausgemerzt wird". Der Tiroler Landtag unterstützte am 26. September 1958 diese Forderung; in dessen Entschließung hieß es weiter, der Landtag erwarte von der Bundesregierung, dass sie gegenüber der italienischen Regierung auf der Erfüllung dieser Forderung bestehen werde.

Der SVP-Entwurf wurde jedoch vom italienischen Parlament nicht behandelt (und daraufhin im Februar 1959 in der italienischen Kammer erneut eingebracht, nachdem die Krise offen ausgebrochen war – und wieder nicht behandelt). Als am 16. Januar 1959 die Durchführungsbestimmungen zum Volkswohnbau schließlich von der italienischen Regierung verabschiedet wurden, mit denen dem Land praktisch alle noch verbliebenen Kompetenzen auf diesem Gebiet genommen wurden, kündigte die SVP nach vorheriger Beratung in Wien ihren Austritt aus dem Regionalausschuss an. Alfons Benedikter äußerte sich in den „Dolomiten" zu den Durchführungsbestimmungen; sie würden

„keine echte Provinzautonomie verwirklichen, während sie de facto an den in Durchführung befindlichen staatlichen Wohnbauprogrammen, die einer bestimmten politischen Zielsetzung entsprungen sind, nichts ändern".

Mit der Entscheidung der SVP wurde die Region de facto gelähmt, die Lage spitzte sich zu.

2.
Vor der UNO

Mit dem Staatsvertrag erhielt Österreich 1955 endlich seine Unabhängigkeit und damit auch seine außenpolitische Handlungsfreiheit zurück. Erstmals seit 1945/46 wurde Südtirol in den folgenden Jahren wieder zu einem zentralen Thema der österreichischen Außenpolitik – nach massivem Druck aus Innsbruck. Der sozialistische Staatssekretär im Außenamt, Bruno Kreisky, machte am 21. Juni 1955 klar, worum es gehen würde, dass nämlich „Österreich als freier und souveräner Staat noch bessere Möglichkeiten habe, seine im Pariser Vertrag festgelegten Schutzpflichten gegenüber den Südtirolern bei der Regierung in Rom wahrzunehmen". In der österreichischen Südtirolpolitik zeichnete sich eine Wende ab. Der Tiroler Franz Gschnitzer wurde 1956 Staatssekretär im Außenamt; er war einer der vehementesten Vertreter der Interessen Südtirols. Er sorgte dafür, dass Bundeskanzler Julius Raab die Gangart verschärfte. Im Juli 1956 beschuldigte der Kanzler Italien, wesentliche Punkte des Pariser Abkommens nicht erfüllt zu haben. Daraufhin kam es zwischen den beiden Ländern zu einem Austausch von Memoranden und im „Anschluss" daran zu Gesprächen auf diplomatischer Ebene.

Dieser Austausch begann mit dem österreichischen Memorandum vom 8. Oktober 1956, das alle offenen Punkte des Pariser Abkommens (z. B. Doppelsprachigkeit in öffentlichen Ämtern, Schulwesen, Stellenbesetzung usw.) behandelte. Es wurde die Bildung einer gemischten italienisch-österreichischen Kommission zur Prüfung dieser Punkte vorgeschlagen. In der italienischen Antwortnote vom 30. Januar 1957 wurde dieser Vorschlag zurückgewiesen; die italienische Seite erklärte erneut, dass aus ihrer Sicht das Pariser Abkommen erfüllt sei. Ein Jahr später, am 22. Februar 1958, kam es dann zu ersten Sondierungsgesprächen zwischen Wien und Rom. Die italienische Regierung lehnte das Wort „Verhandlungen" ausdrücklich ab, da sie Österreich das Recht absprach, über das aus ihrer Sicht bereits erfüllte Pariser Abkommen zu verhandeln.

In den folgenden Monaten blieben diese Gespräche erfolglos; die italienische Regierung lehnte die österreichische Forderung nach einer Landesautonomie für Bozen ab; gleichzeitig verschärfte sie ihre Politik in Südtirol, wo sich die Stimmung gegenüber Rom verschlechterte. Die ergebnislosen bilateralen Gespräche führten in Innsbruck, Bozen und Wien zu der Überzeugung, dass man nur auf anderem Wege zum Erfolg kommen könne. Und dieser Weg hieß: Internationalisierung des Südtirolproblems, mit anderen Worten UNO (nachdem zeitweilig auch an den Internationalen Gerichtshof in Den Haag gedacht worden war). Zunächst war es Außenminister Leopold Figl, der jahrelang noch weniger als Gruber für Südtirol getan hatte und nun angesichts der neuen Lage das Thema anlässlich des zehnjährigen Jubiläums des Europarates vor der Beratenden Versammlung in Straßburg am 20. April 1959 anschneiden wollte. Nach Interventionen des italienischen Abgeordneten Roberto Lucifero und des belgischen Vorsitzenden überging er dann jedoch in seiner Rede den Passus über Südtirol und verließ Straßburg demonstrativ am nächsten Tag. Österreich hatte damals bei den Westmächten beim Thema „Südtirol" keine Freunde. Man wollte keine Unruhe im Herzen Europas und schon gar keine Debatte über Minderheiten vor der UNO. Außenminister Bruno Kreisky erläuterte das Problem Südtirol dann erstmals vor der UNO am 21. September 1959.

Im Mai 1960 schlug der italienische Ministerpräsident Fernando Tambroni Bundeskanzler Julius Raab Geheimgespräche vor, um in ganz vertraulicher Runde das Südtirolproblem zu lösen, nachdem erkennbar war, dass Österreich diese Frage definitiv auf die Tagesordnung der UNO setzen wollte. Kreisky war damals für diese Gespräche, die Tiroler massiv dagegen. Kreisky setzte sich zunächst bei Raab durch – alles wurde für Geheimgespräche in Genf vorbereitet –, aber dann gab es eine gezielte Indiskretion in Wien mit der Absicht, diese Gespräche nicht stattfinden zu lassen. Sie fanden dann auch nicht statt.

Stattdessen beschloss die österreichische Regierung am 28. Juni 1960, den entscheidenden Schritt zu tun und das Thema erstmals auf die Tagesordnung der UNO-Vollversammlung setzen zu lassen. Damit erhielt die gesamte Problematik eine neue Qualität; die Südtirolfrage war definitiv eine internationale Frage geworden – entsprechend international waren die Aktivitäten, die zur Entscheidung der UNO-Vollversammlung führten. Nach verschiedenen Resolutionsentwürfen beschloss die UNO-Vollversammlung am 31. Oktober 1960 einstimmig die Resolution 1497/XV. Diese Resolution bestätigte den Artikel 1 des Pariser Abkommens als zweckbestimmend für das gesamte Abkommen; das hieß, dass auch der Artikel 2, der den geographischen Rahmen der Autonomie abstecken sollte, „unter dem Gesichtspunkt des Schutzes des Volkscharakters und der kulturellen und wirtschaftlichen Entwicklung der Südtiroler zu behandeln" sei. Die Resolution forderte in diesem Sinne beide Staaten zur Fortsetzung ihrer

Verhandlungen auf, um alle Meinungsverschiedenheiten über das Pariser Abkommen zu bereinigen und den Streit darüber beizulegen. Sollten die Verhandlungen aber in angemessener Zeit kein Ergebnis bringen, wurde in der Resolution den beiden Vertragspartnern empfohlen, sich eines in der UN-Charta vorgesehenen „friedlichen Mittels" zu bedienen.

Wie aus der Resolution deutlich hervorging, bekräftigte die UNO demnach die von Italien bezweifelte Berechtigung Österreichs zur Befassung mit Südtirol in aller Form. Die Entscheidung der UNO-Vollversammlung wurde daher von der österreichischen Regierung als Erfolg betrachtet.

Gemäß UNO-Auftrag trafen sich die Außenminister beider Staaten im Januar, Mai und Juni 1961 in Mailand, Klagenfurt und Zürich. Die Verhandlungen brachten keinen Erfolg. Italien erklärte sich lediglich zu einer besseren Durchführung des vorliegenden Autonomiestatuts bereit, widersetzte sich ansonsten aber jeder Abänderung der statutarischen Bestimmungen. Eine Landesautonomie für Südtirol kam für die italienische Regierung nicht in Frage! Die Verhandlungen in Zürich wurden nach einem Tag ergebnislos abgebrochen. Angesichts der kompromisslosen Haltung Italiens verwundert es nicht, dass sich im Laufe des Jahres 1961 die Lage erheblich zuspitzte. Bereits im Januar, Februar und April war es in Südtirol zu Sprengstoffanschlägen gekommen, im Juni kam es dann zur „Feuernacht".

3.
Die Attentate

Das Thema „Attentate" ist bis heute eine sensible Angelegenheit, besonders in Tirol, was allein schon an der Bezeichnung der Täter erkennbar ist. Je nach Sichtweise waren und sind sie entweder Freiheitskämpfer, Idealisten, Patrioten, Südtirolaktivisten, Bumser, schlicht und einfach Terroristen oder alles zusammen.

Die für unser Thema „interessanten" Attentate erstrecken sich über den Zeitraum von 1956 bis 1969, wobei man sehr genau unterscheiden muss, was wann wie geschehen ist. Die Geschichte dieser Attentate lässt sich grob in zwei Phasen einteilen. Die erste Phase geht bis etwa 1961; hier galt der Grundsatz, keine Menschenleben zu gefährden, die zweite Phase geht bis 1969. Es gab Tote, Verwundete und großen Sachschaden. Im September 1956 ereigneten sich die ersten Anschläge auf die Otto-Huber-Kaserne in Bozen und die Bahnoberleitung bei Siebeneich, ausgeführt von Südtirolern, die von der Politik der SVP-Führung enttäuscht waren und sich im „Befreiungsausschuß Südtirol" (BAS) organisierten. Ihnen ging es um die Selbstbestimmung für Südtirol. Zu weiteren Anschlägen kam es im Januar 1957; 17 Südtiroler wurden damals festgenommen, unter ihnen auch Friedl Volgger, der nach zehn Wochen Haft „wegen Fehlens hinreichender Beweisgründe" wieder freigelassen werden musste. Während der Demonstration auf Schloss Sigmundskron verteilten BAS-Leute unerkannt Flugblätter, deren Text Sepp Kerschbaumer, die führende Persönlichkeit des BAS, verfasst hatte:

„Deutsch wollen wir bleiben und keine Sklaven eines Volkes werden, welches durch Verrat und Betrug unser Land kampflos besetzt hat und seit 40 Jahren ein Ausbeutungs- und Kolonisationssystem betreibt, welches schlimmer ist als die einstigen Kolonialmethoden in Zentralafrika."

Schon sehr bald wurden die Südtiroler von Sympathisanten in Österreich politisch, finanziell und organisatorisch unterstützt. Zu nennen sind hier in erster Linie der Nordtiroler Journalist Wolfgang Pfaundler, der Chefredakteur des Wiener „Express" und spätere Generaldirektor des ORF, Gerd Bacher, und Fritz Molden, damals Besitzer des größten Presseimperiums in Österreich („Die Presse", „Die Abendpresse", „Express", „Wochenpresse"). Anfang 1959 hatte Pfaundler in Innsbruck eine BAS-Zelle aufgebaut. An exponierter politischer Stelle stand der Nordtiroler Landesrat Aloys Oberhammer. Als das Außenministertreffen in Mailand am 27. und 28. Januar 1961 ergebnislos blieb, kam es zur demonstrativen Sprengung von Symbolen der faschistischen Unterdrückung. Das Reiterstandbild vor dem Montecatini-Werk in Waidbruck, der „Aluminium-Duce", wurde durch eine Explosion vom Sockel und in tausend Stücke gerissen. Der zweite Anschlag galt dem Haus von Ettore Tolomei in Glen bei Neumarkt. Die von Josef Fontana angebrachte Sprengladung zerfetzte den Balkon, riss ein zwei Meter großes Loch in die Mauer des Hauses und deckte das halbe Dach ab. Die Zeichen schienen eindeutig: Die Südtiroler Bevölkerung würde eine weitere Missachtung ihrer Rechte nicht ohne weiteres hinnehmen.

Die Serie der Attentate erreichte ihren Höhepunkt in der Nacht des Herz-Jesu-Festes vom 11. auf den

11./12. Juni 1961: Die „Feuernacht" in Südtirol.
Bombenanschläge auf 37 Hochspannungsmasten.

12. Juni 1961. Diese Nacht ist als die „Feuernacht" in die Geschichte Südtirols eingegangen und löste damals eine neue Welle von Attentaten aus. Die Sprengungen in der „Feuernacht" richteten beträchtlichen Sachschaden an. Im ganzen Land wurden 37 Hochspannungsmasten umgelegt, im Raum Bozen allein 19. Zu den oberitalienischen Industrien war die Stromlieferung genauso unterbrochen wie für die Bozner Industriezone. Die Hochöfen in Bozen konnten jedoch nicht zum Erkalten gebracht werden – womit wohl ein entscheidender Schlag misslungen war. Immerhin wurden die großen Elektrozentralen in Lana bei Meran, in St. Anton und im Sarntal lahmgelegt, weitere Elektrowerke beschädigt. Im Zuge dieser Anschläge tauchten wieder Flugzettel auf, in denen das Selbstbestimmungsrecht gefordert wurde.

Auf Vorschlag von Innenminister Mario Scelba setzte die italienische Regierung – nicht wegen, sondern trotz der Attentate! – eine Kommission ein, in der elf Italiener und acht Südtiroler saßen und die als 19er-Kommission in die Geschichte einging. Sie sollte das Problem unter allen Gesichtspunkten prüfen und der Regierung Lösungsvorschläge unterbreiten.

Parallel dazu wurde Südtirol im Sommer 1961 von Scelba in ein Heerlager verwandelt; es sah so aus, als ob der Bürgerkrieg unmittelbar bevorstünde. Sofort nach der „Feuernacht" wurden mehrere Hotels und Gasthäuser beschlagnahmt, um Militär und Polizei einzuquartieren. Hausdurchsuchungen waren an der Tagesordnung, und schon nach wenigen Tagen waren mehr als 150 BAS-Männer verhaftet worden. Klagen über unmenschliche Verhörmethoden und brutale Folterungen von Seiten der italienischen Polizei waren allenthalben zu hören. Der Staatsanwalt, der die Verhöre leitete, wollte von Misshandlungen nichts bemerkt haben. Die ausländische Presse berichtete über diese Vorgänge, Silvius Magnago forderte eine strenge Untersuchung und Bestrafung der schuldigen Polizeibeamten. Nach dem Tod von zwei Südtirolern (Franz Höfler und Anton Gostner) wurde von den Südtirolabgeordneten eine Untersuchungskommission gefordert, die jedoch nicht bewilligt wurde. Die Tiroler Landesregierung intervenierte inzwischen massiv in Wien und forderte – erfolgreich –, keine Südtirolprozesse in Österreich durchzuführen, solange entsprechende Prozesse in Italien nicht abgeschlossen waren.

Am 20. August 1963 wurde dann der Prozess gegen zehn Carabinieri in Trient eröffnet. Sie wurden beschuldigt, Südtiroler Häftlinge misshandelt zu haben. Doch obwohl die Beweise eindeutig waren, wurden acht „wegen erwiesener Unschuld" freigesprochen;

zwei wurden zwar schuldig gesprochen, fielen jedoch unter eine inzwischen erlassene Amnestie. Das Urteil rief besonders in Südtirol und Österreich, aber auch in der BRD Empörung hervor; die österreichisch-italienischen Beziehungen näherten sich einem Tiefpunkt.

Am 9. Dezember 1963 begann in Mailand der erste Südtiroler Sprengstoffprozess gegen 94 Angeklagte (87 aus Südtirol, sechs aus Österreich, einer aus der BRD), von denen sich 68 in Haft befanden. Die Anklagepunkte lauteten: 92 Anschläge auf Leitungsmasten, acht auf Wohnhäuser im Rohbau, Attentate auf militärische Einrichtungen, weiters die Kollektivanklage wegen Mordes (der italienische Straßenwärter Giovanni Postal war beim Hantieren an einer Sprengladung getötet worden) und schließlich Anklage wegen Hochverrats. Am 16. Juli 1964 wurden die Urteile gesprochen: Jeweils über 20 Jahre Gefängnis erhielten vier flüchtige Angeklagte, acht erhielten Strafen zwischen zehn und zwanzig Jahren, 35 Angeklagte zwischen vier und zehn Jahren, 27 wurden freigesprochen oder amnestiert. 46 Südtiroler kamen frei, 22 blieben weiter in Haft. Ein halbes Jahr später starb im Gefängnis in Verona Sepp Kerschbaumer; 15.000 Südtiroler folgten seinem Sarg.

Das Wesentliche am Mailänder Urteil war, dass der Präsident des Schwurgerichts, Gustavo Simonetti, die von der Staatsanwaltschaft erhobene Anklage gegen die Attentäter im Sinne des Artikels 241 („Anschlag auf die Einheit des Staates") und des Artikels 283 („Anschlag auf die Verfassung") des italienischen Strafgesetzes – worauf lebenslänglich stand – fallen ließ und daher die Verurteilung nur wegen anderer Delikte (unerlaubter Besitz von Waffen und Sprengstoff, Anrichten von Sachschäden usw.) erfolgte. Das war möglich geworden, nachdem die Attentäter die Taktik der Verteidigung akzeptiert und ausgesagt hatten, ihr Ziel sei die Autonomie und nicht die Selbstbestimmung gewesen. Die durchaus „milden" Urteile ergingen nach entsprechender Intervention der italienischen Regierung und wurden damals auch von Seiten der SVP und Österreichs als Zeichen des guten Willens Italiens im Rahmen einer entspannten politischen Atmosphäre anerkannt und gewürdigt. Viele der verurteilten Südtiroler wurden später vorzeitig aus der Haft entlassen.

a. Die „Feuernacht" – Mythos und Realität

In der Herz-Jesu-Nacht vom 11. auf den 12. Juni 1961 führte der „Befreiungsausschuß Südtirol" (BAS) seinen lange vorbereiteten großen Schlag durch: In Südtirol wurden 37 Hochspannungsmasten, acht Eisenbahnmasten und zwei Hochdruckleitungen gesprengt. Auf Flugblättern hieß es: „Wir fordern für Südtirol das Selbstbestimmungsrecht!" Es gab einen Toten.

Diese Nacht ist als die sogenannte „Feuernacht" in die Geschichte Südtirols eingegangen. Sie wurde – und wird z. T. noch – vor allem von den Attentätern selbst, aber auch von in erster Linie Nordtiroler Politikern – ganz im Sinne der Attentäter – interpretiert. Demnach hätten die Attentate die Italiener in die Knie und zur Einsetzung jener Kommission gezwungen, die Südtirol letztlich die Autonomie brachte (19er-Kommission), die Qualität der Verhandlungen zwischen Österreich und Italien verbessert und die Welt auf das Südtirolproblem aufmerksam gemacht. Alles zusammen ein großer Erfolg, der durch die Attentate der folgenden Jahre abgesichert worden sei. Kurz: Südtirol verdanke seine Autonomie den „Freiheitskämpfern" des Jahres 1961, deren Leiden – Folter und Gefängnis – demnach nicht umsonst gewesen seien. Noch kürzer: Mit Bomben zur Freiheit. Ein Mythos war geboren.

Die Fakten sehen allerdings anders aus. Neu zugänglich gewordene, vertrauliche Dokumente sprechen nämlich eine ganz andere, wenn auch keine besonders populäre Sprache.

Selbstbestimmung, keine Autonomie. Selbstbestimmung hieß damals Rückkehr Südtirols zu Österreich. Das wollten die Attentäter, nicht etwa Autonomie! Allerdings war schon bald davon überhaupt keine Rede mehr. Warum? Weil die Attentate mit Blick auf die Selbstbestimmung eindeutig kontraproduktiv waren und im Mailänder Prozess 1963/64 aus verhandlungstaktischen Gründen als Ziel der Attentäter nur noch die Autonomie genannt wurde.

Selbstbestimmung war damals ein großes Thema, etwa auf den Landesversammlungen der Südtiroler Volkspartei (SVP) 1959 und 1960. Die SVP-Ortsobleute wollten sie! Nur mit Mühe wurde 1960 eine entsprechende Resolution von der Parteileitung verhindert. War die Forderung nach Selbstbestimmung unrealistisch? Aus Sicht der Bundesregierung in Wien – allen voran Bundeskanzler Julius Raab und Außenminister Bruno Kreisky – ja. In Tirol gab es allerdings starke Stimmen, die sie forderten, wobei einige bereit waren, auch Gewalt anzuwenden. In Südtirol war die Mehrheit der SVP-Führung mit Obmann Silvius Magnago an der Spitze massiv dagegen. Es gab aber auch dort andere Stimmen, etwa jene seines Stellvertreters Peter Brugger, der schon Ende 1959 einmal meinte, man solle allmählich auf die Selbstbestimmung „umstecken". Die einflussreiche Leiterin des Referates „S" der Tiroler Landesregierung, Viktoria Stadlmayer, gehörte zu jener Gruppe, die für Selbstbestimmung war. Als nach der Konferenz von Mailand Ende Jänner 1961 für die nächste Konferenz mit den Italienern in Klagenfurt im Mai von den „Realisten" ein Forderungskatalog von 32 Punkten ausgearbeitet wurde – in Anlehnung an Tolomeis 32 Italianisierungs-Provvedimenti aus dem Jahre 1923 –, lehnte sie das ganz im Sinne der Selbstbestimmungsbefürworter glatt ab, denn das, so meinte sie in einer vertraulichen Sitzung, „interessiert uns gar nicht. Wir wollen noch weitergehen und dann das Selbstbestimmungsrecht verlangen." Man werde Italien Vorschläge machen, die es dann ablehnen würde, und dann das Selbstbestimmungsrecht fordern. Für einige war genau das die richtige Strategie. Für Stadlmayer war klar: „So wie es in Südtirol ausschaut, wird es Ende März bei der [SVP-]Landesversammlung bestimmt zum Selbstbestimmungsrecht kommen."

In Klagenfurt hatte der neue Staatssekretär im Außenministerium und Nachfolger Gschnitzers, Ludwig Steiner, den Eindruck, „als ob in merito verhandelt werden könnte". Noch Jahrzehnte später – 2011 – hat er die Attentate als sinnlos und überflüssig bezeichnet, was ihm viel Kritik einbrachte. Bruno Kreisky betonte in einer Wertung der Klagenfurter Verhandlungen, dass dort „eine Auflockerung eingetreten" sei. Einigen Tirolern gefiel diese Entwicklung überhaupt nicht. ÖVP-Landesrat Oberhammer meinte, er habe bei den Worten des italienischen Außenministers Segni und des Staatssekretärs Russo das Gefühl gehabt, einem humoristischen Vortrag beizuwohnen. Und die Überlegung, dass die Südtiroler direkt mit den Italienern verhandeln sollten, bezeichnete er gar als „Zumutung". Dazu sollte es dann ja schon bald kommen.

Stadlmayer war jedenfalls gegen die Anwendung von Gewalt. Als die Attentäter sie noch vor den Anschlägen um Unterstützung baten, warnte sie: „Das bringt nichts, laßt die Finger davon. Man wird euch verhaften. Und was dann?" Das war in der Tat die entscheidende Frage. Stadlmayer versprach sich mehr davon, wenn 10.000 Südtiroler friedlich für die Selbstbestimmung demonstrieren würden.

Interessant ist die Reaktion der SVP-Parteileitung am Montag, dem 12. Juni, dem Tag nach der „Feuernacht". Da heißt es:

> „Dr. Magnago hält die Vermischung mit den Höhenfeuern am Herz-Jesu-Sonntag für geschmacklos. Offensichtlich handelt es sich um eine Großorganisation, welche gefährlich ist. Die Mandanten dieser Aktion wollen jedes ruhigere Klima sabotieren und die Situation auf die Spitze treiben, die Polizei soll sabotiert werden, damit sie sich zu Repressalien hinreißt usw. Das Ende ist dann eine Situation, in der die Fortführung der Verhandlungen keine Aussicht auf Erfolg mehr bietet."

Bemerkenswert ist die Wortmeldung von Franz Widmann, Mitglied der Parteileitung. Er hielt die Anschläge zwar auch für „schwerwiegend", berücksichtigt werden müssten aber auch die

> „Gründe, welche zu diesen Anschlägen geführt haben. Der Akzent muß auf die Taten und nicht auf die Leute gelegt werden. Diese sind sicherlich ehrliche Südtiroler, welche es gut meinen, und keine Kriminellen."

So sehen manche Italiener die Lage in Südtirol
nach der „Feuernacht".

Das wolle er ausdrücklich betonen, ohne dass er des-
wegen missverstanden werden wolle.

Nach späterer Aussage stand Widmann in engem
Kontakt mit den BAS-Führern in Nord- und Südtirol
und wusste auch im Vorhinein über die „Feuernacht"
Bescheid; er hatte sogar einen Decknamen: „Willi". Er
schrieb 1999, die Ereignisse 1961 „gaben, wenn auch
verpönt und verkannt, einen entscheidenden Anstoß
für ernsthafte Verhandlungen mit den Südtirolern".
Und dann ganz rigoros:

„Wer heute noch die Behauptung aufstellen möch-
te, dass die Anschläge der Südtirolfrage politischen
Schaden gebracht hätten, der verkennt wider aller
gegenteiliger Beweise entweder völlig die Probleme
oder aber er spricht in unehrlicher Absicht."

Die Frage, was mit den Terroranschlägen ab 1962, als gezielt auf Menschen geschossen und gemordet wurde, bezweckt werden sollte, wurde dabei von Widmann gar nicht erst gestellt. Für ihn gingen die Attentate lediglich in einer „nicht mehr durchschaubaren Eskalation" weiter. Wäre die Frage gestellt worden, hätte die Antwort eindeutig sein müssen: Sie haben der Sache Südtirols geschadet. Am Ende gab es 33 Tote.

Und Toni Ebner, Chefredakteur der „Dolomiten", der die Anschläge in einem Leitartikel der Zeitung scharf verurteilt hatte („Geschändetes Herz-Jesu-Fest"), meinte in derselben Sitzung am 12. Juni, man müsse folgende Frage stellen und auch klar beantworten, nämlich, „ob diese Leute etwas Gutes getan haben, oder ob sie unserer Sache nicht dienen".

Genau darum ging es in den folgenden Wochen. Die neu zugänglichen, ausführlichen Tagebuchaufzeichnungen von Martin Fuchs, Generalsekretär im Außenministerium in Wien, sind in unserem Zusammenhang besonders interessant und aufschlussreich. Sie geben Antwort auf so manche Frage. Am 12. Juni notierte er in sein Tagebuch:

„Jedenfalls dürften jetzt alle Aussichten geschwunden
sein, auf dem Verhandlungsweg irgendeinen Kompro-
miss zu erzielen. [...] Er [Kreisky] verurteilt diese An-
schläge schärfstens und drängt darauf, daß sich der

Ministerrat sehr entschieden von dieser neuen Terrorwelle distanziert."

Und am nächsten Tag notierte er:

„Offenbar will die italienische Regierung die Anschläge nicht dazu benutzen, um die Verhandlungen abzubrechen, was das Hauptziel der Terroristen ist."

Auf der Seite der von Fuchs so genannten Terroristen standen offensichtlich auch die „Radikalen": Univ.-Prof. Franz Gschnitzer, bis Frühjahr 1961 Staatssekretär im Außenministerium, Univ.-Prof. Felix Ermacora und Johannes Dengler vom Außenministerium. Sie waren Mitglieder der österreichischen Expertendelegation, die in Zürich die neue Verhandlungsrunde der Minister vorbereiten sollte. Diese Besprechungen verliefen in freundlich-sachlicher Atmosphäre; die Italiener erwähnten die Bombenanschläge kein einziges Mal und zeigten nach Meinung Kurt Waldheims, politischer Direktor im Außenministerium und Leiter der österreichischen Delegation, „weitgehende Bereitschaft [...] zur Übertragung von Befugnissen von der Region auf die Provinz". Die Tiroler hatten allerdings einen vorbereiteten Ministerratsvortrag für Kreisky vorgelegt, den Waldheim unterschreiben sollte. Darin waren die Expertengespräche als gescheitert bezeichnet worden („völlig unzureichend und unannehmbar"), noch bevor sie begonnen hatten. Waldheim verweigerte denn auch die Unterschrift, wie er später Fuchs berichtete. Der notierte:

„Es wird immer deutlicher, daß die Nordtiroler und Südtiroler Radikalen alles tun, um das Scheitern der

*zweiseitigen Verhandlungen zu beschleunigen und
um wieder auf die internationale Ebene zu kommen
(am liebsten wieder vor die [UNO-]Generalversamm-
lung)."*

Unter diesen Umständen war klar, dass die anschlie-
ßende Ministerbesprechung in Zürich scheitern musste.
Fuchs notierte, was Waldheim ihm auch erzählt hatte:
„Nord- und Südtiroler seien vollkommen unnachgiebig
gewesen und hätten Kreisky unter Druck gesetzt."

Fazit: Die Bomben beendeten jede Diskussion über
eine mögliche Selbstbestimmung. Ohne Attentate wäre
aus der Selbstbestimmung möglicherweise etwas geworden, mit den Attentaten war das Thema politisch
definitiv erledigt und wurde von keinem Politiker mehr
erwähnt; es wurde geradezu weggebombt. Die Attentäter hatten das Gegenteil von dem erreicht, was sie
eigentlich gewollt hatten. Ein ehemaliger Südtiroler
Attentäter, Siegfried Carli, dem 1961 die Flucht nach
Nordtirol gelang und der später zu 18 Jahren Haft verurteilt wurde, formulierte das Jahrzehnte später so:
„Wir haben es verhackt." Genauso war es.

Zur 19er-Kommission. Sie wird von den Attentätern
direkt mit der „Feuernacht" in Verbindung gebracht,
nach dem Motto: Ohne Anschläge keine 19er-Kommis-
sion, ohne 19er-Kommission kein „Paket" (d. h. die Au-
tonomielösung aus dem Jahre 1969). Die Frage lautet
aber zunächst: Hat Rom die Kommission aufgrund der
„Feuernacht" eingesetzt? Und war das ernst gemeint
oder nur ein taktischer Schachzug?

Tatsache ist, dass die „Feuernacht" und die anschlie-
ßenden Anschläge im Juli 1961 kontraproduktiv für die
Haltung etlicher Mitglieder der italienischen Regierung
waren. Tatsache ist auch: Schon vor der „Feuernacht"

hatte Innenminister Mario Scelba den Südtirolern Vorschläge für ein inneritalienisches Gespräch gemacht, die gerade wegen der Attentate beinahe nicht realisiert worden wären, weil Mitglieder des italienischen Ministerkomitees den Eindruck der Schwäche in der Öffentlichkeit vermeiden wollten, der durch die Kommission ihrer Meinung nach entstanden wäre.

Der Hardliner Scelba setzte sich im Ministerrat durch. Er wollte trotz der Attentate die Kommission – als Zeichen der Stärke und als Instrument vor der UNO (s. u.)! Mit einem Satz: 19er-Kommission nicht wegen, sondern trotz der „Feuernacht". Im Ministerrat war Scelba zuvor mit seinem Vorschlag auf „harten Widerstand" gestoßen. „Ein anderer", so Scelba Monate später zum österreichischen Botschafter in Rom, Löwenthal, „hätte sich nicht durchgesetzt." Dabei ist festzuhalten: die Attentäter wollten alles, nur keine 19er-Kommission! Die bedeutete ja das Ende jeglicher Forderungen nach Selbstbestimmung.

Mit ausschlaggebend für Scelbas Entscheidung war noch eine andere Sache: der Beschluss der österreichischen Bundesregierung, die Südtirolfrage erneut vor die UNO zu bringen. Eine ähnlich unangenehme Debatte wie ein Jahr zuvor vor der UNO wollte Italien vermeiden. Würde eine Debatte kommen, so wollte man daher auf eigene Großzügigkeit verweisen können – und das war diese Kommission. Italiens UNO-Botschafter Martino hatte seinem Minister genau das am 19. Juli empfohlen, einen Tag nach dem österreichischen UNO-Antrag. Er hatte da von „unserer entschlossenen Absicht, direkt mit den Südtirolern zu verhandeln", gesprochen, um damit die Debatte in der UNO „zu unseren Gunsten zu beeinflussen". Genauso kam es.

Was Rom mit der Kommission tatsächlich wollte, machte er auch deutlich. Man wolle eine möglichst ruhige und kurze Debatte vor der UNO, denn: „Die Atmosphäre für die Scelba-Kommission [die 19er-Kommission] und für bilaterale Kontakte soll nicht gestört werden." Ergebnisse der Kommission waren nicht zu vermelden. Warum? Die Antwort gab Scelba am 5. November Bruno Kreisky und Bundeskanzler Alfons Gorbach bei deren Besuch in Rom: „Die öffentliche Meinung stehe jetzt noch unter dem Eindruck der Attentate und würde ein Entgegenkommen als Nachgiebigkeit gegenüber der Gewalt empfinden." Gegenüber Österreich wurde die Kommission abgewertet; damit, so Kreisky, trat das italienische Doppelspiel deutlich zu Tage. Auch in der Folgezeit gab es von italienischer Seite kein Entgegenkommen.

Auch die UNO hatte 1961 nicht geholfen. Eine Wiederholung der Resolution aus dem Jahr 1960 hatte man bekommen. Mehr nicht! Dafür hatten die Italiener allerdings die 19er-Kommission in New York „ausgeschlachtet", wie Magnago es in einer Sitzung der SVP-Parteileitung formulierte. Das „friedliche Mittel", das sich einige von der UNO erhofft hatten, hatte man nicht erreicht, „weil die 19er-Kommission da war", wie Magnago meinte. Am 14. November machte er klar: Wenn keine Einigung in der 19er- Kommission erzielt werde, „stehen wir vor dem Nichts". Das war das traurige Ergebnis des Jahres 1961! Und das war auch das Ergebnis der Attentate!

War unter diesen Umständen die 19er-Kommission ein Erfolg – gar ein Erfolg der „Feuernacht", wie von den sogenannten Freiheitskämpfern seit Jahr und Tag behauptet wird? Wie sah Viktoria Stadlmayer das, die vielzitierte Kronzeugin Südtirols? Sie beantwortete diese Frage Anfang 1962 in einem streng vertraulichen Memorandum für Tirols Landeshauptmann Tschiggfrey so: „Die Neunzehner-Kommission und ihre positive Aufnahme in Südtirol ist kein Erfolg der Bombenpolitik, sondern ist ein Sieg Italiens." Ein Sieg, der in Innsbruck als „Niederlage" bezeichnet wurde. Durch die Anschläge sei man „in eine Sackgasse geraten, aus der ein Ausweg nur schwer zu finden ist". Neue Anschläge würden ihrer Meinung nach nicht bedeuten, „einen Mißerfolg in einen Erfolg umzuwandeln, sondern eine Niederlage endgültig zu besiegeln", und würden „verheerend für unser weiteres Vorgehen" sein. Ein vernichtendes Urteil über die „Bombenpolitik". Mehr ist dazu wohl nicht zu sagen.

Am Ende des Jahres machte der italienische Botschafter in Wien, Enrico Martino, gegenüber Generalsekretär Fuchs deutlich, wie Rom die 19er-Kommission beurteilte: sie sei „eine rein interne italienische Angelegenheit", die mit dem Gruber-De Gasperi-Abkommen nichts zu tun habe; sie sei eine „Studienkommission, die ein Problem des italienischen Staates zu prüfen habe", Südtirol sei „kein österreichisch-italienisches Condominium".

Hat die „Feuernacht" die Qualität der Gespräche zwischen Österreich und Italien verbessert, wie von den Attentätern auch behauptet wurde? Auch hier ein klares Nein! Das Gegenteil war der Fall. Es gab überhaupt keine Gespräche mehr. Ende September 1963 meinte Außenminister Kreisky dazu, es stelle sich die Frage, „wie lange Österreich sich dies gefallen lassen könne". Die Italiener verwiesen stets auf das inneritalienische Gespräch, sprich: 19er-Kommission, die sich Monat für Monat dahinschleppte.

Ein anderes Argument der Attentäter und ihrer Sympathisanten lautet: Die „Feuernacht" habe die Welt auf das Südtirolproblem aufmerksam gemacht. Dies ist ein ganz schwaches Argument. Seit der mehrwöchigen Debatte in der UNO im Herbst 1960 kannte die Welt das Südtirolproblem. Es gab 1961 denn auch nur ein paar Artikel in einigen Zeitungen, nicht mehr. Im Sommer 1961 hatte die Welt mit der Berlinkrise und dem Mauerbau andere Sorgen. Der einflussreiche US-Botschafter bei der UNO, Adlai Stevenson, meinte damals, die Anschläge hätten in den USA wie bei der UNO „keinerlei Eindruck" gemacht, denn „die sind stärkeren Tobak gewohnt". Der aber war damals weder in Nord- noch in Südtirol zu haben.

Die Wende in der italienischen Südtirolpolitik kam nicht durch die „Feuernacht", sondern im Dezember 1963 mit der erstmaligen Bildung einer Mitte-links-Regierung in Rom. Der 47-jährige Parteisekretär der Democrazia Cristiana und Strafrechtler Aldo Moro wurde Ministerpräsident, Giuseppe Saragat Außenminister. Saragat war nicht nur Sozialdemokrat, er hatte auch ein besonders enges Verhältnis zu Österreich: Er hatte in Wien im Exil gelebt, seine Tochter war dort zur Welt gekommen. Er und Moro hatten ein anderes Verständnis für Minderheiten im Land als die Hardliner in Rom; sie standen den Anliegen der Südtiroler positiv gegenüber – und das schon vor den Attentaten. Sie waren ernsthaft um eine Lösung der Südtirolfrage und damit auch um eine Verbesserung der Beziehungen zu Österreich bemüht.

Möglicherweise spielte dabei auch das Zweite Vatikanische Konzil eine Rolle, das seit Oktober 1962 tagte und die Sensibilität gegenüber Minderheiten und

ihre Integration zu seinem wichtigsten Anliegen erklärt hatte.

Die ersten Schritte der Regierung machten jedenfalls die neue Politik mehr als deutlich. Saragat lud
Kreisky sofort nach Bildung der Regierung zu einem
Gespräch ein, das am 14. Dezember im Hotel Raphael
in Paris stattfand. Da machte Saragat klar, dass seine
Regierung um ein möglichst baldiges Ergebnis der 19er-
Kommission bemüht sei. Man hoffe in Rom, so Saragat,
dass es möglich sein werde, auf der Basis der Ergebnisse der Kommission, eine, wie er es formulierte, „‚globale‘ und ‚vollständige‘ Regelung der Südtirolfrage zu
erzielen". Und er stellte auch klar:

> *„Keine andere italienische Regierung wird mehr als
> die derzeitige bereit sein, das Südtirolproblem durch
> entsprechend große Konzessionen, die bei weitem über
> das Pariser Abkommen* [d. i. das Gruber-De Gasperi-
> Abkommen aus dem Jahre 1946, Grundlage des ers-
> ten Autonomiestatuts 1948] *für Südtirol hinausgehen,
> zu bereinigen."*

Ebenfalls im Dezember 1963 begann in Mailand der
erste Südtirolprozess gegen die „Feuernacht"-Attentäter.
Es war der größte politische Prozess der italienischen
Nachkriegsgeschichte und dauerte 94 Tage. Zum ersten
Mal erfuhr die italienische Öffentlichkeit, dass es ein
Südtirolproblem gab – unbeabsichtigte Spätwirkung
der Attentate.

Von daher kommt diesem Prozess eine ganz besondere Bedeutung zu. Aber er war auch in anderer Hinsicht bedeutsam: Die Regierung griff ein – was grundsätzlich ungesetzlich war – und ließ den Vorsitzenden

des Prozesses wissen, dass sie „an milden Urteilen interessiert sei", und informierte gleichzeitig Wien von dieser Intervention. Wohl auch als Zeichen für die neue Politik dieser Regierung. Mailand ist noch aus einem anderen Grund wichtig. Das Hauptziel der Verteidigung war der Versuch, die Anklage betreffend Artikel 241 StGB (die Forderung nach Selbstbestimmung war ein Angriff gegen die Einheit des Staates; Strafmaß lebenslänglich) zu Fall zu bringen. Für die Forderung nach Autonomie konnte dieser Paragraf nicht angewandt werden. Von daher behaupteten die Angeklagten, nicht die Selbstbestimmung, sondern die Autonomie sei das Ziel ihrer Attentate gewesen. Diese Aussagen standen zwar in krassem Widerspruch zu dem, was der BAS 1961 tatsächlich gewollt hatte, wurden aber in der Folgezeit von vielen für bare Münze gehalten.

Ab 1962/63 radikalisierte sich der Südtirolterrorismus. Der Grundsatz, keine Menschenleben zu gefährden, wurde nicht mehr eingehalten. Jetzt waren auch zunehmend österreichische und deutsche Staatsbürger an den Gewaltaktionen beteiligt. Den Italienern gelang es im Übrigen, Agenten in die von Georg Klotz und Luis Amplatz geführte Gruppe einzuschleusen. Am 7. September 1964 wurde Luis Amplatz in einer Heuhütte oberhalb von Saltaus im Passeiertal von einem Spitzel des italienischen Geheimdienstes – Christian Kerbler, einem Tiroler (!) aus Hall – erschossen, Georg Klotz schwer verwundet; beide waren beim Mailänder Sprengstoffprozess in Abwesenheit – sie waren nach Nordtirol geflüchtet – verurteilt worden.

Südtirol wurde jetzt zu einem Exerzierfeld von inländischen und ausländischen Geheimdiensten, neonazistischen und pangermanistischen Kreisen. Es begann eine Phase (1965–1967), in der die Anschläge ein Höchstmaß an Brutalität und Skrupellosigkeit erreichten und insgesamt 14 Todesopfer forderten (während auf der Gegenseite Italiener in Österreich Anschläge verübten, bei denen es ebenfalls Tote gab). Dieser Terror war jedenfalls für die Autonomieverhandlungen absolut kontraproduktiv. Im zweiten Mailänder Sprengstoffprozess 1966 wurden wiederum hohe Haftstrafen gegen mehrere abwesende Angeklagte ausgesprochen. Italien bezichtigte Österreich damals der Komplizenschaft mit den Terroristen und blockierte im Juni 1967 durch ein Veto Österreichs Beitrittsverhandlungen mit der EWG.

Wie man in Wien zu Recht annahm und wie sich dann schon bald auch zeigen sollte, hatte Italien mit seinem EWG-Veto eine ganz neue diplomatische Front eröffnet, die noch für etliche Zeit für Auseinandersetzungen sorgen sollte. In einem Bericht an den Ministerrat fasste der Nachfolger Kreiskys, Außenminister Lujo Tončić-Sorinj, am 11. Juli 1967 die Gesamtlage kritisch zusammen. Er setzte als bekannt voraus, dass die Beziehungen zwischen Österreich und Italien nach den Vorfällen vom 25. Juni – vier Tote bei einem Anschlag auf der Porzescharte – „den tiefsten Punkt seit dem Jahr 1945" erreicht hatten. Bestimmte italienische Kreise, die von jeher gegen das Zustandekommen einer Übereinkunft zwischen Österreich und Italien in der Südtirolfrage eingestellt gewesen seien, nützten die Situation dadurch weidlich aus, dass sie eine begreifliche und echte Erregung besonders hochspielten. Das Ziel dieser Kreise, zu denen Tončić-Sorinj auch Außenminister Amintore Fanfani zählte, sei es, „Österreich aus den seit mehr als zehn Jahren geführten bilateralen Verhandlungen herauszudrängen und das Südtirolproblem, wenn überhaupt, durch rein interne

Maßnahmen, die keiner Kontrolle durch Österreich mehr unterliegen sollten, einseitig zu lösen".

Italien forderte gleichzeitig eine Änderung der österreichischen Strafgesetze und machte in bilateralen, geheimen Gesprächen in London unmissverständlich klar, dass es ohne neue „effektive und spektakuläre" Maßnahmen Wiens auf dem Gebiet der Terrorbekämpfung weder eine Einigung in der Südtirolfrage noch eine Aufhebung des EWG-Vetos geben werde.

4.
Das „Paket"

Nach den ergebnislosen Gesprächen in Mailand, Klagenfurt und Zürich (Januar, Mai und Juni 1961) brachte Österreich die Südtirolfrage erneut vor die UNO-Vollversammlung. Diese erneuerte am 28. November 1961 die Resolution vom Vorjahr. Inzwischen hatte die 19er-Kommission mit ihrer Arbeit begonnen. Sie hatte ihre erste Sitzung am 21. September 1961 abgehalten. Sie beendete ihre Arbeit mit der Überreichung ihres Abschlussberichtes an Ministerpräsident Aldo Moro am 10. April 1964. Drei Monate Arbeit waren geplant gewesen, tatsächlich hatten die Beratungen fast drei Jahre gedauert.

Die Einrichtung der 19er-Kommission war zunächst einmal mit der Absicht erfolgt, Österreich aus dem „Südtirolgeschäft" hinauszudrängen und die Dinge inneritalienisch zu lösen. Zumindest sollte dies als Argument vor der UNO im Herbst 1961 genutzt werden – und es wurde auch sehr erfolgreich von den Italienern vorgebracht. Wie so oft bei Kommissionen entwickelte aber auch die 19er-Kommission eine Eigendynamik und ein Eigenleben – dank des Vorsitzenden Paolo Rossi (eines wohlhabenden Sozialisten). Die bilateralen Gespräche zwischen Rom und Wien steckten in der Sackgasse – und so schaute man mehr und mehr auf die Arbeit dieser Kommission und wartete auf deren Ergebnisse. In Südtirol selbst benahmen sich die Italiener nach wie vor wie die Herren des Landes – allen voran die Carabinieri. Sie haben sicher misshandelt und gefoltert, aber dies wurde nicht geahndet. Der Carabinieriprozess in Trient war ein einsamer Höhepunkt dieser Politik – wobei man allerdings auch sagen muss, dass die Beweissicherung auf Südtiroler Seite sehr zu wünschen übrig ließ.

Das Ergebnis der Kommissionsarbeit wurde schon als „Paket" bezeichnet und war im Kern das, was 1969 offiziell als „Paket" von der SVP-Landesversammlung akzeptiert wurde. Von einer eigenen Landesautonomie für Südtirol, wie von SVP und Wiener Regierung gefordert, war schon lange keine Rede mehr. Mit den im „Paket" vorgesehenen Maßnahmen ging es um eine „Aushöhlung" der Regionalautonomie.

Am 16. Dezember 1964 wurde auf einer Geheimkonferenz der beiden sozialistischen Außenminister Bruno Kreisky und Giuseppe Saragat in Paris eine grundsätzliche Einigung erzielt. Am 8. Januar erstattete Kreisky den Vertretern von Nordtirol und Südtirol in Innsbruck Bericht über das erzielte Verhandlungsergebnis und empfahl die Annahme. Diese wurde verweigert, weil die SVP auf weiteren Zugeständnissen in den Bereichen Wirtschaft, Industrie, Finanz- und Arbeitswesen bestand. Weiters sah das Projekt eine befristete Internationalisierung vor, die allerdings den Nachteil hatte, dass die Durchführung des „Pakets" nach der österreichischen Anerkennung zu einer inneritalienischen Angelegenheit geworden wäre. Dies war den Nordtirolern zu wenig. Die Nord- und Südtiroler hatten die Ablehnung bereits wenige Tage zuvor, als sie unter sich waren, beschlossen. Damit war Kreisky die Lust an der Südtirolfrage vergangen. Er lehnte gleichzeitig auch jede andere Lösung ab und ging, nachdem die ÖVP seit Frühjahr 1966 die Alleinregierung stellte, mit der SPÖ auf Totalopposition gegen die dann angestrebte Lösung seiner Nachfolger und versuchte sogar, die SVP zu spalten.

Der neue österreichische Außenminister Tončić-Sorinj nahm 1966 direkte Gespräche mit dem italienischen Außenminister Amintore Fanfani auf. Italien begann nun, ein „Gesamtangebot" zu machen. Das „Paket" lag erstmals Ende August 1966 vor. Am 1. September wurden dann die Verhandlungsergebnisse vom Parteiausschuss der SVP gutgeheißen und der Landesversammlung zur Annahme empfohlen – nach bestimmten „Klärungen", die Magnago bei Ministerpräsident Aldo Moro erreichen sollte.

Was noch offenblieb, war das Problem der „wirksamen internationalen Verankerung" des „Pakets", die der SVP-Parteiausschuss im März 1967 mit Nachdruck forderte. Die Verhandlungen darüber zogen sich drei Jahre hin und wurden streng geheim geführt. Sie müssen im Zeichen der unruhigen politischen Lage von 1967 und 1968 gesehen werden: Die schon erwähnten Sprengstoffanschläge, das italienische EWG-Veto, Parlamentswahlen und Regierungskrisen in Italien dienten aber auch vor allem den Paketgegnern dazu, eine Entscheidung immer wieder hinauszuzögern.

Was die internationale Verankerung betraf, hatte Italien 1964 ein Schiedsgericht vorgeschlagen. Nun zog es plötzlich diesen Vorschlag wieder zurück und lehnte jetzt jede vertragliche Vereinbarung im Zusammenhang mit dem „Paket" ab. Es blieb also nur eine politische Verankerung; und die nannte man dann „Operationskalender". Dieser sollte ein Zeitplan mit Terminen zur Durchführung des „Pakets" sein, an dessen Ende Österreich dann den Streit für beendet erklären sollte. Die Außenminister Italiens und Österreichs, Pietro Nenni und Kurt Waldheim, einigten sich über diesen Operationskalender anlässlich einer Sitzung des Ministerkomitees der Mitgliedstaaten des Europarates am 13. Mai 1969. Die Maßnahmen sollten Hand in Hand mit Schritten Österreichs gehen, wie zwei ineinandergreifende Zahnräder, oder, wie es Waldheim einmal formulierte: „Das Paket ist der Zug, der Operationskalender der Fahrplan." In der Folge würde Italien sein EWG-Veto zurückziehen.

Eine letzte Hürde stellte die SVP-Landesversammlung dar, ohne deren Zustimmung die österreichische Regierung nicht handeln wollte. Im Oktober 1969 hatte der Parteiausschuss der SVP mit 41 gegen 23 Stimmen beschlossen, der Landesversammlung die Annahme von „Paket" und Operationskalender zu empfehlen. Am 22. November 1969 begann um 9.30 Uhr im großen Kursaal des Meraner Kurhauses die außerordentliche Landesversammlung der SVP. 1111 Delegierte aus den sieben Wahlbezirken Bozen, Brixen, Meran, Pustertal, Sterzing, Unterland und Vinschgau fanden sich zusammen. Paketgegner und Paketbefürworter standen sich gegenüber, die „Schlacht" konnte beginnen. Auf der einen Seite standen die Paketbefürworter mit Landeshauptmann Silvius Magnago, Friedl Volgger und den Parlamentsabgeordneten Roland Riz und Karl Mitterdorfer an der Spitze, auf der anderen die Paketgegner

Politisches „Urgestein" aus Nord- und Südtirol: die Landeshauptleute Eduard Wallnöfer und Silvius Magnago.
Sie spielten eine entscheidende Rolle beim Paketabschluss.

mit Senator Peter Brugger, dem stellvertretenden Landeshauptmann Alfons Benedikter und Landesrat Joachim Dalsass.

Nach 18 Stunden Debatte wurde das „Paket" in den frühen Morgenstunden mit einer knappen Mehrheit von 583 (52,8 Prozent) gegen 492 (44,6 Prozent) Stimmen angenommen. Am 30. November trafen dann Moro und Waldheim in Kopenhagen zusammen, um den Zeitplan für „Paket" und Operationskalender konkret festzulegen. Es gehe darum, wie es im Kommuniqué hieß, den gegenwärtigen Streit zwischen Österreich und Italien zu beenden.

Am nächsten Tag, dem 1. Dezember, gab Bundeskanzler Klaus vor dem österreichischen Nationalrat eine Erklärung zum Thema „Terrorismus" ab. Er sagte u. a.:

„In früheren Jahren wurden von unverantwortlicher Seite Gewaltakte im Zusammenhang mit dem Prob-

lem Südtirol gesetzt, die zu unserem tiefsten Bedauern Menschenleben gekostet und Sachschäden verursacht haben. Mit allem Nachdruck wiederhole ich, daß wir die Anwendung von Gewalt als Mittel zur Durchsetzung politischer Ziele verurteilen."

Sieben Tage später, am 8. Dezember, zog Italien auf der EWG-Ministerratssitzung in Brüssel sein Veto zurück. Am 2. Dezember wurde der Vertrag betr. Internationaler Gerichtshof in Wien paraphiert, am 3. Dezember kündigte Ministerpräsident Mariano Rumor vor dem italienischen Parlament die Maßnahmen für Südtirol an. Bei der Abstimmung waren 269 Abgeordnete für und 26 gegen die Erklärung Rumors; 88 enthielten sich der Stimme.

Am 15. Dezember folgte die entsprechende Erklärung von Bundeskanzler Klaus im Nationalrat. Hier war die Zustimmung weniger überwältigend. Wie erwartet brachte die SPÖ einen Antrag ein, wonach das gesamte „Paket" – und nicht nur der Pariser Vertrag – dem IGH unterworfen werden sollte. Dieser Antrag wurde am nächsten Tag mit 83 Stimmen der ÖVP gegen 79 der Opposition abgelehnt (73 SPÖ, 6 FPÖ). Mit derselben Stimmenzahl wurde dann die Regierungserklärung von Klaus gebilligt und damit die Regierung beauftragt, im Sinne des „Operationskalenders" fortzufahren.

Dieses „Paket" stellte eigentlich nichts anderes dar als die Summe der Zugeständnisse Italiens zur Erweiterung der durch das Autonomiestatut von 1948 nicht ausreichend gewährten Autonomie für Südtirol. Es enthielt 137 „Maßnahmen" für die Bevölkerung Südtirols. 97 davon mussten mittels Abänderung des Autonomiestatuts von 1948 verwirklicht werden (durch

Verfassungsgesetz), acht mit Durchführungsbestimmungen zum besagten Autonomiestatut, 15 mit einfachem Staatsgesetz, neun mit Verwaltungsverordnungen, der Rest mit Verwaltungsakten. Der wichtigste Teil des „Pakets" war die Abänderung des alten Autonomiestatuts bzw. die Genehmigung eines neuen Statuts, was dann mit Verfassungsgesetz Nr. 1 vom 10. November 1971 (in Kraft getreten am 20. Januar 1972) erfolgte. Maßnahme 137 sah die Einrichtung einer ständigen Kommission für die Probleme der Provinz Bozen vor. Für den Fall der Erfüllung des „Pakets" verpflichtete sich Österreich, eine Streitbeilegungserklärung vor der UNO abzugeben (Punkte 13–18 des Operationskalenders).

Was waren die wichtigsten Unterschiede zwischen dem alten und dem neuen Autonomiestatut? Bereits in der Überschrift zum ersten Abschnitt des Sonderstatuts ist nicht mehr die Rede vom „Tiroler Etschland", sondern es heißt nunmehr „Südtirol". Im ersten Kapitel ist der Artikel 3 ergänzt: „Den Provinzen Trient und Bozen ist gemäß diesem Statut eine nach Art und Inhalt besondere Autonomie zuerkannt." Dieser kurze Satz drückt aus, was im neuen Autonomiestatut verwirklicht werden sollte. Ganz Italien ist in Regionen gegliedert, und diese wiederum sind in Provinzen unterteilt, deren Kompetenzen im Zuge der verfassungsrechtlich festgelegten Dezentralisierung genau abgegrenzt sind. Viele Befugnisse liegen aber bei der Region, und im Falle „Trentino-Tiroler Etschland" bedeutete dies: in Händen der italienischen Mehrheit, die diese Befugnisse zuungunsten der Südtiroler genutzt hatte. Das war ja seit 1948 das Problem gewesen. Zum Schutz der deutschsprachigen Minderheit, die aber eine Mehrheit in der Provinz Bozen darstellt, wurde nun ein für Italien einzigartiges Statut ausgearbeitet. Darin blieb zwar die Region bestehen, wie sie schon vorher festgelegt worden war, allerdings fallen die meisten regionalen Kompetenzen in die Vollmacht der beiden Provinzen. Für Südtirol bedeutet dies: in die Hände der dortigen deutschsprachigen Mehrheit „zum Schutze und zur Erhaltung ihrer völkischen und kulturellen Eigenart" als Minderheit im italienischen Staat. Im zweiten und dritten Kapitel wurden die Befugnisse der Region und der beiden Provinzen aufgelistet; dabei wurde deutlich, dass im neuen Autonomiestatut zahlreiche Zuständigkeiten von der Region auf die zwei autonomen Provinzen übergehen sollten. Deren wichtigste waren: der geförderte Wohnungsbau, Jagd und Fischerei, Pflanzen- und Tierschutzparks, Straßenwesen, Wasserleitungen und öffentliche Arbeiten, Kommunikations- und Transportwesen, Übernahme öffentlicher Dienste, Fremdenverkehr und Gastgewerbe, Land- und Forstwirtschaft, Wasserbauten, öffentliche Fürsorge und Wohlfahrt, Kindergarten- und Schulbau.

Es werden auch die Ladiner, die im Autonomiestatut von 1948 fast überhaupt nicht berücksichtigt worden waren, ausführlich erwähnt, besonders im Artikel 19, der sich mit dem Problem der Schulen befasst. („Die ladinische Sprache wird in den Kindergärten verwendet und in den Grundschulen der ladinischen Ortschaften gelehrt.") Im Artikel 102 wurden diese Rechte auch auf die Ladiner in der Provinz Trient ausgedehnt.

Erwähnenswert ist auch, dass jetzt in den Grundschulen, von der zweiten oder dritten Klasse an, und in den Sekundarschulen der Unterricht der jeweils zweiten Sprache Pflicht war, eine außerordentlich wichtige Voraussetzung für die angestrebte Zweisprachigkeit der gesamten Bevölkerung Südtirols (Artikel 19). Weiters wurden den eigens dafür vorgesehenen Organen der Provinzen größere Zuständigkeiten bei der „Genehmigung und Beurkundung und Kundmachung von Gesetzen und Verordnungen" eingeräumt. Diese Vollmachten waren in primäre und sekundäre Zuständigkeiten aufgeteilt (Artikel 4 und 5). „Primär" bedeutet, dass das Land Gesetze und Normen erlassen kann, ohne aber die Verfassung und die Grundsätze der italienischen Rechtsordnung, internationale Verpflichtungen und grundlegende Richtlinien der wirtschaftlich-sozialen Reformen des italienischen Staates zu verletzen. Bei sekundären Zuständigkeiten sind die Einschränkungen noch um die in den Staatsgesetzen festgelegten Grundsätze erweitert. Diese Linie – mehr Befugnisse der Provinzen zu Lasten der Region – setzte sich im gesamten Autonomiestatut fort. Dieses Statut stellte gesetzlich verankerte Richtlinien dar, die aufgrund von Durchführungsbestimmungen, die im „Paket" vereinbart worden waren, rechtliche Gültigkeit erlangen und Anwendung finden sollten.

5.
Deutschland und Südtirol

Manchmal kann man hören, dass Österreich zwar die offizielle „Schutzmacht" der Südtiroler sei, aber irgendwie im Hintergrund Deutschland damals als „geheime Schutzmacht" agiert habe, nicht direkt, aber indirekt – insbesondere in den schweren Jahren bis 1969. Was ist dran an solchen Äußerungen und Vermutungen?

Festzuhalten bleibt: Bis 1945 war die Südtirolfrage in vielfacher Hinsicht auch eine „deutsche" Frage. In den zwanziger Jahren, als Österreich schwach und nicht in der Lage war, für Südtirol einzutreten – auch aufgrund seiner Annäherung an das faschistische Italien –, wurde in München und Berlin eine deutlichere Sprache gesprochen als in Wien und das Interesse am Schicksal und der Behandlung Südtirols öffentlich bekundet. Man nannte Südtirol öffentlich „Südtirol", während die österreichischen Bundeskanzler von „Alto Adige" sprachen. Mit Hitler an der Macht und dem Umsiedlungsabkommen vom Juni 1939 wurde Südtirol dann auch offiziell ein „deutsches" Thema. Die Südtiroler sollten dem Bündnis der beiden Diktatoren Hitler und Mussolini geopfert, der „Störfaktor" Südtirol beseitigt werden. Das Ergebnis ist bekannt.

Nach 1945 spielte Deutschland keine Rolle mehr, das „Vaterland" Österreich war der Ansprechpartner der Südtiroler. Die Deutschen hatten andere Sorgen. Ihr Land wurde 1949 definitiv geteilt. Bundeskanzler Konrad Adenauer wollte die Bundesrepublik fest ins westliche Lager integrieren, und bei dieser Politik war Italien von großer Bedeutung. Es war 1949 Gründungsmitglied der NATO und 1951 Gründungsmitglied der Europäischen Gemeinschaft für Kohle und Stahl (Schuman-Plan). Gleichzeitig war Italien führend beteiligt an der Bildung der Europäischen Verteidigungsgemeinschaft (EVG) und damit an der Wiederbewaffnung der Bundesrepublik. Als die EVG 1954 scheiterte, sollte die Bundesrepublik Mitglied der NATO werden. Auch dafür brauchte Bonn die Unterstützung Italiens, genauso wie bei der Wiedervereinigungspolitik, der Berlinpolitik und der Oder-Neiße-Frage. Seit 1957 waren beide Länder auch Mitglieder der Europäischen

Wirtschaftsgemeinschaft (EWG). Aus offizieller Bonner Sicht sollte es daher peinlichst vermieden werden, sich in den Streit um Südtirol einzumischen, um das deutsch-italienische Verhältnis nicht zu belasten.

Die Zurückhaltung der Bundesregierung war jedoch nicht gleichbedeutend mit mangelndem menschlichen Interesse am Schicksal der Südtiroler, wie auch offiziell oftmals betont wurde. Die Pflege persönlicher, wirtschaftlicher und kultureller Kontakte auf privater Ebene war durchaus erwünscht, zumal dadurch verhindert werden konnte, wie es in einer Aufzeichnung des Auswärtigen Amts in Bonn vom April 1958 einmal hieß, „daß bei den Südtirolern Gefühle der Bitterkeit gegenüber Deutschland aufkämen".

Bei diesem letzten Hinweis ging es nicht nur um die Gefühle der Südtiroler. Im Gegenteil. Das offiziell bekundete politische Desinteresse Bonns an der Südtirolfrage änderte nämlich nichts an der Tatsache, dass im Bewusstsein vieler Deutscher Südtirol einen ganz besonderen Stellenwert hatte. Vielen erschien Südtirol als „urdeutsches, manchen als das deutscheste aller deutschen Länder", wie das der damalige Ministerialdirektor im Auswärtigen Amt und spätere Bundespräsident, Karl Carstens, 1959 einmal gegenüber dem österreichischen Botschafter in Bonn, Josef Schöner, formulierte. Viele historische Erinnerungen, so vor allem der Widerstand gegen Napoleon, der Freiheitskampf Andreas Hofers und der Erste Weltkrieg verbanden sich mit dem Namen Südtirol, vor allem aber waren die Ereignisse der Jahre 1939 bis 1945 nicht vergessen. Viele Südtiroler hatten in der Deutschen Wehrmacht (und anderen Truppenteilen) gedient, und dies war nicht nur für jene, die das Glück gehabt hatten zu überleben (von 24.000 waren etwa 8000 gefallen), „ein höherer Blutzoll als für die anderen Gaue", wie man oft hören konnte, sondern auch für viele „Reichsdeutsche" mit Blick auf die Südtiroler eine durchaus positive Erfahrung – zumindest wurde dies nach 1945 von ihnen so empfunden. Und im Zusammenhang mit jenen, die ins Deutsche Reich umgesiedelt waren, gab es darüber hinaus schon bald ganz offiziell notwendige Kontakte mit italienischen Stellen, um vermögensrechtliche und andere Fragen zu regeln.

Offiziell hielt sich Bonn allerdings zurück. Ende 1953 stellte Adenauer „in kategorischer Form", wie er betonte, öffentlich klar, dass Südtirol ein Problem sei, das „Deutschland nicht berührt". Genauso wollte Bonn auch Österreich behandeln. Mit anderen Worten: „strikte Neutralität", „absolute Nichteinmischung". Diese Sprachregelung galt auch für die folgenden Jahre. Das ging damals sehr weit. Da wurde sogar 1955 die Verleihung eines Ehrendoktors einer deutschen Universität an Kanonikus Michael Gamper zu seinem 70. Geburtstag abgelehnt. Die Begründung, so der deutsche Botschafter in Rom, Manfred Klaiber:

„Gamper war der Führer der heimattreuen Deutschen in Südtirol. Wenn man ihn jetzt auf Initiative amtlicher Stellen hin zum Ehrendoktor einer deutschen Universität machen würde, könnte dies doch als eine Einmischung in innerpolitische italienische Angelegenheiten ausgelegt werden."

Das italienische Misstrauen wurde dennoch nie wirklich beseitigt. Mit Argusaugen verfolgte Rom jede Südtirolaktion in der Bundesrepublik. Warum das so war, macht eine vertrauliche Aufzeichnung des italienischen Außenministeriums vom April 1958 deutlich. Da heißt es:

„Wenn wir es nur mit den Fremdstämmigen [d. h. den Südtirolern] oder auch nur mit den Fremdstämmigen plus den Österreichern zu tun hätten, brauchten wir uns keine Sorgen zu machen. Aber leider sehen die Dinge anders aus. Hinter den Fremdstämmigen und den Österreichern steht die Macht von 50 Millionen Deutschen der BRD."

Es galt damals zwar die offizielle deutsche Zurückhaltung. Das hinderte aber z. B. Außenminister Heinrich von Brentano nicht, im privaten Gespräch Politikern der Democrazia Cristiana Ende der fünfziger Jahre immer wieder klarzumachen, dass Italien den Südtirolern mehr Entgegenkommen zeigen solle. Ganz anders sah dies Botschafter Klaiber, der wahrlich kein Freund der Südtiroler war. Nach der Protestdemonstration in Sigmundskron im November 1957 kabelte er nach Bonn:

„Deutscherseits könnte durch Eingreifen in diese Reibungen nur Schaden gestiftet werden. Eine solche Einmischung würde uns den bekannten Vorwürfen des Pangermanismus aussetzen und scharfe italienische Reaktionen hervorrufen, wenn auch das Interesse an einer Befriedung in diesem Raum, das auch die Bundesrepublik als europäische Macht hat, grundsätzlich von Italien anerkannt wird. Es ist nur zu hoffen, daß der Zeitablauf allmählich die nationalistischen Wellen glättet und eine Befriedung herbeiführt, die allerdings wohl praktisch weitgehend mit einem tatsächlichen Zurückdrängen der deutschen Sprache in Südtirol schon aus wirtschaftlichen Gesichtspunkten heraus verbunden sein dürfte. Die erwartete österreichisch-italienische Außenministerkonferenz

wird an dieser Entwicklung jedenfalls nichts ändern können."

Das ging selbst dem zuständigen Italienreferenten im Auswärtigen Amt in Bonn, Alexander Böker, zu weit, wie seine Randbemerkung deutlich macht: „Ich kann mich den fatalistischen Schlußfolgerungen des Berichts nicht anschließen und bin der Ansicht, daß wir eine etwas härtere und klarere Haltung einnehmen sollten."

Offiziell wurde daraus zwar nichts, aber die Kommentare deutscher Zeitungen mit Blick auf Südtirol wurden schärfer. Man erkannte dort ein Problem. So schlug die Wochenzeitung „Die Zeit" am 3. April 1959 vor, die Südtirolfrage vor den NATO-Ministerrat zu bringen. Unter der Überschrift „Das Pulverfaß im Etschtal" hieß es dort:

„Noch folgen die Südtiroler ihren Politikern, die besonnen und maßvoll sind. Aber wenn die Bevölkerung die Hoffnung verlieren sollte, könnte sie sich am Ende gegen den Staat auflehnen. Gewiß, man kann Südtirol weder mit Zypern noch mit Algerien vergleichen, aber es könnte zu Unruhen kommen, an denen weder Italien noch Österreich noch dem Westen gelegen sein kann. Österreich hat bisher davon abgesehen, ein Schiedsgericht anzurufen [...]. Es hat auch die UNO nicht angerufen – es scheut falsche Bundesgenossen. Aber vielleicht wäre für Südtirol, das für die Verteidigung des Westens Bedeutung hat, der NATO-Rat das geeignete Gremium, um jene Befriedigung zu erreichen, die heute noch mit ein wenig gutem Willen und mit geringen Zugeständnissen leicht zu verwirklichen wäre."

Für Botschafter Klaiber war das eine Horrorvorstellung. Er kabelte nach Bonn:

> *„Es dürfte sich dringend empfehlen, wenn von deutscher Seite angesichts dieser Lage Zurückhaltung geübt würde. Deutsche Politiker und Journalisten, die sich jetzt in bester Absicht verpflichtet fühlen könnten, für die Rechte der deutschsprachigen Minderheit in Südtirol einzutreten, würden die Spannungen nur verschärfen, bei den radikalen Elementen der SVP falsche Hoffnungen auf Unterstützung ihrer Interessen durch die Bundesregierung erwecken und die italienische Haltung versteifen.“*

Im Auswärtigen Amt wurde dieser Bericht mit zwei dicken Ausrufezeichen versehen und Staatssekretär und Minister vorgelegt.

Es gab allerdings einige westdeutsche Bundestagsabgeordnete und Minister, die mit Südtiroler Politikern Kontakt pflegten und Ende der fünfziger Jahre offen von der „Atmosphäre eines Polizeistaates" in Südtirol sprachen – was jedes Mal zu italienischen Protesten in Bonn führte. Auch die bundesdeutsche Presse berichtete immer öfter kritisch über Südtirol. Und es gab schließlich etliche private Hilfsorganisationen in der Bundesrepublik – das „Kulturwerk für Südtirol", die „Stille Hilfe für Südtirol" etc. –, die finanzielle Hilfe leisteten. Genau die hatte Peter Brugger 1960 in München öffentlich eingefordert. Die Südtiroler, so Brugger, seien keinesfalls Nazis; sie erwarteten Unterstützung, „keine Almosen", von der Bundesrepublik; sie glaubten, auf Hilfe Anspruch zu haben, denn sie hätten „Blutzoll wie jeder Gau" geleistet, zwar für ein falsches System, doch hätten sie zweifelsohne gegen den Osten gekämpft.

Österreichs Gang zur UNO im Herbst 1960 war nach Meinung Bonns ein Fehler. Man befürchtete, dass Italien in einer Debatte der Bundesrepublik pangermanistische Intentionen unterstellen könnte – mit entsprechenden Reaktionen der Ostblockländer. Entgegen der Bitte der Bundesregierung verwendete Italiens Außenminister Antonio Segni 1960 vor der UNO dann dieses Pangermanismus-Argument. Zur Erleichterung Bonns beteiligten sich die Ostblockländer aber nicht an der Südtiroldebatte.

Nach der „Feuernacht" 1961 gab es massive Verdächtigungen von Seiten Italiens, dass deutsche Stellen in irgendeiner Weise an den Attentaten beteiligt waren und die Attentäter finanziell unterstützten. Mit „großem Ernst und mehrmals" wies Innenminister Mario Scelba seinen deutschen Kollegen Gerhard Schröder genau darauf hin und betonte dabei auch, dass sich Ausbildungslager „neben Österreich auch in Deutschland, besonders in Bayern", befänden. Das Bundesamt für Verfassungsschutz in Köln wurde damit befasst, konnte aber Scelbas Angaben nicht bestätigen.

Als die Terroranschläge immer brutaler wurden, wurden auch die italienischen Anschuldigungen immer schärfer. Haupttenor: Der Terrorismus erhalte materielle Unterstützung durch neonazistische Gruppen in Deutschland. Auf die selbst gestellte Frage: „Was wollen die Terroristen eigentlich?", gab die Zeitung „La Stampa" im August 1966 folgende Antwort:

„Für die Terroristen geht es nicht darum, von Italien größere Konzessionen zu erhalten; für sie ist Südtirol

ein Experimentierfeld, die Zone der großen Manöver des Neonazismus und Pangermanismus. Die Zentrale der Terroristen hat ihren Sitz nicht in Südtirol, sondern zwischen Innsbruck und München."

Eine Initiative des späteren Langzeitkanzlers Helmut Kohl führte 1966 zu einem gewissen Umdenken im Auswärtigen Amt. Kohl, damals Vorsitzender der CDU-Fraktion im Landtag von Rheinland-Pfalz, forderte für Südtirol „wenigstens eine moralische Unterstützung auf der Grundlage des Gruber-De Gasperi-Abkommens". Daraufhin gab es eine neue Sprachregelung, die jetzt folgendermaßen lautete:

> *„1. Wir wünschen eine friedliche Lösung des Problems, die alle Beteiligten zufriedenstellt.*
> *2. Die bestehenden internationalen Verträge und Abmachungen sollten die Grundlage einer solchen Lösung bilden.*
> *3. Wir verurteilen jede Art von Terror und politischen Mord in diesem Zusammenhang."*

In dem Maße, wie die Entwicklung in Südtirol auf „Paket" und Operationskalender zulief, entspannte sich scheinbar auch das offizielle Verhältnis zwischen Italien und der Bundesrepublik. Der deutsche Botschafter in Rom, Rolf Lahr, hatte aber Zweifel. Ende 1969 kabelte er nach Bonn:

> *„Man könnte meinen, zwischen beiden Ländern herrsche uneingeschränkte Einmütigkeit. Aber dem ist doch nicht ganz so. Da ist einmal Südtirol, das wir als ein ausschließlich italienisch-österreichisches Prob-*

*lem betrachtet sehen möchten, während die Italiener
mit den ‚tedeschi' – Deutsche im weitesten Sinne – zu
tun zu haben glauben."*

Genau das war es, was jenes latent vorhandene Misstrauen auf italienischer Seite Deutschland gegenüber
begründete und an das Memorandum aus dem Jahre
1958 erinnert. Es gab halt jene „50 Millionen Deutsche",
die im Hintergrund immer vorhanden waren. Dazu
passt, dass bis Ende der siebziger Jahre aus Bonn viele
Millionen DM verdeckt als Zuwendungen für kulturelle Zwecke nach Südtirol flossen. 1975 begründete
das Auswärtige Amt das so:

*„Auf der anderen Seite ist nicht zu verkennen, daß
Deutschland den Südtirolern moralisch zur Wieder-
gutmachung verpflichtet ist. Der heutige bildungs-
politische Rückstand der deutschsprachigen Volksgruppe in Südtirol hängt untrennbar mit der Politik
des Dritten Reiches zusammen, die aus Rücksicht auf
die Partnerschaft der ‚Achse' den Italianisierungs-
bestrebungen Mussolinis Vorschub leistete und sogar Südtiroler in erheblicher Zahl zum Verlassen ihrer Heimat (‚Umsiedlung') zwang. Daneben gibt es
in weiten Teilen der Bundesrepublik Deutschland ein
starkes emotionales Engagement für die Aufrechter-
haltung der sprachlichen und kulturellen Eigenart
der Südtiroler Minderheit in Italien."*

VIII.
Vom „Paket" bis heute

1.
Erste Maßnahmen

Der Operationskalender zum „Paket" sah vor, dass sämtliche Maßnahmen bis zum 20. Januar 1974 durchgeführt bzw. deren Realisierung eingeleitet sein sollten. Man konnte also gespannt sein, wer aus der SVP-Landesversammlung vom November 1969 recht behalten würde: die Paketgegner oder -befürworter, die Skeptiker oder die Pragmatiker. Zunächst ließ sich die Entwicklung gut an. Am 16. Dezember 1969 beauftragte die italienische Regierung die vorgesehene Neuner-Kommission, mit den Arbeiten für das neue Autonomiestatut zu beginnen. Die Neuner-Kommission mit Südtiroler und italienischen Vertretern bereitete dann das neue Statut und die Änderungen des einfachen Staatsgesetzes vor. Das neue Autonomiestatut trat am 20. Januar 1972 in Kraft. Im Vergleich zum ersten Statut aus dem Jahr 1948 und den anderen Regionen in Italien war dies ein echter Fortschritt für Südtirol. Das Land hieß jetzt auch offiziell wieder „Südtirol"; es gab die „Autonome Provinz Bozen-Südtirol". Südtirol wurden mit den Artikeln 8 und 9 mehrere primäre und sekundäre Zuständigkeiten, die bisher bei der Region und dem Staat lagen, übertragen. Zu den wichtigsten zählten diejenigen über die Schule und den Fremdenverkehr. Wenige Monate später verabschiedete das römische Parlament ein Sammelgesetz mit 13 Paketmaßnahmen. Die Maßnahmen 106 bis 120 befassten sich mit den Gemeindesekretären, der Wiederherstellung von deutschen Namen, der Auflösung des „Ente Nazionale per le Tre Venezie" und der Aufteilung der Zuständigkeiten innerhalb der Provinz Bozen.

Für die Ausarbeitung der Paketmaßnahmen wurde eine Zwölfer-Kommission eingerichtet. Diese setzte sich aus je sechs Vertretern des Staates und der Region zusammen. Von letzteren gehörten je zwei dem Bozner und Trienter Landtag sowie dem Regionalrat an. Von diesen sechs Mitgliedern musste mindestens die Hälfte deutschsprachig sein. Zusätzlich wurde eine Unterkommission, die sogenannte Sechser-Kommission, gebildet. Sie sollte die Durchführungsbestimmungen, die die Provinz Bozen allein betrafen, ausarbeiten.

Erlassen wurden die Durchführungsbestimmungen durch die italienische Regierung; die verschiedenen Kommissionen hatten jedoch ein Recht auf „Anhörung". So waren die Verzögerungen in der Paketdurchführung während der siebziger Jahre auf die „Überlastung der Experten und Verhandlungsunterbrechungen als Folge häufiger Regierungskrisen" zurückzuführen, aber auch darauf, dass die SVP mehr aus dem Statut herausholen wollte und von daher nicht immer besondere Eile zeigte. Immerhin kam es in zwei Bereichen zu einem entscheidenden Durchbruch: Schule und Proporz.

Die Sechser-Kommission erarbeitete die Schulmaßnahmen Anfang 1973. Mit diesen Durchführungsbestimmungen übernahm die Provinz die Verwaltung der Schulen in fast allen Bereichen. Diese Maßnahmen garantierten auch den Unterricht in der Muttersprache der Schüler; die Lehrer mussten diese Muttersprache beherrschen. Diese Regel galt für alle drei Sprachgruppen. Ein weiterer Punkt betraf die Doppelsprachigkeit. Alle Schüler sollten mit dem Erlernen der jeweils anderen Sprache in der zweiten oder dritten Klasse beginnen. Wer die leidvolle Geschichte der Schule seit den zwanziger Jahren kannte, konnte dem nur zustimmen, was die „Dolomiten" damals über die Schulautonomie schrieben: ein „Meilenstein für Südtirols Schule".

Noch bevor es zur Durchführung der ersten wichtigen Maßnahmen kam, regten sich die Paketgegner in der SVP. Einige traten aus der Partei aus; einer von ihnen, Hans Dietl, gründete eine eigene Partei, die Sozialdemokratische Partei Südtirols (SPS), die bei den Landtagswahlen 1972 sogar zwei Mandate errang. (Die ehemalige Sozialdemokratische Partei war 1950 „eingegangen", wie es an einer Stelle einmal hieß.) Die SVP blieb jedoch mit 20 von 34 Mandaten die eindeutig stärkste Partei. Dies auch deshalb, weil einige Paketgegner nicht ausgetreten waren, sondern versuchten, die Linie der Partei von innen heraus zu ändern. Einer von ihnen, Senator Peter Brugger, trat sogar gegen Silvius Magnago zur Obmannwahl an. Mit 55 Prozent konnte sich Magnago damals knapp durchsetzen.

Auf der SVP-Landesversammlung im März 1975 wollte sich Brugger wiederum als Gegenkandidat zu Magnago aufstellen lassen. Doch zwei Drittel des Parteiausschusses hatten sich schon im Vorfeld für Magnago ausgesprochen. Ihnen ging es darum, zunächst das „Paket" zu verwirklichen, ehe man die Führung der Partei jemandem anvertraute, „der über das Paket hinausgehen wolle". Die Diskussion begann 1975 ein zweites Mal, als mit dem Aufstieg der Kommunisten deren Beteiligung an der Regierung in Rom (mit der Democrazia Cristiana) durchaus möglich schien und eine Aushöhlung der Autonomie befürchtet wurde.

Inzwischen schritt die Genehmigung der Durchführungsbestimmungen nur langsam voran. 1976 wurde jedoch eine der wichtigsten Maßnahmen zum Schutz der Südtiroler verabschiedet – das „Proporzdekret", das am 30. November in Kraft trat.

30 Jahre nach Abschluss des Gruber-De Gasperi-Abkommens sollte nun die Verwirklichung des im dortigen Artikel 1 enthaltenen Grundsatzes der „angemesseneren" Besetzung von Stellen im öffentlichen Dienst (im staatlichen und halbstaatlichen Bereich) in Gang gesetzt werden. Nur wer die Geschichte Südtirols in der Zeit des Faschismus und auch nach 1945 kennt, kann die Bedeutung dieser Maßnahme richtig einschätzen. Die Südtiroler waren in jener Zeit von öffentlichen Stellen fast völlig ausgeschlossen worden. Dies sollte jetzt endlich korrigiert werden. Das Proporzdekret sollte allen drei Sprachgruppen Stellen auf der Grundlage ihrer zahlenmäßigen Stärke zusichern. Voraussetzung dafür waren angemessene Kenntnisse der italienischen und der deutschen Sprache. Eine paritätische Prüfungskommission aus vier Mitgliedern war für die Feststellung dieser Kenntnisse verantwortlich. Die Prüfungen waren und sind nach der Laufbahn innerhalb des italienischen Staatsdienstes gestaffelt, d. h., die Bewerber für Laufbahn B müssen nicht so gute Sprachkenntnisse haben wie jene für Laufbahn A (das höchste Niveau). Der Zweisprachigkeitsschein, der „Patentino", wurde das unerlässliche „Papier" für die Aufnahme in den Staatsdienst – und in der Folgezeit zu einem der meistgehassten Papiere, vor allem bei den Italienern.

Die Durchführung gestaltete sich schwieriger als gedacht. Zunächst musste die Zugehörigkeit zu einer Sprachgruppe im Rahmen der allgemeinen Volkszählung festgestellt werden. Die letzte Volkszählung datierte aus dem Jahre 1971. Danach gehörten 62,9 Prozent der deutschen, 33 Prozent der italienischen und 3,7 Prozent der ladinischen Sprachgruppe an. Nach dieser Aufteilung sollten nun die frei werdenden Stellen vergeben werden. Wo lagen die Probleme? Erstens wurden die Stellen nur bei Tod oder Pensionierung frei, zweitens war die Bereitschaft, sich zu bewerben, in der deutschsprachigen Gruppe relativ gering. Diese Tatsache verwunderte umso mehr, berücksichtigten doch einige örtliche Körperschaften teilweise bereits den ethnischen Proporz.

Die Gründe für die in jenen Jahren geringe Beteiligung von deutschsprachigen Kandidaten bei Ausschreibungen für Stellen im öffentlichen Dienst sind sehr vielschichtig. Zum Teil lag es an der fehlenden Tradition, zum Teil daran, dass der Staatsdienst italienisch dominiert war. Es kommt hinzu, dass die „deutschen" Wirtschaftssektoren (Tourismus, Landwirtschaft, Handwerk) damals einen wahren Boom erlebten (also wenig Anreiz bestand) und dass auf deutscher Seite infolge fehlender Qualifikationen die entsprechenden Bewerber fehlten. Die oftmalige Folge: Die den „Deutschen" vorbehaltenen Stellen blieben frei, wurden dann oft durch Italiener aus anderen Provinzen provisorisch besetzt (die natürlich kein Deutsch sprachen und auf diesem Posten in der Provinz Bozen auch nicht definitiv „verbeamtet" werden konnten) und verursachten höhere Kosten für den öffentlichen Dienst, der noch dazu nicht zur Zufriedenheit der Bürger funktionierte. Die Folge davon war zunächst, dass mehrere für Südtiroler reservierte Stellen unbesetzt blieben und bei den Italienern der Ärger darüber und über die ungeliebte Sprachprüfung zunahm. Erst langsam setzte sich auch bei den Italienern die Einsicht durch, dass sie zu den Nutznießern von Proporz und Zweisprachigkeit gehörten, denn ohne Proporz und Zweisprachigkeit hätten die in Südtirol lebenden Italiener bei der Bewerbung um eine Staatsstelle das ganze Staatsvolk als Konkurrenz gehabt, so waren ihnen die Stellen praktisch reserviert.

Insgesamt waren bis Ende der siebziger Jahre nur geringe Erfolge bei der Paketdurchführung erzielt worden. Die Stimmung im Lande wurde insgesamt schlechter, sowohl bei den deutschsprachigen Südtirolern als auch vor allem bei den Italienern. Diese fürchteten, ihre bislang dominierende Stellung zu verlieren. Zudem missfiel ihnen der wachsende Wohlstand der Südtiroler, die in den dafür zuständigen Bereichen Tourismus und Landwirtschaft alles beherrschten. Sie hatten zudem wenig Gelegenheit für soziale und wirtschaftliche Mobilität. Im Land insgesamt waren sie eine Sprachminderheit; die Mehrheit von ihnen wohnte in Bozen. Diese Tatsache verhinderte den Abbau von kulturellen Mauern und unterstrich die relative Schwäche und Isolation der Italiener – mit Ausnahme jener in Bozen.

Die Folge dieser Unzufriedenheit beider Sprachgruppen war eine erneute Serie von Bombenanschlägen, die am 31. März 1978 mit einem Anschlag auf das Beinhaus von Burgeis begann. Die „Front für die Befreiung Südtirols" und der „Tiroler Schutzbund" bekannten sich zu diesen Anschlägen.

Die Diskussion innerhalb der SVP über das Selbstbestimmungsrecht riss unter diesen Umständen nicht ab. Auf der Landesversammlung im Mai 1978 forderten Mitglieder des „Tiroler Heimatbundes", der in enger Verbindung zu früheren Südtirolaktivisten stand, die Selbstbestimmung. Doch die große Masse der Partei stand solchen Anliegen skeptisch gegenüber. Das Vertrauen in Silvius Magnago und seine Politik war bedeutend größer als die Bereitschaft, radikale Forderungen weniger „Utopisten" zu unterstützen. Auch von der „Schutzmacht" Österreich konnte man sich in dieser Hinsicht nicht viel erwarten. Die Regierung in Wien hatte kein Interesse daran, „ihr Hauptziel, gute nachbarliche Beziehungen zu allen Anrainerstaaten, der Unterstützung eines Abenteurertums südlich des Brenners zu opfern".

Die SVP ging jedenfalls gestärkt aus diesen Auseinandersetzungen hervor. Bei der Landtagswahl 1978 konnte sie 93 Prozent aller Südtiroler Stimmen auf sich vereinen, und die Parlamentswahlen im selben Jahr brachten ihr einen vierten Abgeordneten in Rom. Aus dieser „Position der Stärke" heraus sollte nunmehr die Durchführung der übrigen Paketpunkte rasch in Angriff genommen werden. Schützenhilfe kam aus Wien. Die schleppende Durchführung der Paketmaßnahmen hatte die Wiener Regierung nicht sehr beschäftigt. Im Oktober 1980 brachte der österreichische Außenminister Willibald Pahr dieses Thema allerdings in den Vereinten Nationen zur Sprache. Die österreichische Bundesregierung, so hieß es, „ist vor allem darüber besorgt, dass die für die Minderheit so bedeutende volle Gleichstellung ihrer Muttersprache noch der Durchführung bedarf". Doch diese Beschwerde blieb ohne Erfolg.

2.
Die Volkszählung von 1981

Alle zehn Jahre stand – und steht – den italienischen Staatsbürgern eine Volkszählung ins Haus; für 1981 war die nächste angesagt. Für Südtirol war dieses Ereignis von besonderer Bedeutung, denn bei dieser Gelegenheit musste sich jeder Südtiroler einer Sprachgruppe zugehörig erklären. Zudem diente die Erhebung als Grundlage für den ethnischen Proporz. Nach diesem Proporz, so stellte die Südtiroler Illustrierte „ff" noch einmal fest, „werden Mietwohnungen vergeben, öffentliche Stellen ausgeschrieben und Förderungsmittel für die kulturelle und sportliche Tätigkeit der drei Volksgruppen im Lande verteilt". Weiter hieß es hier:

> *„Bereits bei der Volkszählung 1971 wurde [...] diese schriftliche Zugehörigkeitserklärung abgegeben, nur daß dann diese ‚Zettel' beim Zentralinstitut für Statistik in Rom aufrecht mysteriöse Weise verloren gegangen waren, was zur Folge hatte, daß in den vergangenen 10 Jahren, wenigstens in den größeren Gemeinden Südtirols, die Zugehörigkeitserklärungen nach Gutdünken und Bedarf geändert werden konnten."*

Im Vorfeld der Volkszählung von 1981 kam es bereits zu Spannungen. Die SVP wollte nicht zulassen, dass man sich außer zur deutschen, ladinischen oder italienischen Volksgruppe auch zu keiner dieser drei Gruppen bekennen konnte. Andere Parteien – insbesondere der Großteil der italienischen – wollten die Zugehörigkeitserklärung überhaupt verhindern. Ihnen erschien das Faktum, dass die Erklärung bis zur nächsten Volkszählung 1991 unabänderlich war, sinnlos. Die einzige Ausnahme waren jene Südtiroler, die inzwischen die Volljährigkeit erlangten. Sie konnten sich – gegebenenfalls – neu deklarieren. Es bildete sich sogar ein „Initiativkomitee Option 1981", das zum Boykott der Erklärung aufrief, dem aber nur sehr wenige Südtiroler folgten. Besonders schwierig war die Entscheidung für gemischtsprachige Familien. Wie sollte man die Kinder deklarieren, wenn der Vater deutsch- und die Mutter italienischsprachig war? (Anzumerken ist hier, dass dann bei der Volkszählung 1991 tatsächlich eine vierte Möglichkeit eingeführt wurde, nämlich „andere".) Dem Problem, dass sich manche Italiener der deutschen Sprachgruppe zugehörig erklärten, weil sie sich dadurch bei der Stellenvergabe Vorteile erwarteten, stand man aber noch immer machtlos gegenüber. Das Ergebnis der Volkszählung von 1981 sah folgendermaßen aus (im Vergleich zu 1961 und 1971):

Jahr	Deutsche	Italiener	Ladiner	Andere	Insgesamt
1961	232.717	128.271	12.594	281	337.863
1971	260.351	137.759	15.465	466	414.041
1981	279.544	123.695	17.736	9.593*	430.568

*In Südtirol ansässige Ausländer und Inländer ohne gültige Sprachgruppenzugehörigkeitserklärung.

Prozentanteile der Sprachgruppen

Jahr	Deutsche	Italiener	Ladiner	Andere	Insgesamt
1961	62,2	34,3	3,4	0,1	100
1971	62,9	33,0	3,7	0,4	100
1981	64,9	28,7	4,1	2,3	100

Der Rückgang der Italiener von 33,0 Prozent (1971) auf 28,7 Prozent (1981) löste in der italienischen Volksgruppe geradezu einen Schock aus und führte zum Ruf nach einer Art „italienischer Volkspartei" nach dem Muster der SVP.

Die Volkszählung von 1971 war anonym-kollektiv, ergab also nur die Gesamtstärke der in Südtirol lebenden Deutschen, Italiener und Ladiner. Für die Bewerbung bei einer Staatsstelle z. B. musste man seit Inkrafttreten des Proporzdekretes von 1976 eine „Ad-hoc-Erklärung" abgeben (die Zweisprachigkeitsprüfung musste man sowieso bestehen). Die Volkszählung von 1981 war dagegen eine für alle in Südtirol lebenden Personen (z. B. auch für Minderjährige) persönlich bindende für zehn Jahre. Da für „Deutsche" weitaus mehr offene Stellen im öffentlichen Dienst reserviert waren (aufgrund des „Aufholbedarfs"), erklärten sich bei dieser Volkszählung einige tausend Italiener bzw. die Gemischtsprachigen als „Deutsche". Wie soll man das beurteilen? Opportunismus? Sozialer Druck? Jedenfalls war das Ergebnis der Volkszählung von 1981 neben anderen Gründen (der weiter unten erwähnte Umzug in Innsbruck mit Dornenkrone von 1984 usw.) ein ganz wichtiger Grund für die Wahlerfolge des neofaschistischen MSI ab 1985.

3.
Rückverweisungen und Gleichstellung der deutschen Sprache

Anfang der achtziger Jahre wurden sehr viele vom Landtag ausgearbeitete Gesetzesvorschläge nach Prüfung durch die Regierung in Rom nach Bozen zurückverwiesen. Dies war dann der Fall, wenn der Landtag seine Kompetenzen überschritten hatte – oder wenn Rom das so feststellte. Der Landtag konnte eine zurückgewiesene Gesetzesvorlage zwar wiederholt einbringen, die Regierung sie aber auch ebenso oft wieder rückverweisen. Dann lag die Entscheidung beim Verfassungsgerichtshof, der sehr oft über ein Jahr damit beschäftigt war. Somit bestand – und besteht – für den Landtag ein Druck zu „vorauseilendem Gehorsam".

Die „schlechte Laune" Roms spürte die SVP auch bei der Gleichstellung der deutschen Sprache. Die absurde Situation, dass ein deutschsprachiger Südtiroler von der Polizei in einer für ihn fremden Sprache verhört werden konnte, sollte endlich beseitigt werden. Auch sollte vor Gericht der Prozess endlich in der Muttersprache des Angeklagten durchgeführt werden. Dafür fehlte aber vor allem die notwendige Infrastruktur. „Übersetzer und Dolmetscher, notwendig, um ein Mindestmaß an Zweisprachigkeit zu garantieren, gibt es praktisch nicht. Den Dienst versehen lediglich Aushilfskräfte, schlecht bezahlt und kaum qualifiziert", klagte die „ff" 1984.

Besonders die italienischen Rechtsanwälte, die einen Einkommensverlust fürchteten, standen der Forderung der SVP äußerst ablehnend gegenüber. Eine andere Möglichkeit, nämlich Deutsch zu lernen, war für sie „eine Schwierigkeit, die vom Straßenkehrer, aber nicht von den Anwälten verlangt werden kann". Auf den Vorschlag der italienischen Parteien, alle Prozesse zweisprachig zu führen, wollte die SVP nicht eingehen. Dies hätte nämlich die Prozessdauer verdoppelt, was denjenigen entgegengekommen wäre, die an einer Verzögerung Interesse gehabt hätten.

4.
1984: Das Tiroler „Gedenkjahr"

Das Jahr 1984 begann mit einem positiven Zeichen. Der italienische Ministerpräsident Bettino Craxi war auf Staatsbesuch in Wien. Einer der Hauptgesprächspunkte war die Paketdurchführung. Der österreichische Außenminister Erwin Lanc versuchte Craxi von der Notwendigkeit zu überzeugen, dass schon ausgehandelte Maßnahmen endlich durchgeführt werden müssten. Craxi reagierte positiv; alles deutete auf eine Entspannung der Situation hin. Das änderte sich schlagartig im Herbst 1984. Ein Festumzug, der anlässlich der 175-Jahr-Feier des Tiroler Freiheitskampfes von 1809 in Innsbruck durchgeführt wurde, ließ die Emotionen wieder hochgehen. Die Schützen nützten die Gelegenheit zu einer Demonstration gegen die Regierung in Rom und wollten die italienischen Gäste provozieren. Neben Plakaten wie „Heim zu Österreich", „Los von Rom" und von Teilnehmern im Fernsehen erhobenen Forderungen, die Italiener aus Südtirol hinauszujagen, erregte besonders eine von den Schützen mitgetragene Dornenkrone – hinter einem Banner „Selbstbestimmung für Südtirol – Tirol den Tirolern" –, die das Leiden der Südtiroler unter der italienischen „Fremdherrschaft" dokumentieren sollte, das Missfallen der Italiener, diesmal aber auch der internationalen Presse. Die „gewiß nicht südtirolfeindliche" „Süddeutsche Zeitung" schrieb:

> *„Besonnene Südtiroler sahen bereits die Empörung der Italiener, die Vergiftung des Klimas voraus. Gewiß sollte man Randerscheinungen nicht ernst nehmen.*

[...] Doch heute wissen alle europäischen Nachbarn, daß es den Südtirolern mit ihren guten Autonomierechten und ihrer blühenden Wirtschaft so gut geht wie nie zuvor. Da kann eine gekünstelte Märtyrerrolle schnell in Lächerlichkeit umschlagen, und dann wendet sich der Freund mit Grausen."

Und das, ohne noch zu wissen, was die Bozner Staatsanwaltschaft später feststellte, dass nämlich schlagende Burschenschaften und deutsche Neo-Nationale das Geld für die Dornenkrone aufgebracht hatten. Die meisten Südtiroler schüttelten denn auch bei deren Anblick nur den Kopf. Von schwerem Leiden konnte damals wohl keine Rede sein; die Älteren unter ihnen wussten, was „schweres Leid" war. Dennoch griffen einige Südtiroler Politiker dieses Thema auf. Der SVP-Landtagsabgeordnete Franz Pahl äußerte „Besorgnis über die Erhaltung unserer kleinen österreichischen Gruppe in diesem Staat" und behauptete, dass die Autonomie die Südtirolfrage nicht lösen könne. Der Stellvertreter Magnagos, Alfons Benedikter, kritisierte seine italienischen Kollegen in der Sechser-Kommission und fragte, ob die Italiener ihre Pflicht ernst nähmen oder ob sie eine Verschwörung gegen die Autonomie planten.

Für Silvius Magnago bedeutete der „Gedenktag" eine zweifache Niederlage. Zum einen demonstrierten die Schützen gegen „seine Autonomiepolitik", und zum anderen wusste er sehr wohl, dass die Regierung in Rom ihn für diese Ereignisse verantwortlich machen und noch weniger von ihren Standpunkten abgehen würde.

Es kam hinzu, dass es auch in anderen Teilen Italiens zu Autonomiebestrebungen kam. Das „Los von Rom" wiederholte sich als „fuori sos italianos" („Raus mit den Italienern") in Sardinien, als Forderung nach „aoute libere" in Aosta. „Der Staat reagierte, indem er die Zügel straffer zog, reagierte mit Zentralismus."

Und nicht nur die Regierung reagierte. Auch die Italiener Südtirols fürchteten sich vor den neu aufgeflammten Forderungen nach Selbstbestimmung. Dies war wohl auch ein Grund für die Wahlerfolge der neofaschistischen Partei MSI bei den darauffolgenden Wahlen.

5.
Die Wahlerfolge des MSI

Schon bei den Gemeinderatswahlen vom 12. Mai 1985 konnten sich die Neofaschisten als die großen Sieger feiern lassen. Mit 22,6 Prozent der Stimmen in Bozen waren sie quasi aus dem Nichts zu einer starken Partei geworden; die Stadt war damit „die faschistischste Europas", wie die italienische Tageszeitung „Alto Adige" damals schrieb. Die Neofaschisten fühlten sich berufen, die Italiener vor den fortschreitenden Begünstigungen – zumindest war dies ihre Meinung – der deutschen Sprachgruppe zu schützen.

Außenminister Giulio Andreotti sah das ähnlich. Er wurde mit folgenden Worten zitiert: „Im konkreten Fall habe sich nun die Situation ergeben, dass die nationale Mehrheit – Italiener – in Südtirol eine Minderheit darstelle, die ebenfalls gestärkt werden muß."

Auch die Parlamentswahlen am 14. Juni 1987 brachten den Neofaschisten erhebliche Stimmengewinne. Der Gründer der italienischen Grünen, Alexander Langer, kommentierte das Ergebnis damals so:

*„Der MSI ist jetzt mit 11 % die stärkste italienische
Partei in Südtirol, fast jeder zweite Italiener hier
wählt sie. Das ist die Frucht des ethnischen Tauzie-
hens, das die Südtiroler Volkspartei eingeführt hat
und vor dem wir immer gewarnt haben. Die Italiener
wollen halt auch eine energische Sammelpartei."*

Die Aussage Langers enthielt einen Kern Wahrheit. Die
SVP war damals nicht daran interessiert, das Zusammenleben der beiden Sprachgruppen zu fördern. Sie
stemmte sich vehement gegen die von den Italienern
geforderte Einführung einiger Deutschstunden pro Woche im italienischen Kindergarten zur „Früherlernung"
des Deutschen und sah es auch nicht gern, wenn Italiener deutsche Schulen besuchten. Andererseits sollten
die Italiener in Südtirol aber deutsch sprechen können,
wenn sie in öffentlichen Ämtern arbeiten wollten. Die
„ff" kommentierte damals:

*„Dahinter steht nicht so sehr die Sorge um die deut-
sche Volksgruppe, die doch wirksam geschützt ist, dahinter steht die Angst, daß die Italiener – wenn sie
gut deutsch können – mit den Deutschen gleichzie-
hen und diese dann ihre Vormachtstellung verlieren."*

Aber auch den Italienern in Südtirol schien nicht sehr
viel am friedlichen Miteinander zu liegen. Aus einer
Studie des Österreichischen Instituts für Friedensfor-
schung in Laxenburg ging hervor, dass die Italiener so
wenig über ihre „Landsleute" wussten, dass schon allein durch ihre Vorurteile ein Miteinander unmöglich
erschien: 71 Prozent der Befragten waren der Meinung,
dass die deutschsprachigen Südtiroler vorwiegend in
der Landwirtschaft tätig seien (tatsächlich nur elf Pro-

zent), 25 Prozent glaubten die Deutschen in Bozen in der Überzahl (tatsächlich etwa 75 Prozent Italiener), 74 Prozent waren gegen Zweisprachigkeit im öffentlichen Dienst und 40 Prozent hielten Deutschkenntnisse für unnötig.

Nur die Hälfte konnte mit dem Begriff „ethnischer Proporz" etwas anfangen, 80 Prozent glaubten die Deutschen im öffentlichen Dienst klar in der Überzahl. In diesen Aussagen zeigte sich aber auch die Angst über die – vermeintliche – Position der deutschen Südtiroler. „Andererseits ist diese Angstpsychose aber eine Folge der mangelnden Information, wie dann die Forscher ja auch einen direkten Zusammenhang zwischen Nationalismus und Uninformiertheit festgestellt haben." Zum Teil wurden auch die Medien und die Lehrer, die sich als „Missionare" der Italianità fühlten, für die Uninformiertheit verantwortlich gemacht.

Ein interessanter Aspekt der Wahlerfolge des MSI darf nicht unerwähnt bleiben. Im Mai 1987 war es zu einigen Attentaten gegen Italiener gekommen, wobei Alexander Langer vermutete, „daß es nicht von politischen Gruppierungen der einen oder anderen Seite ausgeht, sondern daß der Staat über die Geheimdienste seine Hand mit im Spiel hat. Es war praktisch eine Wahlkampfhilfe für den MSI."

Im Jahr 1986, zwischen den beiden Wahlerfolgen des MSI, waren die Paketverhandlungen fast zum Stillstand gekommen. Der Regierung in Rom schien das Klima in Südtirol wohl dafür nicht günstig, während die SVP ihre Politik, die für die Verschlechterung mitverantwortlich gemacht wurde, nicht änderte. Die Landesversammlung der SVP stand ins Haus, und Silvius Magnago konnte keine Erfolge in der Paketdurchführung vorweisen. Ein jüngerer Funktionär der SVP charakterisierte diese Situation in der Partei folgendermaßen:

„Aktuelle Probleme wie das Zusammenleben mit den Italienern oder unser Erscheinungsbild in der internationalen Öffentlichkeit wurden ständig aufgeschoben. Dabei ist die Politik im Land selbst wichtiger als irgendeine Durchführungsbestimmung, aber ein Konzept dafür scheint nicht da zu sein."

6.
Der Protest der Schützen

Auf der Landesversammlung der SVP kam es dann zum Eklat. Einige aufgebrachte Schützen, die pikanterweise für den Ordnungsdienst verantwortlich waren, schufen selbst Unordnung. Sie besetzten das Rednerpult und begannen ihre Meinung lautstark kundzutun: für das Selbstbestimmungsrecht, gegen das „Paket". Der alte Fuchs Magnago ließ die Schützen gewähren, da er wohl ahnte, dass diese Demonstration ihm nur nützen würde. Entsprechend kommentierte die „ff": „Noch nie ist in den italienischen Medien derart klar herausgekommen, wie gemäßigt Magnagos Politik im Vergleich zu den Radikalen des Selbstbestimmungsflügels ist; nie ist es derart offensichtlich geworden, wie scharf sich das Paket von der sogenannten Selbstbestimmung abhebt."

Im Zusammenhang mit dem Selbstbestimmungsrecht ließ damals eine im Auftrag des italienischen Wochenmagazins „L'Espresso" durchgeführte Studie eines Meinungsforschungsinstituts aufhorchen. Unter dem

Titel: „Null Bock auf österreichisch. Nur die wenigsten Südtiroler möchten angeblich nach Österreich zurück", berichtete die „ff" darüber. Demnach waren 1987 nur 3,4 Prozent der deutschsprachigen Südtiroler für eine Wiedervereinigung mit Österreich und nur 9,3 Prozent für einen Freistaat Südtirol. 72,2 Prozent waren für die Beibehaltung der damaligen Situation. Sämtliche Selbstbestimmungsdiskussionen erschienen also vollkommen fehl am Platze.

Am 5. Dezember 1986 begann im römischen Parlament die Südtiroldebatte, die im Februar 1987 mit der Genehmigung zweier Beschlussanträge endete. Darin wurde festgelegt, dass die Regierung noch im selben Jahr die ausstehenden Durchführungsbestimmungen in einer Globallösung verabschieden sollte. Eine vorherige Absprache mit der SVP hatte es nicht gegeben; diese verurteilte dieses Vorgehen dann auch als „eine grobe Verletzung des Pakets, des Autonomiestatuts, der internationalen Verpflichtungen und der zwischen den Vertretern der Mehrheitsparteien im Südtiroler Landtag getroffenen Vereinbarungen".

In den folgenden Monaten verschlechterte sich das „Autonomieklima" zusehends. Die Zahl der Rückverweisungen stieg. Im Jahr 1987 hatten Regionen mit Sonderstatuten eine Rückverweisungsrate von 22 Prozent, jene mit normalem Statut von 29 Prozent; in Südtirol betrug die Rate 44,2 Prozent – mit steigender Tendenz gegenüber den Vorjahren (1984 10 Prozent, 1985 38,5 Prozent, 1986 29,7 Prozent). Ende 1987 stellte Silvius Magnago in einem Interview fest, die Regierung in Rom habe anfangs gezaudert, anstatt alles zu unternehmen, „damit die noch fehlenden Durchführungsbestimmungen im Einvernehmen mit uns verabschiedet wurden".

Gleichzeitig gingen die Bombenanschläge weiter. Sie wurden von einigen radikalen Gruppen wie etwa „Ein Tirol" begangen; Verhaftungen von Mitgliedern dieser Terrorgruppen, wie Karl Ausserer und Leo Flenger, trugen nicht zur Entspannung der Lage bei, auch wenn jene, die radikale Parolen verkündeten, in der Bevölkerung zunehmend weniger Unterstützung fanden.

7.
1992: Die Streitbeilegungserklärung

Am 9. November 1989 – in Berlin fiel die Mauer – trat jener Teil der Durchführungsbestimmungen in Kraft, der sich auf die Gleichstellung der deutschen und der italienischen Sprache im Verkehr der Bürger mit der öffentlichen Verwaltung bezog sowie auf die Verwendung des Ladinischen im Amtsverkehr. Die Zweisprachigkeit vor Gericht und bei der Polizei ließ vorerst noch auf sich warten.

Am 15. November stimmte die Abgeordnetenkammer in Rom der Neuregelung der Südtiroler Landesfinanzen zu, d. h., es wurden damit die Finanzbeziehungen zwischen Staat, Region und den beiden autonomen Provinzen Bozen und Trient neu geregelt. Dieses Gesetz trat am 4. Dezember 1989 in Kraft. Einzelne Detailfragen sollten noch mit den Durchführungsbestimmungen abgestimmt werden. Ziel der Neuregelung war es, die Einnahmen für die Provinzen Trentino und Südtirol sowie für die Region mit den in ihrem Gebiet erzielten Steueraufkommen zu sichern.

Fast gleichzeitig stellte Italiens Regierungschef Giulio Andreotti den endgültigen Abschluss des „Pakets" noch für 1990 in Aussicht; ähnlich optimistisch äußerte sich auch Außenminister Gianni De Michelis. Aber wie schon so oft zuvor verzögerten neue Schwierigkeiten im römischen Abgeordnetenhaus die endgültige Verabschiedung jener Gesetzesmaßnahmen, die zur vollen Paketverwirklichung unerlässlich waren, so zum Beispiel die Neuregelung der Senatswahlkreise, die Einrichtung von eigenen Sektionen des Oberlandesgerichts und die Errichtung einer Sektion des Jugendgerichtshofes Trient in Bozen.

Am 30. November verabschiedete der Ministerrat in Rom neue Durchführungsbestimmungen über die Eisenbahn. Die Eisenbahnverwaltung wurde entsprechend dem Urteil des Obersten Gerichtshofs dazu angehalten, Einstellungen in Südtirol entsprechend den geltenden Proporz- und Zweisprachigkeitsbestimmungen durchzuführen.

Am 27. April 1991 kam es zur endgültigen „Wachablöse" in Südtirol. Silvius Magnago, der das Amt des Landeshauptmannes nach 28 Jahren am 17. März 1989 an Luis Durnwalder übergeben hatte, hatte sich entschlossen, nicht mehr für das Amt des Parteiobmannes zu kandidieren, das er seit 1957 innegehabt hatte. Sein Nachfolger wurde an diesem Tag Roland Riz, alter Weggefährte des Landeshauptmannes und altgedienter SVP-Abgeordneter in Rom. In der Endphase der Paketverhandlungen hieß es jetzt in der SVP „getrennt marschieren und gemeinsam schlagen". Der neue SVP-Obmann brachte neuen Schwung in die Verhandlungen; er wollte einen schnellen Paketabschluss und drängte daher in Rom massiv auf eine schnelle Lösung der noch offenen Fragen. Kritiker und Skeptiker wiesen auf die kontinuierlich weitergehende Autonomieaushöhlung durch römische Zentralorgane hin sowie auf die Debatte über eine grundlegende Verfassungsreform in Italien und die in Südtirol erneut aufgeflammte Selbstbestimmungsdiskussion, die am 15. September 1991 zu einer Kundgebung am Brenner führte, welche von allen Medien stark beachtet wurde. „Los von Rom! – Landeseinheit jetzt", hieß das Motto der von den beiden Schützen Christian Waldner und Peter Paul Rainer organisierten Veranstaltung. Fünfeinhalb Jahre später wurde der Bildungsoffizier der Schützen, Rainer, unter dem Verdacht verhaftet, seinen Freund Waldner mit fünf gezielten Schüssen ermordet zu haben; er wurde zu einer Freiheitsstrafe von 20 Jahren verurteilt, die wegen guter Führung auf 14 Jahre verkürzt wurde. 2013 wurde Rainer entlassen. Zurück zu Roland Riz. Der legte am 26. September 1991 ein Acht-Punkte-Programm vor, um die Dinge voranzutreiben. Er verband darin altbekannte Forderungen der SVP, wie beispielsweise die nach einer Neueinteilung der Senatswahlkreise in der Region Trentino-Südtirol oder die nach der Einrichtung einer Sektion des Oberlandesgerichts Trient in Bozen, mit neuen Forderungen, nämlich im Hinblick auf die „Ergänzung und Berichtigung offener Durchführungsbestimmungen und die Aufhebung jener Maßnahmen, die in der Zwischenzeit unsere Autonomie ausgehöhlt haben", sowie auf die „Klagbarkeit und internationale Verankerung unserer Autonomie nicht nur in Rom, sondern auch Brüssel gegenüber".

Auch die in Österreich erworbenen Studientitel sollten rückwirkend Geltung haben.

Wichtig war, und das war neu und in dieser Form ein deutliches Signal an die Adresse Roms, dass Riz die von ihm eingeforderten Punkte als Conditio sine qua non für die Zustimmung der SVP zur Abgabe der Streitbeilegungserklärung Österreichs bei der UNO bezeichnete. Für die Erfüllung seiner Forderungen setzte Riz schließlich eine Art Ultimatum – und zwar bis zum 23. November 1991, an dem die Landesversammlung der SVP stattfinden würde. Riz hat sicher auch gewusst, dass in einer so kurzen Zeit eine Lösung der offenen Fragen nicht möglich war, aber er wollte zwei Dinge damit erreichen – die er auch erreichte –, dass nämlich die Arbeit der Sechser- und der Zwölfer-Kommission intensiviert und die Stagnation der Südtirol betreffenden Gesetzesmaßnahmen überwunden werden sollte.

Am 10. Oktober 1991 wurde in der Abgeordnetenkammer in Rom der Gesetzentwurf zur Errichtung einer Sektion des Oberlandesgerichtes und des Jugendgerichts Trient in Bozen definitiv genehmigt. Zur Verabschiedung dieses Gesetzes musste die Regierung wiederholt die Vertrauensfrage stellen. Der Widerstand gegen diesen Beschluss ging quer durch alle Parteien; das hatte u. a. dazu geführt, dass vor der Verabschiedung der zuständige Justizausschuss mehrere Male ein ablehnendes Gutachten vorgelegt hatte.

Die SVP-Landesversammlung am 23. November 1991 war dann wieder einmal eine jener stürmischen Veranstaltungen, die die SVP in jenen Jahren mehrfach erlebte. Sollte man einem Paketabschluss zustimmen oder warten, bis auch die letzten Punkte definitiv erledigt waren? Die Pragmatiker in der SVP-Spitze gingen geschickt vor. Riz akzeptierte die Forderung, dass Italien und Österreich nur eine Streitbeilegungserklärung akzeptieren könnten, wenn der Stand der Autonomie bei Paketabschluss mit Inhalt und Geist des „Pakets" von 1969 voll und ganz übereinstimme; einen zweiten Antrag, dass vor Paketabschluss alle bislang nicht erfüllten Punkte erfüllt und alle seit 1969 ausgehöhlten

Kompetenzbereiche wiederhergestellt werden müssten, lehnte er mit Entschiedenheit ab. In einer Kampfabstimmung folgte die Mehrheit der Delegierten Riz, dies wohl nicht zuletzt wegen der Einflussnahme des SVP-Ehrenobmanns Silvius Magnago, der sein ganzes Prestige und seine Überzeugungskraft einsetzte. Abgelehnt wurde auch ein Antrag, den zwischen SVP und der Regierung in Rom ausgehandelten Kompromiss über die Ausrichtungs- und Koordinierungsbefugnis (AKB) durch Österreich prüfen zu lassen. Angenommen wurde hingegen die von Riz vorgeschlagene Resolution, wonach „die Sanierung der bis 1988 erfolgten Aushöhlungen nicht als Bedingung für den Paketabschluß gesetzt und auf eine buchstabengetreue Erfüllung der 1969 zugesagten Maßnahmen verzichtet wurde".

Der 18. Dezember 1991 brachte schließlich die Verwirklichung der Paketmaßnahme 111, d. h., der Senat in Rom verabschiedete die Gesetzesvorlage zur Neueinteilung der Senatswahlkreise in Südtirol, das nunmehr drei Senatswahlkreise und somit drei Sitze im Senat erhielt.

Ein weiterer wichtiger Tag auf dem Weg zur Paketdurchführung war der 30. Januar 1992: Der Ministerrat in Rom genehmigte vier Durchführungsbestimmungen, nämlich die Beschränkung der AKB, die Finanzregelung, die Bestimmungen über das Musikkonservatorium in Bozen sowie die sogenannte Omnibus-Bestimmung, mit der die seit 1988 ausgehöhlten Autonomierechte einer Sanierung zugeführt werden sollten. Der Text dieser Durchführungsbestimmungen war monatelang in der Sechser- und der Zwölfer-Kommission behandelt worden.

Parteiobmann Riz hatte mittlerweile von Ministerpräsident Andreotti die Zusage bekommen, dass dieser in seinem Tätigkeitsbereich zum Ausklang der Legislaturperiode auf die seit 1969 von Parlament und Regierung erlassenen Maßnahmen zugunsten der Südtiroler Bevölkerung Bezug nehmen und eine direkte Verbindung zum Pariser Vertrag herstellen werde: Der Text dieser programmatischen Erklärung sollte Österreich übermittelt werden, das darin eine hinreichende Gewähr für die völkerrechtliche Verankerung der Paketmaßnahme sehen würde. In seiner Rücktrittsrede vor dem italienischen Parlament erklärte Andreotti am 30. Januar 1992 das „Paket" für erfüllt; die italienische Regierung sei ihren Pflichten bei der Verwirklichung des „Pakets" von 1969 nachgekommen, Änderungen könnten in Zukunft mit Zustimmung der Südtiroler Bevölkerung vorgenommen werden. Die versprochene Bezugnahme auf den Pariser Vertrag und damit die Verbindung zu den Paketmaßnahmen und die internationale Verankerung fehlte allerdings.

Am 22. April 1992 übergab dann Bruno Bottai, der Generalsekretär des römischen Außenministeriums, dem österreichischen Botschafter in Rom, Emil Staffelmayr, die inzwischen berühmt gewordene Begleitnote mit einer Liste der von der italienischen Regierung und vom römischen Parlament erlassenen Durchführungsakte der Maßnahmen zugunsten Südtirols – mit dem expliziten Hinweis auf den Pariser Vertrag. Es hieß, es werde aus „sachlichem Zusammenhang" auch das Sonderstatut der Region Trentino-Südtirol übermittelt, „welches im Zuge der Festlegung des institutionellen Rahmens der Autonomen Provinz Bozen darauf abgezielt hat, die weitestmögliche Verwirklichung der Autonomie und der Zielsetzung des Schutzes der deutschsprachigen Minderheit, wie sie im Pariser Vertrag enthalten ist, sicherzustellen, in welchem

u. a. die Gewähr der Ausübung einer autonomen Ge-
setzgebungs- und Vollzugsgewalt vorgesehen ist". Das
entsprach wörtlich dem entscheidenden ersten Satz in
Artikel 2 des Pariser Abkommens.

Mit der Abgabe dieser Begleitnote begann die 50
Tage dauernde Frist – wie im Operationskalender von
1969 festgelegt – zur Abgabe der Streitbeilegungserklärung seitens Österreichs vor den Vereinten Nationen
zu laufen. Der in der Note hergestellte Zusammenhang
zwischen der Verwirklichung der Südtiroler Autonomie und der Zielsetzung des Schutzes von Minderheiten, „wie er sich auch im KSZE-Rahmen herausbildet",
sowie der Hinweis auf den Pariser Vertrag wurden dahingehend interpretiert, dass man dem Verlangen der
SVP nach einer internationalen Verankerung und Ein-
klagbarkeit der Autonomie vor internationalen, recht-
lich relevanten Instanzen einen Schritt entgegenkam.

Am 12. Mai 1992 fand im Südtiroler Landtag die
Wahl der ständigen beratenden Kommission, der sogenannten 137er-Kommission, statt. Mitglieder wurden
Luis Durnwalder, Roland Riz, Michl Ebner, Hubert
Frasnelli, Hugo Valentin, Giuseppe Gaspari und Clau-
dio Emeri. Die Kommission erhielt die Aufgabe, im
Falle zukünftiger Fragen in Bezug auf den Minderheitenschutz und die Südtirolautonomie allgemeine Lösungsvorschläge zu erarbeiten.

Auf einer außerordentlichen Landesversammlung
der SVP am 30. Mai 1992 sprachen sich 82,6 Prozent
der Delegierten in einer geheimen Abstimmung für die
Abgabe der Streitbeilegungserklärung aus. Am 1. Juni
folgte die Tiroler Landesregierung, am 4. Juni der Tiroler Landtag und am 5. Juni der Nationalrat in Wien nach
fünfeinhalbstündiger Diskussion mit großer Mehrheit

(125 Ja-Stimmen von SPÖ, ÖVP und Grünen, 30 Nein-Stimmen von der FPÖ). Sowohl Bundeskanzler Franz Vranitzky als auch Außenminister Alois Mock bekräftigten in der Debatte, dass Österreich seiner Schutzmachtfunktion auch in Zukunft nachkommen werde, gegebenenfalls unter Anrufung des Internationalen Gerichtshofes.

Diese Leitlinien wurden ebenso in eine vom Nationalrat angenommene Entschließung integriert – deren Wortlaut war mit der Streitbeilegungserklärung durch eine Verbalnote des österreichischen Außenministers dem italienischen Botschafter in Österreich zur Kenntnis gebracht worden – wie die Bekräftigung dessen, dass der Vertrag von Paris keinen Verzicht auf die Selbstbestimmung Südtirols darstelle und dass die Maßnahmen zur Paketerfüllung sozusagen die ausführenden Akte des Pariser Vertrages seien. Nachdem die Bundesregierung am 11. Juni die Streitbeilegungserklärung abgegeben hatte, war es am 19. Juni 1992 endlich so weit: Da, wo 1960 der Auftrag an Österreich und Italien erteilt worden war, ihren Streit beizulegen, in der UNO, wurde dieser Streit formell beendet. Die UNO-Botschafter Österreichs und Italiens übergaben in New York UNO-Generalsekretär Boutros Boutros-Ghali die „Notifizierung der Streitbeendigung".

Als Boutros-Ghali die Notifizierungsurkunde entgegennahm, unterstrich er die Bedeutung dieses Schrittes und nannte die Art, wie ein Minderheitenkonflikt zwischen zwei Staaten gelöst wurde, vorbildlich. Auch der italienische Außenminister Vincenzo Scotti wies bei der KSZE-Nachfolgekonferenz in Helsinki im Juli 1992 voll Stolz auf die Lösung des Konflikts zwischen Österreich und Italien hin, eine Lösung, die auch für den Minderheitenschutz im Rahmen der KSZE als Modell stehen könnte.

8.
Die Entwicklung seit 1992:
die Durnwalder-Ära

Österreich und Italien kündigten in der Folge an, nach fast 60 Jahren wieder einen Nachbarschaftsvertrag abschließen zu wollen, was Außenminister Tončić-Sorinj bereits 1966 vorgeschlagen hatte. Als symbolischen Ausdruck der bereinigten Beziehungen nach der Streitbeilegung vor der UNO stattete der neue italienische Staatspräsident Oscar Luigi Scalfaro Österreich vom 27. bis 29. Januar 1993 einen offiziellen Besuch ab und traf dabei Bundespräsident Thomas Klestil, jenen Mann, der als Generalsekretär für Auswärtige Angelegenheiten seit Jahren die Arbeitsgespräche im Rahmen der österreichisch-italienischen „Gemischten Kommission" geführt hatte. Als Staatsoberhaupt war das letzte Mal Italiens König Umberto I. 1882 in Wien gewesen. Erst 1971 hatte Bundespräsident Franz Jonas den Besuch in Rom erwidert. Sein Besuch, der nach Annahme des Südtirol-Pakets von 1969 erfolgt war, sollte die neue Entspannung zwischen den beiden Nachbarn vor Augen führen. Der Staatsbesuch Scalfaros nach der Erfüllung des Südtirol-Pakets sollte die jetzt ungetrübte Nachbarschaft der ehemaligen „Erbfeinde" dokumentieren. Als ersten Schritt dazu unterzeichneten Scalfaro und Klestil in Wien ein Abkommen über die Aufnahme jährlicher Treffen auf Ebene der Regierungschefs und der Außenminister sowie ein Rahmenabkommen über die grenzüberschreitende Zusammenarbeit. Nachdem es wegen verschiedener Meinungsunterschiede nicht zur Unterzeichnung des Nachbarschaftsvertrages kam, da insbesondere einige Südtiroler Wünsche so kurzfristig nicht erfüllt werden konnten, wurden die weiteren Verhandlungen zunächst auf Eis gelegt. Italien war u. a. nicht bereit, die sog. „Schwarzen Listen" zu beseitigen (in denen jene Österreicher vermerkt sind, die in Italien strafrechtlich verfolgt bzw. verurteilt worden sind und nicht nach Italien einreisen dürfen und von denen dann vier Anfang 1998 begnadigt wurden) und die internationale Verankerung des Südtirol-Pakets in den Vertrag aufzunehmen. Wieder fehlte die großzügige Geste Italiens. Das alles spielte sich vor einem völlig veränderten Hintergrund ab. Italien steckte in der tiefsten Krise seit Kriegsende: Austritt aus dem Europäischen Währungssystem, Abwertung der Lira, Megaskandal-Enthüllungen und Mafia-Verstrickungen des politischen Apparats, regionalistische bis separatistische Trends in Oberitalien, z. B. die „Lega Nord". Gleichzeitig liefen in Brüssel die Verhandlungen über den Beitritt Österreichs zur Europäischen Union.

Am 6. April 1993 hielt in Rom die sogenannte 137er-Kommission ihre konstituierende Sitzung ab, drei Tage später verabschiedete der Ministerrat in Rom endgültig das Legislativdekret zur Errichtung einer eigenständigen Sektion des Oberlandesgerichts Trient in Bozen.

Ein halbes Jahr später ging es in altbekannter Manier weiter, was zumindest einige in der SVP nicht überraschte. Am 22. September 1993 sah sich die Führung der SVP veranlasst, den italienischen Ministerpräsidenten Carlo Azeglio Ciampi in einem 16-Punkte-Memorandum auf die Gefahr einer Aushöhlung der Autonomie sowie auf andere anstehende Probleme

22. März 1997: Luis Durnwalder, seit März 1989 als
Nachfolger von Silvius Magnago Landeshauptmann von
Südtirol, begrüßt den italienischen Staatspräsidenten
Oscar Luigi Scalfaro bei dessen Südtirolbesuch.

– Wahlreform, Proporz etc. – hinzuweisen. Zwei Tage
darauf beschloss dann die italienische Regierung, dass
„Südtirol im Ausschuß der Regionen Europas einen
effektiven Vertreter in der Person des Landeshauptmanns entsenden kann". So ging es weiter. Der italienische Verfassungsgerichtshof lehnte einen Rekurs des
Landes Südtirol gegen die im neuen Kammerwahlge-
setz geplante Vier-Prozent-Klausel ab, was in Südtirol
für besonderen Unwillen sorgte. Der Verfassungsgerichtshof hatte allerdings allen Beschwerdepunkten des

Landes stattgegeben; die Ablehnung erfolgte, weil für die Abänderung der gegenüber Sprachminderheiten feindlichen Wahlregelung laut Verfassungsgerichtshof das Parlament zuständig sei. Die SVP strengte daraufhin im März 1994 eine Klage vor der Menschenrechtskommission in Straßburg an, die abgewiesen wurde.

Die Landtagswahlen im November 1993 waren durch die Schmiergeldaffären innerhalb der DC überschattet. Viele ehemalige DC-Kandidaten waren inzwischen zur Alleanza Nazionale (den ehemaligen Neofaschisten, MSI) übergewechselt. Dadurch konnte eine alte „MSI-Festung" noch sturmsicherer werden. Die norditalienische Antikorruptionspartei Lega Nord, die zum ersten Mal bei den Landtagswahlen kandidierte, trat für Selbstbestimmung ein – der Lega-Ideologe Gianfranco Miglio proklamierte die neue Europaregion Südtirol mit Nordtirol und fakultativ mit den Trentinern.

Die SVP sah sich mit zwei neuen Parteien – den Freiheitlichen und Ladins zum bestehenden Heimatbund – einer stärkeren Opposition gegenüber. Die Landtagswahlen 1993 werden mit Sicherheit als einschneidende Zäsur in die Geschichte Südtirols eingehen: Die SVP wurde an den Rand der absoluten Mehrheit gedrängt, die Opposition wesentlich gestärkt. Für die SVP war es das schlechteste Ergebnis ihrer Geschichte überhaupt. Die größten Einbrüche waren beim Arbeitnehmerflügel erfolgt, der es gewagt hatte, eine aktive Opposition in der eigenen Partei zu betreiben. Die neue Partei, „Die Freiheitlichen", konnte auf Anhieb mit zwei Vertretern in den Landtag einziehen. Der Unmut in der Bevölkerung wuchs zunehmend, und man blickte mit unguten Gefühlen auf die bevorstehenden Parlamentswahlen, die am 27. März 1994 stattfinden würden. Diese Wahlen waren von fortlaufenden Korruptionsskandalen fast aller führenden italienischen Politiker überschattet; außerdem beunruhigte die Bevölkerung das neue Parteienszenario mit Parteien wie Forza Italia des Medienmoguls Silvio Berlusconi, Lega Nord von Umberto Bossi und Alleanza Nazionale von Gianfranco Fini, die bereits im Vorfeld der Wahlen eine Rechts-Regierung ankündigten.

Der Rechtsruck in Südtirol wurde dann bei den Parlamentswahlen erneut und noch stärker bestätigt. In Italien wurde die neofaschistische Alleanza Nazionale erstmals an der Macht beteiligt. Unter der deutschsprachigen Bevölkerung Südtirols breitete sich Unbehagen aus, und man stellte die Frage, ob die Autonomie in Gefahr sei. In Rom erklärten Pietro Mitolo, gewählter Südtiroler Abgeordneter von der Alleanza Nazionale, und Gianfranco Fini Benito Mussolini zum größten Staatsmann Europas und träumten die alte, neue oder nachfaschistische Ära herbei. Die deutschsprachige Bevölkerung Südtirols war in Aufruhr; die SVP gab sich nach den Wahlen kämpferisch. So erklärte ihr Obmann Siegfried Brugger: „Wir werden das Statut Beistrich für Beistrich verteidigen." Würden Mitolo und Fini tatsächlich mit der Demontage des Statuts beginnen, so blieben dem Land drei Protestinstanzen: die Verfassungsbeschwerde in Rom, der Hilferuf an Österreich und die Klage vor dem Internationalen Gerichtshof in Den Haag. Der Südtiroler Glaube an die Schutzmacht Österreich wurde im August 1994 bei einem Treffen des italienischen Präsidenten Oscar Luigi Scalfaro mit Bundespräsident Thomas Klestil in Tirol einmal mehr erschüttert. Die Freundlichkeit bzw. Überhöflichkeit, mit der Klestil Scalfaro entgegentrat, war für Hubert Frasnelli (SVP) Anlass für die Feststellung, dass „jeder Oberkellner sein Produkt mit mehr

Würde anbietet als Staatspräsident Thomas Klestil. Er hat sich regelrecht angebiedert."

Die Regierung Berlusconi mit ihrem Mitte-rechts-Bündnis bestand nur sieben Monate; aufgrund dieser kurzen Lebensdauer konnte sie keine für Südtirol gefährliche Politik betreiben. Allerdings dürfte dafür eben nur die Kürze der Amtszeit verantwortlich gewesen sein. Bei der Besetzung der für die Autonomiefragen zuständigen Sechser- und Zwölfer-Kommissionen wurden von der Regierung fast ausnahmslos Autonomiekritiker oder -gegner aus den Reihen der italienischen Rechten berufen. Fast wie ein Putsch gegen die Autonomie sahen die von der Regierung am 27. September 1994 einseitig vorgenommenen Kürzungen am Südtiroler Landesbudget aus. Landeshauptmann Luis Durnwalder sprach damals von einem in Südtirols Autonomiegeschichte noch nie dagewesenen schweren Eingriff in die Landesautonomie. Am 21. Dezember 1994 trat die Lega Nord aus dem Rechtsbündnis aus; damit verlor Berlusconi die Regierungsmehrheit und trat zurück. Nachfolger wurde der Finanzfachmann Lamberto Dini. Bei den Wahlen am 21. April 1996 siegte das Mitte-links-Bündnis unter Romano Prodi. Mit ihm kam die Entspannung. Seine Regierung arbeitete effizienter, unkomplizierter und war minderheiten- und autonomiefreundlich. 1996 wurden viele Fortschritte erzielt in den Bereichen Arbeitsämter und Schulverwaltung. Und es gab wieder Verhandlungen über weitere Durchführungsbestimmungen bezüglich der Post, der Bahn oder der Energiepolitik. Innerhalb kürzester Zeit konnte die Südtiroler Landesregierung Dinge unter Dach und Fach bringen, wovon man vorher nur geträumt hatte. Aber, so Landeshauptmann Durnwalder in einem Interview mit der „Tiroler Tageszeitung" am

7. Januar 1997, „vielleicht ist es nicht unbedingt populär, wenn man als Südtiroler die Regierung lobt".

Auf der SVP-Landesversammlung im November 1996 in Meran machte SVP-Obmann Siegfried Brugger deutlich, auf welchen Koordinaten sich die SVP bewegen würde: weiterer dynamischer Ausbau der Autonomie, Schaffung eines eigenen Bundeslandes Südtirol in einem europäisch-föderalistisch ausgerichteten Bundesstaat Italien und die Verwirklichung der Europaregion Tirol. Das Motto lautete: „Weniger Staat, mehr Südtirol". Ein Zeichen für die neue Qualität der Autonomiepolitik war die Genehmigung des neuen Südtiroler Banners durch Staatspräsident Scalfaro. Als einzige Provinz Italiens trägt Südtirols Fahne nunmehr keine Tricolore-Quaste. Die internen Konflikte, die zu Parteiaustritten oder Austrittsdrohungen und Anschuldigungen unter den Politikern geführt hatten, schienen vergessen zu sein. Man präsentierte sich der Bevölkerung einig wie noch nie mit dem neuen Motto für die Landtagswahlen 1998: „Alle für einen". Durch die Anwesenheit des österreichischen Vizekanzlers Wolfgang Schüssel wurde die enge Zusammenarbeit zwischen Österreich und Südtirol oder – besser – ÖVP und SVP einmal mehr bestätigt.

Wie sehen die aktuellen Probleme und Zukunftsperspektiven für Südtirol aus? Da ist zum einen die „Europaregion Tirol", der neue Begriff für alles und alle und von daher von Rom mit Misstrauen beobachtet. Immerhin wurde am 19. Oktober 1995 in Brüssel ein gemeinsames Verbindungsbüro des Bundeslandes Tirol und der autonomen Provinzen Bozen-Südtirol und Trient eröffnet. Da ist weiters die Toponomastik. Die stand seit drei Amtsperioden im Koalitionsprogramm. Mit dem Autonomiestatut von 1972 war das

Recht zugestanden worden, die deutschen Ortsnamen wieder einzuführen. Dabei wurde auch die Pflicht zur Zweinamigkeit verankert. Nach den Vorstellungen der SVP sollten die von Tolomei erfundenen und von den Faschisten eingeführten italienischen Bezeichnungen und zum Teil kaum gebrauchten italienischen Orts- und Flurnamen überarbeitet und die ursprünglichen Bezeichnungen wiederhergestellt werden. Vor den Landtagswahlen im Jahr 1993 wollte man das Problem mit Druck lösen; 5000 Änderungsvorschläge der Neofaschisten lähmten allerdings dieses Vorhaben, und die Gesetzesvorlage musste zurückgezogen werden. Die Italiener Südtirols betrachten die Ortsnamen als einen Teil ihrer Kultur und wehrten sich heftig gegen eine Änderung. Seit September 2012 gibt es endlich ein Landesgesetz, das diese Frage neu regelt. 18 Abgeordnete der SVP und zwei des Partito Democratico stimmten für den Gesetzentwurf der Regierungskoalition im Landtag. Die Opposition war mit zwölf Gegenstimmen beinahe geschlossen dagegen; zwei Landtagsabgeordnete enthielten sich bei der Abstimmung um Mitternacht der Stimme. Das Gesetz besteht aus sechs Artikeln, in denen es im Kern darum geht, alle vor Ort gebräuchlichen Ortsbenennungen beizubehalten. Eine paritätisch besetzte Kommission, in der je zwei Vertreter jeder Sprachgruppe sitzen, definiert die Gebräuchlichkeit der Benennung.

Dann gibt es nach wie vor das Problem der Immersion, d. h. Schulunterricht in deutscher Sprache an italienischen Schulen. Von vielen in der SVP wird dies als Anfang vom Ende der kulturellen Identität gesehen. Dabei schicken inzwischen viele Italiener Südtirols ihre Kinder in deutschsprachige Kindergärten.

Und nach wie vor und immer wieder geht es um die faschistischen Relikte, den reitenden Mussolini am Finanzamt, vor dem Gericht, und vor allem das Siegesdenkmal in Bozen. Dieses Symbol der faschistischen Ära ist gleichzeitig ein Symbol des ethnischen Konflikts. Würde es weggesprengt und der Siegesplatz zum öffentlichen Parkplatz umgestaltet, würde das die Rechten erfreuen (und einige andere auch, da Parkplätze in Bozen Mangelware sind), aber wie sollte man den Nachgeborenen dann wohl die Faschistenzeit erklären?

Das ist etwa so wie mit dem Abriss der Mauer in Berlin. Zwei Reihen Kopfsteinpflaster weisen dort heute darauf hin, wo einst die Mauer stand. Mehr nicht. Und die zu DDR-Zeiten berüchtigte Friedrichstraße sieht heute aus wie die Fifth Avenue in New York. Und die Ewiggestrigen dort erzählen dann den Jüngeren, dass die DDR gar nicht so schlecht gewesen sei. Ein Trauerspiel.

Eine der wichtigsten Entscheidungen für die Zukunft Südtirols fiel am 10. März 1997, als nach der Südtiroler Landesregierung auch der Landesausschuss der SVP für die Errichtung einer nichtstaatlichen Universität in Südtirol mittels Staatsgesetz stimmte. Der Plan für die Errichtung einer eigenen Universität war innerhalb der SVP lange Zeit umstritten. Einige sprachen sogar von einer „geistigen Industriezone". Inzwischen macht diese Freie Universität Bozen, Brixen und Bruneck gute Fortschritte.

Über allem schwebte und arbeitete Landeshauptmann Luis Durnwalder. Durnwalder wurde am 23. September 1941 in Pfalzen als fünftes von elf Kindern einer Bergbauernfamilie geboren. Er studierte in Innsbruck, Wien und Florenz. Damals begann seine politische Tätigkeit: Er wurde Vorsitzender der Südtiroler Hochschülerschaft, 1969 Bürgermeister von Pfalzen, 1973 Landtagsabgeordneter und 1978 Mitglied der Landesregierung, schließlich 1989 als Nachfolger von Silvius Magnago Landeshauptmann. Aus jener Zeit gibt es eine schöne Anekdote: Erstmals in seiner neuen Funktion als Landeshauptmann besuchte Durnwalder damals die Universität Innsbruck; er hatte die Einladung des Instituts für Zeitgeschichte zur Buchpräsentation „Die Option" angenommen – auch als Zeichen für sein damals schon vorhandenes Interesse an der Zeitgeschichte, insbesondere der Geschichte Südtirols. Unvergessen bleibt die Begrüßung durch den damaligen Rektor der Universität, Univ.-Prof. Rainer Sprung. Der stellte den neuen Landeshauptmann zur allgemeinen Erheiterung der Anwesenden – und des Landeshauptmannes – nämlich als Dr. Luis Trenkwalder vor. Der Landeshauptmann war halt noch nicht so bekannt. Das sollte sich in den folgenden Jahren sehr schnell ändern. Durnwalder entwickelte seinen eigenen Regierungsstil, und den sehr erfolgreich, auch wenn einige meinten, der Pustertaler Bergbauernsohn führe die Provinz wie einen großen Hof. Morgens ab 4.00 Uhr standen Südtiroler vor dem Bozner Regierungssitz, um als Erste zum Landeshauptmann vorgelassen zu werden, der bis 8.00 Uhr seine ganz persönliche Bürgersprechstunde abhielt. Das hatte schon etwas!

Unter seiner Herrschaft blühte Südtirol auch wirtschaftlich auf; die Provinz ist zudem schuldenfrei – ein außergewöhnliches Phänomen in Italien. Ohne Durnwalder ging in all den Jahren in Südtirol gar nichts, mit ihm – fast – alles. Er drückte der Provinz seinen Stempel auf. Er galt gleichzeitig als der Garant für Stabilität. Er war ein Landeshauptmann zum „Anfassen". Die

Südtiroler honorierten das: Bei den Landtagswahlen 1998 und 2003 stimmten jeweils mehr als 100.000, 2008 rd. 98.000 für ihn, d. h., jeder vierte Südtiroler hatte ihm seine Stimme gegeben (auch viele Italiener). Dies war ein einmaliger Vertrauensbeweis für den populärsten Landeshauptmann aller Zeiten. Am 16. August 2012 erklärte er dennoch, bei den Wahlen im Jahre 2013 nicht mehr als Kandidat für das Amt des Landeshauptmanns zur Verfügung zu stehen. So manch einer bezweifelte das in der Folgezeit, aber so war es. Bei der Landtagswahl 2013 trat der „Luis" nicht mehr an. Nach fast 25 Jahren ging mit der letzten Sitzung der Regierung am 8. Jänner 2014 die Ära Durnwalder in Südtirol zu Ende.

9.
Die Landtagswahl am 27. Oktober 2013

Die SVP war jahrzehntelang in einer beneidenswerten Position. Im Kampf gegen Italien für die Autonomie kam sie als Sammelpartei der deutschsprachigen Südtiroler bei den Landtagswahlen auf erstaunliche Werte; von 1948 bis 2003 jeweils über 60 Prozent bzw. über 50 Prozent. Es war eine bequeme absolute Mehrheit. Im Jahre 2008 gab es einen ersten Schock: „nur" 48,1 Prozent, d. h., mit 18 von 35 Sitzen im Landtag konnte die SVP nur ganz knapp die absolute Mehrheit behaupten. Viele sagten damals bereits den Niedergang der Partei voraus, befördert durch einen ersten großen Skandal von Partei und Landesregierung um die Landesenergiegesellschaft SEL, der gesetzwidrig Konzessionen für Wasserkraftwerke zum Nachteil der städtischen Etschwerke bzw. von Vinschgauer Gemeinden zugeschanzt werden sollten. Landesräte mussten zurücktreten, wurden angeklagt und zu Haftstrafen verurteilt. Auch sonst gab es plötzlich Probleme, etwa steigende Arbeitslosigkeit unter Jugendlichen.

14 Parteien traten im Oktober 2013 zur Wahl an. Spitzenkandidat der SVP – und damit potenzieller Nachfolger von Durnwalder als Landeshauptmann – war nach internen Querelen der 42-jährige Arno Kompatscher, Bürgermeister von Völs am Schlern, geworden. Das Wahlprogramm der SVP lautete: Vollautonomie – außer Außen-und Verteidigungspolitik sämtliche Kompetenzen für Südtirol. Der SVP standen rechts von ihr gleich drei deutsche Parteien gegenüber: die Freiheitlichen, die Süd-Tiroler Freiheit und die Union für Südtirol. Sie vereint der Wunsch, „los von Rom" zu kommen, als Freistaat oder mittels Rückkehr nach Österreich; in jedem Fall sei Südtirol „zu schade für Italien", wie die Süd-Tiroler Freiheit meint. In der Endphase des Wahlkampfes drehte sich alles um die Frage, ob die SVP die absolute Mehrheit an Mandaten halten würde. Sie schaffte es nicht und erhielt „nur" noch 45,7 Prozent der Stimmen. Mit 81.107 Stimmen erhielt Kompatscher dabei einen großen Vertrauensvorsprung. „SVP Flop – Kompatscher top" titelten die „Dolomiten". Deren Chefredakteur, Dr. Toni Ebner, analysierte das Wahlergebnis folgendermaßen:

„Ein Teil der Stimmenverluste wird sicher auf die jüngsten Affären gehen, ein anderer Teil auf die Unzufriedenheit mit dem überbordenden Bürokratismus, der Großmannssucht bei vielen Projekten usw. Besonders muss den Parteistrategen aber der Ader-

*lass in Richtung Freiheitliche und Süd-Tiroler Frei-
heit zu denken geben. In der SVP gibt es das volkstumspolitische Lager praktisch nicht mehr; auf der
Mitte-Rechts-Seite herrscht gähnende Leere, einer
der Hauptgründe für den Stimmenverlust. Dieses
Lager ist außerhalb der SVP mittlerweile auf fast
30 Prozent der Wählerstimmen angewachsen. Wenn
die SVP diesen Teil der Bevölkerung auch weiterhin
links überholt, kann sie nicht mehr zur Mehrheits-
partei werden."*

Bei all dem war interessant, dass die Wahlbeteiligung
unter den Italienern deutlich gesunken war und deren
Mitte-rechts-Parteien ein Denkzettel erteilt worden
war. Das Südtiroler Wochenmagazin „ff" ging dabei so
weit, von den Italienern in Südtirol als „Volk ohne Hoffnung" zu sprechen, das in Südtirol „noch nie richtig
Fuß gefasst" hätte. Der Verlust der absoluten Mehrheit der SVP wurde von vielen Beobachtern als historische Zäsur gesehen, was sie wohl auch war, wenn
man auf die vergangenen Wahlergebnisse blickt. Die
Regierungsbildung wurde dadurch aber nicht schwieriger. Schon bislang hatte die SVP aufgrund des ethnischen Proporzes mit einer italienischen Partei regiert.
So auch diesmal. Die SVP ging wieder mit der Linkspartei Partito Democratico eine Koalition ein. Einziger
Unterschied: Angesichts der Sitzverteilung im Landtag
konnte das Regierungsprogramm nicht mehr diktiert,
sondern musste verhandelt werden. Der Südtiroler
Politologe Günther Pallaver, Professor an der Universität Innsbruck, interpretierte das Programm am
2. Jänner 2014 in der „Tiroler Tageszeitung" folgendermaßen:

Arno Kompatscher: Seit dem 9. Jänner 2014 als Nachfolger
von Luis Durnwalder Landeshauptmann von Südtirol.

„Mit Arno Kompatscher als designiertem Landeshauptmann ist nun die dritte Generation nach 1945 an
den Schalthebeln der Macht. Nach der Wehrmachts-
generation unter Silvius Magnago, die für Minderheitenschutz und Autonomie gekämpft hat, nach der
Generation der Modernisierer unter Luis Durnwalder,
die einen ökonomischen Boom eingeleitet hat, scheint
nun die Generation der Nachhaltigkeit im Sinne des
bewahrenden Ausgleichs zwischen ökologischen, ökonomischen und sozialen Zielen an der Reihe zu sein.

Kompatschers Ankündigungen weisen in diese Richtung. Er hat die Wirtschaftslobby in der künftigen Regierung eingebremst, spricht von ökologischer und sozialer Sensibilität, räumt der politischen Partizipation einen neuen Stellenwert ein und sieht in der italienischen Sprachgruppe eine kulturelle Bereicherung. Die Wirklichkeit wird ihn wohl etwas einbremsen. Aber schon ein kleiner Schritt in Richtung ‚langsamer, tiefer, sanfter' würde Südtirol guttun."

Am 9. Jänner 2014 wurde Arno Kompatscher vom Südtiroler Landtag mit 20 von 34 Stimmen zum neuen Landeshauptmann von Südtirol gewählt.

10.
Themen der Politik 2013–2018

Vier große Themen standen in den folgenden Jahren im Mittelpunkt des politischen Geschehens in Südtirol: Finanzen, Verfassungsreform, Flughafen und besonders im Vorfeld der Landtagswahl 2018 die doppelte Staatsbürgerschaft. Hinzu kamen die Themen Flüchtlinge und Transitverkehr. 2016 wurde an das Gruber-De Gasperi-Abkommen erinnert.

Finanzen
Die Finanzen waren und sind immer ein zentrales Thema der Autonomie. Im Rahmen der von Landeshauptmann Arno Kompatscher initiierten so genannten Europatagung auf Schloss Prösels kamen am 5. Juli 2014 erstmals die Regierungschefs von Italien und Österreich auf Südtiroler Boden zusammen: Matteo Renzi

und Werner Faymann sowie die drei Landeshauptleute Arno Kompatscher, Günther Platter (Bundesland Tirol) und Ugo Rossi (Trentino). Dabei ging es zwar primär um die grenzüberschreitende Zusammenarbeit und die Zukunft der Regionen in Europa, aber Kompatscher und Renzi legten hier bereits die Grundlage für die neue Finanzregelung zwischen Südtirol und Rom, dem so genannten Sicherungspakt.

Dieser später dann ausgehandelte Pakt sieht vor, dass sich Südtirol mit einem Fixbetrag an der jährlich von Italien zu tragenden Zinslast beteiligt, und zwar mit 0,6 Prozent oder umgerechnet 476 Millionen Euro. Diese Beteiligung schließt aus, dass der Staat willkürlich weitere Gelder einbehält, wie er das in den vorangegangenen Jahren getan hatte. Der Sicherungspakt erhielt völkerrechtliche Relevanz: Ministerpräsident Renzi unterzeichnete die zwischen Rom, Bozen und Trient ausgehandelte Verbalnote an Bundeskanzler Faymann, in der explizit auf die Streitbeilegung von 1992 verwiesen wurde.

Verfassungsreform

Der Senat in Rom verabschiedete in dritter Lesung und damit endgültig die Verfassungsreform, die dann an die Abgeordnetenkammer weitergeleitet wurde. Die Reform beinhaltete wesentliche Neuerungen im italienischen Grundgesetz.

Trotz der zentralistischen Grundausrichtung stimmten Südtirols Senatoren für die Reform, weil es nach langen Verhandlungen gelungen war, eine Schutzklausel für Südtirol einzubauen. Neben Südtirol wurde damit allen autonomen Regionen und Provinzen eine Sonderrolle zugestanden.

Das Nein zum Flughafen

Am 12. Juni 2016 sprachen sich 70,6 Prozent der Südtiroler Bevölkerung gegen einen Vorschlag ihrer Regierung aus. Es war eine bittere Niederlage für Landeshauptmann Arno Kompatscher und seine Kollegen, die sich die Unterstützung der Südtiroler zu weiteren staatlichen Hilfen für den Flughafen Bozen sichern wollten. Rund 47 Prozent der Südtiroler beteiligten sich an der Abstimmung.

Die Regierung hatte den rund 400.000 Stimmbürgern ein Paket vorgelegt, das unter anderem einen Ausbau der Piste um 168 Meter auf 1462 Meter vorsah. Mit der Maßnahme hätte das Anflugverfahren am den „Aeroporto di Bolzano" vereinfacht werden können. Davon versprachen sich die Politiker und der Flughafen die Ankunft neuer Fluggesellschaften und einen deutlichen Aufschwung. Die Kosten für das Land – bislang jährlich 3 Millionen Euro – sollten dank des Zuwachses auf jährlich höchstens 1,5 Millionen Euro sinken. Der Flughafen Bozen war für das Land Südtirol ein Millionengrab. Seit 1999 investierte man 120 Millionen Euro – ohne nachhaltige Resultate zu erreichen. Die Bevölkerung hatte offensichtlich genug von den Subventionen für den Flughafen.

Der Flughafen Bozen ging 2019 in private Hände. Ein Konsortium rund um den Immobilieninvestor Rene Benko, den Industriellen Hans Peter Haselsteiner sowie den Bozner Unternehmer Josef Gostner sicherte sich den Zuschlag für die Flughafengesellschaft, die dem Land Südtirol gehört.

70 Jahre Gruber-De Gasperi-Abkommen

Am 5. September 2016 jährte sich zum 70. Mal die Unterzeichnung jenes Abkommens, das Österreichs Außenminister Karl Gruber und Italiens Ministerpräsident Alcide De Gasperi am 5. September 1946 in Paris unterzeichnet hatten und das die völkerrechtliche Absicherung der Südtirol Autonomie bedeutet. Aus diesem Anlass lud das Land zu einer Festveranstaltung auf Schloss Sigmundskron ein. Auf der begleitenden wissenschaftlichen Tagung wurde noch einmal die Bedeutung dieses Abkommens als die Magna Charta Südtirols betont. Die Außenminister Österreichs und Italiens, Sebastian Kurz und Paolo Gentiloni, legten bei dieser Gelegenheit in ihren Ansprachen ein klares Bekenntnis zur Autonomie und zu deren internationaler Verankerung ab.

Der Präsident der Europäischen Kommission, Jean-Claude Juncker, stattete Südtirol anlässlich einer weiteren Tagung zum Gruber-De Gasperi-Abkommen wenig später erstmals einen offiziellen Besuch ab. Er beschloss die Tagung mit einem Plädoyer für Europa. In Südtirol, so Juncker, herrsche Maß und Hausverstand. In dieser Grenzregion sei das Zusammenleben über die Grenzen hinweg zum Modell geworden, man könne den europäischen Geist spüren, der die Versöhnung einschließe.

Flüchtlinge

Die Außenminister Kurz und Gentiloni hatten in Sigmundskron auch das Thema Flüchtlinge angesprochen und eine intensive Zusammenarbeit zwischen beiden Ländern vereinbart. Dies zu einem Zeitpunkt, als in Österreich ernsthafte Überlegungen angestellt wurden, die Brennergrenze zu schließen. Entsprechende Vorbereitungen für mehrere Millionen Euro waren bereits abgeschlossen. Die Zusammenarbeit zwischen Österreich und Italien in der Flüchtlingsfrage war dann aber so erfolgreich, dass Österreich die Schließung der Grenze nicht mehr für notwendig hielt. Das betonten die Innenminister Österreichs und Italiens, Wolfgang Sobotka und Angelino Alfano, die sich auf Vermittlung von Landeshauptmann Arno Kompatscher am Brenner zu einem Krisengipfel getroffen hatten.

Doppelte Staatsbürgerschaft

Die deutschsprachigen rechten Parteien in Südtirol, allen voran die Südtiroler Freiheit, sorgten mit einem von ihnen initiierten Thema für erhebliche Aufregung: der doppelten Staatsbürgerschaft für die deutsch- und ladinischensprachigen Südtiroler. Dieser „nationalen" Herzensangelegenheit konnten sich schon bald auch die SVP und die anderen Parteien nicht entziehen. 2017 schickte man einen entsprechenden Wunschbrief nach Wien. Eine neue Dynamik entwickelte das Thema, als es offiziell in das Koalitionsabkommen der ÖVP/FPÖ aufgenommen wurde. Im Vorfeld der Landtagswahl in Südtirol im Oktober 2018 wollte die Wiener Regierungskoalition Medienberichten zufolge nach der Sommerpause einen entsprechenden Gesetzentwurf vorlegen; die Regierung wolle das mit Rom absprechen. Von dem Moment an nahm die Debatte Fahrt auf, Meiningen prallten hart aufeinander.

„Die doppelte Staatsbürgerschaft ist ein weiterer Sicherheitsanker für die Autonomie", sagte der Vorsitzende der Süd-Tiroler Freiheit, Sven Knoll, dem SPIEGEL. Andere sahen das ganz anders. Brigitte Foppa, Spitzenkandidatin der Grünen Südtirols, sah darin den Versuch einer politischen Spaltung und des Aufbauschens der Identitätsfrage. Denn es drohe nicht nur ein Konflikt mit Italien. Auch innerhalb Südtirols sah sie das friedliche Zusammenleben der Sprachgruppen gefährdet.

Denn das Angebot der Österreicher ziele lediglich auf zwei Drittel der Bevölkerung – die italienischsprachigen Südtiroler hätten nach jetzigem Stand keine Aussicht auf einen österreichischen Pass.

Auch Bergsteigerlegende Reinhold Messner, der selbst fünf Jahre für die Grünen im Europaparlament saß, warnte vor einer Spaltung. „Was ich befürchtet habe, ist eingetroffen. [Österreichs Bundeskanzler] Kurz und [Vizekanzler] Strache schaffen es, Südtirol in Spannung zu bringen." Er sei auf seinen italienischen Pass stolz: „Ich bin Südtiroler mit italienischem Pass und ich bin darauf stolz." Seiner Ansicht nach werde es niemals zu einem Doppelpass für Südtiroler kommen. Das sei lediglich politische Propaganda.

Besonders kritische Töne kamen aus Rom. Sowohl in der Regierung als auch in der Opposition sprach man von „gefährlichen und besorgniserregenden Tönen aus Wien". Der italienische Außenminister äußerte sich allerdings betont zurückhaltend. Man habe „gegenseitig die Standpunkte dargelegt", Italiens Position sei „die historische Position, wie sie immer war", nämlich dass man das Gruber-De Gasperi-Abkommen voll anerkenne.

Die Präsidentin der italienischen Abgeordnetenkammer, Laura Boldrini, äußerte sich schärfer. Sie kritisierte die Entscheidung der schwarz-blauen Regierung, das Vorhaben bezeichnete sie als „anachronistische Provokation" in einer Zeit, in der es zu einer „europäischen Staatsbürgerschaft" kommen sollte. „Die Erfahrung des Zusammenlebens von Sprachgruppen in Südtirol ist überall bekannt, weil sie funktioniert. Heute ist die Zeit für die europäische Staatsbürgerschaft reif", sagte Boldrini bei einer Wahlveranstaltung ihrer Linkspartei „Frei und gleich" (Liberi e uguali) in Trient.

Auch die Südtiroler Parlamentarierin, Michaela Biancofiore, kritisiert das Projekt: „Es ist offenkundig, dass Österreich Südtirol zurückhaben will und missachtet dabei die internationalen Abkommen. Ich hoffe, dass dies nicht mit der Rückdeckung der italienischen Linksregierung erfolgt", klagte Biancofiore in einer Pressemeldung. Biancofiore äußerte die Hoffnung, dass Außenminister Angelino Alfano das österreichische Vorhaben des Doppelpasses zurückweisen werde. „Die Gefahr ist, dass das Zusammenleben der Sprachgruppen in Südtirol, das mit Mühe erreicht worden ist, aufs Spiel gesetzt wird und die Südtiroler Gesellschaft zutiefst spaltet", so Biancofiore.

Offiziell sprach die SVP bei der Doppelstaatsbürgerschaft zwar von einer Herzensangelegenheit, intern war sie aber in dieser Frage eher gespalten. Vor allem Landeshauptmann Kompatscher hatte keine übermäßige Freude über eine volkstumspolitische Doppelpass-Kontroverse im Vorfeld der Landtagswahl.

„Der Doppelpass soll keineswegs einer nationalistischen Idee folgen, sondern dem europäischen Geist", meinte er. Trotzdem sah er die Instrumentalisierung des Themas im Wahlkampf mit Skepsis. Südtiroler seien überzeugte Europäer, die zusätzliche Staatsbürgerschaft solle etwas Verbindendes, nichts Trennendes haben.

Sein Nordtiroler Kollege Günther Platter bremste ebenfalls. „Die Position des Landes Tirol zu einer möglichen Doppelstaatsbürgerschaft für Südtirolerinnen und Südtiroler ist klar: Wir stehen auf der Seite von Landeshauptmann Arno Kompatscher und der Südtiroler Landesregierung — und daran wird sich auch nichts ändern." Es sei deshalb von zentraler Bedeutung, dass die Interessen der Südtiroler Landesregierung berücksichtigt würden. Platter: „Und weil dem so ist, führt an einer intensiven Abstimmung zwischen Wien, Rom, Bozen und Innsbruck kein Weg vorbei."

Der ungewöhnliche Vorstoß von Bundeskanzler Sebastian Kurz (ÖVP) war wohl nicht mit der italienischen Regierung abgesprochen. „Sie können nicht ohne unsere Zustimmung Pässe ausgeben", sagte der rechtspopulistische Innenminister Matteo Salvini am Wochenende. „Eine doppelte Staatsbürgerschaft wird es nicht geben."

Ein gewichtiges Wort kam vom Bischof von Brixen und Bozen, Ivo Muser, der vor einer Spaltung der Südtiroler Gesellschaft warnte. Südtirol habe schon jetzt eine kulturelle Brückenfunktion mitten in Europa.

„Diese Diskussion wird mit einer bestimmten Insistenz und einer bestimmten Ideologie sowie Polemik geführt. Mein Anliegen ist es, dass diese Diskussion nicht unser Land spaltet. Wir haben unsere Wunden. Es sind die Wunden, die geschlagen wurden vor allem durch den Faschismus und den Nationalsozialismus und dann der unseligen Zeit der Option. Wir haben in den vergangenen Jahrzehnten auch gute gemeinsame Wege zurückgelegt. Das alles soll auf keinen Fall in Frage gestellt werden. Wir haben unsere Autonomie, von der ich überzeugt bin, dass viele ihren Beitrag dazu geleistet haben. Diese Autonomie betrifft alle Sprachgruppen und kommt ihnen zugute. Unser Land zeichnet sich eben aus durch seine Geschichte, seine Kultur und Mehrsprachigkeit. Gefährlich wird es, wenn man die eigene Identität betonen will in der Abwertung der Identität der anderen."

Südtirol sei somit ein Land, das verbinde und nicht Menschen ausschließe, die Südtiroler hätten sich bisher immer als Brückenbauer empfunden.

Im Wahlkampf waren mehrere FPÖ-Politiker – darunter Vizekanzler Heinz-Christian Strache und Verkehrsminister Norbert Hofer – in Südtirol, um für die Schwesterpartei die Werbetrommel zu rühren und für den Doppelpass zu werben, wobei auch die Süd-Tiroler Freiheit mit ihnen sympathisierte. Vertreter beider Parteien dementieren dabei, dass der Doppelpass für sie ein Weg zur Abspaltung sei, auch wenn das natürlich eine Herzensangelegenheit darstelle.

Man konnte gespannt sein, ob und wie sich diese Debatte bei der Landtagswahl niederschlagen würde.

11.
Die Landtagswahl am 21. Oktober 2018

Die Landtagswahl in Südtirol 2018 fand am 21. Oktober 2018 statt. Neu gewählt wurden die 35 Mitglieder des Südtiroler Landtags. Die Wahlbeteiligung lag bei 73,9 %. Am selben Tag fand auch die Wahl zum Trentiner Landtag statt. Südtiroler und Trentiner Landtag bildeten anschließend gemeinsam den 70 Mandate umfassenden Regionalrat Trentino-Südtirol.

Im Juni 2018 wurde Landeshauptmann Arno Kompatscher mit 95,8 Prozent der anwesenden Mitglieder des Parteiausschusses, der Ortsobleute und BürgermeisterInnen zum Spitzenkandidaten der SVP gewählt. In seiner Grundsatzrede plädierte er dafür, gemeinsam auf dem Südtiroler Weg des Erfolges zu bleiben. Unter dem Dachbegriff „lebenswertes Südtirol" ging er auf die drei Kernpunkte Autonomie, Volkstumspolitik und Chancengerechtigkeit ein: „Wir sind heute ein erfolgreiches Land und sollten diesen Weg weiter beschreiten und selbstverständlich weiterentwickeln. Wir sollten mit Überzeugung für diese Autonomie eintreten und wir sollten darauf stolz sein." Der Landeshauptmann warnte vor irgendwelchen Experimenten und davor, von dieser Erfolgsspur abzuweichen: „Es geht um ein lebenswertes Südtirol, damit es unserem Land gut geht, damit es denn Menschen gut geht."

SVP-Obmann Philipp Achammer betonte: „Verpflichtet sind wir alle nur einer Sache: der gemeinsamen Idee, den gemeinsamen Werten, den gemeinsamen Idealen der Südtiroler Volkspartei. Wir müssen den Menschen eine Antwort geben, wofür wir alle gemeinsam stehen und ihnen sagen, warum sie uns weiter Vertrauen schenken sollen."

Bei der Versammlung wurden zunächst jene zehn KandidatInnen vorgestellt, welche vom Parteiobmann und Landeshauptmann vorgeschlagen wurden. Diese zehn wurden dann gemeinsam mit den restlichen bereits Nominierten als 35er Team für die Landtagswahl am 21. Oktober einstimmig gewählt.

Abschließend stimmten die Anwesend auch über die Leitlinien für die programmatische Ausrichtung der SVP ab, die mit dem Leitsatz „Stark. Stabil. Südtirol" in den Wahlkampf ging. „Die Südtiroler Volkspartei ist nach wie vor das beste Angebot für dieses Land, für unsere wunderbare Heimat", betonte Parteiobmann Philipp Achammer.

Bundeskanzler Sebastian Kurz (ÖVP) war zur Unterstützung der SVP im Wahlkampf aufgetreten.Das half der Partei nicht. Sie erreichte nur noch 41,9 Prozent der Stimmen, was ein Minus von 3,8 Prozent gegenüber 2013 bedeutete. Dennoch sprach Landeshauptmann Arno Kompatscher, der im Vorfeld die 40-Prozent-Marke als Wahlziel ausgegeben hatte, am Tag nach der Wahl von einem „guten Ergebnis". Die Stimmenverluste würden aber zweifelsohne „schmerzen". „Es herrscht Genugtuung, nicht Zufriedenheit", betonte er und begründete dies damit, dass die Südtiroler Volkspartei ihre „Ausnahmestellung" als Partei der Mitte europaweit verteidigt habe. „Südtirol hat die Mitte gehalten", beurteilte er das Wahlergebnis, in dem sich seiner Ansicht nach keine Radikalisierung widerspiegle. Einen Rechtsruck sah er nur auf seiten der italienischen Sprachgruppe, nicht auf seiten der deutschen. Hatte es 2013 mit 45,7 Prozent der Stimmen noch für 17 Mandate gereicht, konnte die SVP im künftigen Landtag nur noch 15 der 35 Sitze beschicken.

Noch schlimmer traf es die Südtiroler Freiheitlichen.Die Wahlhilfe durch Auftritte von Strache und Hofer half nicht. Die Freiheitlichen stürzten von 17,9 auf 6,2 Prozent ab und verloren damit beinahe zwei Drittel ihrer Wähler. Parteiobmann Andreas Leiter Reber sprach von einem „schwarzen Tag". Parteikollegin, Landtagsabgeordnete und Spitzenkandidatin Ulli Maier bezeichnete das Ergebnis als „Desaster".

Auch die Süd-Tiroler Freiheit musste eines ihrer bisher drei Mandate einbüßen. Nach 7,2 Prozent im Jahr 2013 erreichte die Bewegung diesmal 6,0 Prozent.

Die rechten deutschsprachigen Parteien verloren gegenüber 2013 mehr als die Hälfte der Stimmen, daher werde, so der Südtiroler Politologe Günther Pallaver, „das Thema Doppelpass jetzt versanden."

Der Doppelpass war zwar von den rechten Parteien zum Thema gemacht worden, war aber bei der

Wahl nicht entscheidend gewesen. Sogar die Süd-Tiroler Freiheit als vehementeste Verfechterin führte ihn nicht an prominenter Stelle. War das Wahlergebnis demnach eine klare Absage der Südtiroler an das österreichische Vorhaben, Doppelstaatsbürgerschaften an die Südtiroler zu vergeben? „Das kann man durchaus so interpretieren", sagte Pallaver.

Es gab Gründe für den Absturz der rechten Opposition zur Südtiroler Volkspartei. Pallaver sprach von Fehlern der Parteien sowie in der neuen Konkurrenz. Die Freiheitlichen seien intern zerstritten und in den vergangenen Jahren weiter deutlich nach rechts gerückt. Viele liberale Wähler hätten daher die neue Liste des früheren Fünf-Sterne-Politikers Paul Köllensperger gewählt. Auch auf der rechten Seite hätten die Freiheitlichen mit der ausländerfeindlichen Lega Konkurrenz bekommen. Die rechtspopulistische italienische Regierungspartei habe vom gesamtstaatlichen Trend profitiert und durchaus auch einige Stimmen von deutschsprachigen Wählern bekommen. Damit habe „die Lega auch im Teich der Freiheitlichen gefischt", so Pallaver.

Für die größte Überraschung hatte der Bozner Unternehmer Paul Köllensperger gesorgt, der mit seiner gleichnamigen Liste 15,2 Prozent der Stimmen auf sich vereinen und damit den zweiten Platz erreichte. Die erst wenige Monaten zuvor gegründete Bewegung des früheren Fünf-Sterne-Landtagsabgeordneten würde mit sechs Mandataren im 35-köpfigen Landtag vertreten sein.

Auf dem dritten Platz landete die in Rom regierende Lega von Innenminister Matteo Salvini. Sie erreichte 11,1 Prozent der Stimmen und eroberte damit vier Landtagsmandate. „Unglaubliche Zahlen aus Südtirol", freute sich Salvini am Tag nach der Wahl. Bei der zeitgleich in der angrenzenden Provinz Trentino stattfindenden Landtagswahl gewann seine ausländerfeindliche Lega sogar die Mehrheit im Landtag und stellte dort den neuen Landeshauptmann.

Die Grünen verloren 1,9 Prozentpunkte, konnten aber mit 6,8 Prozent der Stimmen ihre drei Mandate im Landtag halten. Den Einzug geschafft hatten mit jeweils einem Mandat auch die Fünf-Sterne-Bewegung (2,4 Prozent) und die Gruppierung L'Alto Adige nel cuore Fratelli D'Italia uniti (1,7 Prozent).

Auch die sozialdemokratische Partito Democratico, bisheriger Koalitionspartner der SVP im Land, musste ein kräftiges Minus hinnehmen: Waren es 2013 noch 6,7 Prozent und zwei Mandate, so kam die Partei jetzt nur noch auf 3,8 Prozent der Stimmen und ein Mandat. Eine Regierungszusammenarbeit mit der SVP war somit nicht mehr möglich, da die beiden Parteien über keine Mehrheit im Landtag mehr verfügten.

Daraus folgten für die SVP schwierige Koalitionsverhandlungen, weil laut Autonomiestatut immer eine italienische Partei an der Regierung beteiligt sein muss. Am Ende einigte man sich nach anfänglichem Zögern mit der Lega. Am 17. Januar 2019 wurde Arno Kompatscher (SVP) erneut zum Landeshauptmann gewählt. 19 Abgeordnete stimmten für ihn, 16 gegen ihn. Vor seiner Wahl verwies er explizit auf den im Koalitionsabkommen enthaltenen Wertekatalog, in dem sich beide Parteien zu Europa und den sozialen Frieden bekannten und sich gegen Ausgrenzung aussprachen. „Ich will Garant dieser Werte sein, ihnen treu bleiben und dafür sorgen, dass sie durchgesetzt werden", sagte der Landeshauptmann. Das Erbe von Magnago und Durnwalder zu übernehmen sei eine große Verantwortung. Es gehe darum, gemeinsam für die Bevölkerung zu arbeiten – über die Parteigrenzen hinweg.

Während einige Oppositionspolitiker die Koalition mit der Lega im Landtag kritisierten, verteidigte SVP-Obmann Achammer die Zusammenarbeit. Er betonte, dass „die Punkte hochgehalten werden, die Südtirol groß gemacht haben." Und er forderte die Anwesenden auf: „Messt uns an den Taten."

Ausblick

Südtirol vom Ersten Weltkrieg bis heute – das sind mehr als 90 Jahre Südtirol unter fremder Herrschaft, unter einer Herrschaft, die nur in den letzten Jahren bereit war, eine Minderheitenpolitik zu betreiben, die diesem Wort auch einigermaßen gerecht wird. Niemand weiß, wie es gekommen wäre, hätte es den Faschismus nicht gegeben. Aber es gab ihn und mit ihm eine gnadenlose Entnationalisierungspolitik, die die Südtiroler im Kern treffen sollte, aber ihr Ziel nicht wirklich erreichte. Erst die seit 1935 einsetzende Majorisierungspolitik, d. h. die massive Zuwanderung von Italienern, hätte Südtirol langfristig wohl grundlegend verändert.

Der schwerste Schlag gegen Südtirol wurde aber nicht von den Faschisten geführt, sondern von den Nationalsozialisten, d. h. Hitler und Konsorten. Dass rund 86 Prozent der Südtiroler für die Aussiedlung stimmten, ist ein Beweis dafür, wie wirkungsvoll die NS-Propaganda tatsächlich war. Dass sich in dieser Auseinandersetzung die Südtiroler in einer Weise entsolidarisierten, sich gegenseitig zu „Verrätern" und „Landesverrätern" erklärten und die „Optanten" schließlich die „Dableiber" wie Aussätzige behandelten, ist dabei eines der übelsten und traurigsten Kapitel in der Geschichte Südtirols, für das die Südtiroler selbst verantwortlich sind.

Nach 1945 wiederholte sich fast genau das Gleiche wie nach 1918/19. Die Hoffnungen wurden genauso enttäuscht, es gab keine Rückkehr zu Österreich. Die Alliierten hatten kein Interesse an einer Änderung der Brennergrenze. Es gab kein Plebiszit, keine Selbstbestimmung; und so wurde Südtirol das erste Opfer des aufkommenden Kalten Krieges.

In Wien, Innsbruck und Bozen stand man jedenfalls im Sommer 1946 mit leeren Händen da. Am Ende gab es dann das Gruber-De Gasperi-Abkommen. Und ohne den massiven Druck der Briten auf die Italiener wäre es möglicherweise auch dazu nicht gekommen. Wäre das langfristig womöglich besser gewesen? Das Abkommen war nicht perfekt, konnte es nach Lage der Dinge auch nicht sein. Gruber musste nehmen, was De Gasperi zu geben bereit war, der allerdings auch bestimmte Interessen hatte. War das Abkommen, mit dem im Prinzip die Brennergrenze bestätigt wurde, die richtige Entscheidung? Bei den Tirolern war die Enttäuschung besonders groß. Gruber versprach den Südtirolern, eine „Campagne gegen Italien" zu entfesseln, falls sich die Italiener bei der Umsetzung nicht entsprechend dem Geist des Abkommens verhalten würden. Sie taten es nicht, es kam allerdings auch nicht zur versprochenen „Campagne". Es gab jedenfalls in den folgenden Jahren keine demokratische Regierung in Italien, die diese Bezeichnung mit Blick auf Südtirol wirklich verdient hätte. Es wurde eine Majorisierungspolitik gegenüber den „allogeni" fortgesetzt, die in manchen Bereichen den Faschisten alle Ehre gemacht hätte und die die Italiener selbst als „51 %"-Politik bezeichneten.

Trotz allem: Das Gruber-De Gasperi-Abkommen war das Beste, was Gruber in Paris für Südtirol herausholen konnte. Ich habe das Abkommen 1987 auf der Basis erstmals untersuchter, bis dahin vertraulicher Akten trotz all seiner Schwächen denn auch als Magna Charta Südtirols bezeichnet und bin damals von einer bestimmten rechten politischen Seite heftig kritisiert worden. Bis dahin galt das Abkommen ja als ein „einmaliges Dokument österreichischer Schwäche" (so Bruno Kreisky – allerdings als Abgeordneter vor seiner

Zeit als Außenminister), Karl Gruber als „Verräter", als „Agent der Engländer", der Südtirol in Paris, dem „Ort der Untat", für ein „Linsengericht" verkauft und vor De Gasperi „kapituliert" hatte, während De Gasperi seinerseits Südtirol für Italien „gerettet" (so Andreotti) bzw. die Italiener „verraten" hatte (so die Neofaschisten). Inzwischen ist meine These längst akzeptiert und wird in öffentlichen Äußerungen verantwortlicher Politiker entsprechend gewürdigt (zuletzt von Landeshauptmann Luis Durnwalder anlässlich der Verleihung des Tiroler Ehrenringes an ihn am 14. November 2013 in Innsbruck). Die Gründe sind inzwischen einleuchtend, denn

1. Ohne dieses Abkommen hätte es keine völkerrechtlich abgesicherte Autonomie für Südtirol gegeben.

2. Ohne dieses Abkommen hätte es im Oktober 1960 keine Südtirol-Resolution der UNO gegeben, wäre das Thema nicht einmal auf die Tagesordnung der UNO gekommen.

3. Dieses Abkommen – insbesondere mit Satz 1 von Artikel 2, nämlich: „Der Bevölkerung [...] wird die Ausübung einer autonomen regionalen Gesetzgebungs- und Vollzugsgewalt gewährt werden" – ist nach wie vor die einzige völkerrechtlich relevante Garantie für die Autonomie Südtirols. Da kann in Rom regieren, wer will!

Von der „Schutzmacht" Österreich war in den nachfolgenden Jahren wenig zu sehen. Die Südtiroler waren weitgehend auf sich allein gestellt. Für Österreich stand der Staatsvertrag im Mittelpunkt, nicht Südtirol. Das änderte sich dann langsam seit 1956. Österreich wurde jetzt aktiv, auch weil aus Tirol der Druck auf die Bundesregierung zunahm. Unter Außenminister Bruno Kreisky wurde Südtirol dann zum „Thema Nr. 1" der österreichischen Außenpolitik. Die Bundesregierung brachte die Frage 1960 vor die UNO. Dort erlebte die österreichische Delegation mit ihrer Taktik – Landesautonomie für die „österreichische Minderheit" in Südtirol, keine Erwähnung des Gruber-De Gasperi-Abkommens – ein Debakel. Wären die Briten nicht gewesen, wäre daraus ein Desaster geworden, was einige Tiroler ganz gerne gesehen hätten und was sogar ihre Taktik war. Einer meinte: „Mit dem Einbringen dieser Resolution haben wir unsere Schiffe verbrannt" – um dann umso berechtigter die Selbstbestimmung fordern und evtl. herbeibomben zu können, in der (Fehl-)Annahme, in Südtirol einen Partisanenkrieg à la Zypern oder Algerien entfesseln zu können. Der „Bombenkrieg" war jedenfalls schon gescheitert, bevor er richtig begann, beginnen konnte. Und darunter haben nur die Südtiroler gelitten, jene, die zweifelsohne gefoltert wurden und jahrelang in Gefängnissen saßen.

Italien blieb konsequent bei seiner Haltung. Und die lautete: Der Pariser Vertrag ist erfüllt; wir sind aber bereit, zusätzliche Maßnahmen zu ergreifen. Aber: Es wird keine Landesautonomie geben, von Selbstbestimmung gar nicht zu reden. Als die Verhandlungen mit Österreich scheiterten, weil das, was Italien anbot, den Südtirolern zu wenig war und in Südtirol Bomben explodierten, suchte Rom im Sommer 1961 geschickt das Gespräch mit den Südtirolern, die nicht wirklich ablehnen konnten. In diesen Gesprächen kam man einer Lösung schon ziemlich nahe – aber eben nur ziemlich. Kreisky war der Meinung, mit seinem italienischen Kollegen Saragat drei Jahre später eine gute Lösung gefunden zu haben. Vor den abschließenden „echten Geheimverhandlungen" (Kreisky) im Dezember 1964

in Paris holte sich Kreisky von den Nord- und Südtirolern bei einem Treffen in seiner Privatwohnung in
Wien das prinzipielle Ja zu dieser Lösung, „um nicht
im nachhinein desavouiert zu werden", wie er sagte.
Genau das geschah dann aber am 8. Januar 1965: Die
Nord- und Südtiroler sagten nein. Kreisky war empört
und entsetzt und verlor die Lust an der Südtirolfrage.
Als die SPÖ 1966 in die Opposition ging, war er entschlossen, die SVP zu spalten. Das Instrument dafür
sollte die Soziale Fortschrittspartei Südtirols unter Egmont Jenny sein.

Die ÖVP-Alleinregierung wollte damals einen
schnellen Abschluss in der Südtirolfrage – und scheiterte erst einmal. Die Gegner einer Einigung konnten
fast triumphieren – und mit ihnen die Terroristen. Bei
deren Verfolgung gab es Versäumnisse auf österreichischer Seite. Bis Italien dann die „Notbremse" zog
und durch sein Veto im Sommer 1967 die Verhandlungen Österreichs mit der EWG blockierte. Die österreichisch-italienischen Beziehungen waren auf dem
„tiefsten Punkt seit 1945".

Neben dem Paketinhalt ging es damals jahrelang
fast nur noch um die Frage der „wirksamen internationalen Verankerung". Österreich und die Südtiroler
wollten die Sicherheit, dass Italien die Maßnahmen,
die im „Paket" zugesagt waren, auch tatsächlich durch-
führte, während Italien die Sicherheit haben wollte,
dass nach Durchführung des „Pakets" Österreich bereit war, den Streit tatsächlich beizulegen. Eine juris-
tische Verankerung wurde von Italien abgelehnt; am
Ende stand dann das, was „Operationskalender" genannt wurde. In den folgenden Jahren ging es dann
um die „Durchführung des Pakets" – und die dauerte
immerhin bis 1992.

Blickt man zurück, so ist trotz aller Probleme und Enttäuschungen die Autonomiebilanz nicht negativ, sondern eher positiv. Mit dem „Pariser Abkommen" und dem „Paket" wurde die Grundlage für das Überleben der deutschsprachigen Südtiroler in einem fremden Staat geschaffen. Wer heute mit offenen Augen durch dieses schöne Land fährt, kann die Erfolge der Autonomiepolitik nicht übersehen. Trotz der jahrzehntelangen Abtrennung von Österreich sprechen die Südtiroler ihre Sprache wie eh und je, leben ihr Leben und gehen ihren Gewohnheiten nach. Bozen ist zwar verändert worden, aber die Dörfer in Südtirol sind Tiroler Dörfer geblieben. Das Land hat in den vergangenen zwanzig, dreißig Jahren einen ungeahnten wirtschaftlichen Aufschwung erlebt. Es gibt keine unüberwindbaren sozialen Spannungen, und auch die politischen geistern häufig nur durch die Schlagzeilen bestimmter Zeitungen.

Nicht alles, was aus dem Süden kam, war schlecht. Italienische Kultur und Lebensweise werden heute von sehr vielen durchaus als Bereicherung verstanden – etwas davon könnte wohl auch Nordtirol nicht schaden. Die italienische Sprache zu beherrschen ist für die Jüngeren längst eine Selbstverständlichkeit und öffnet neue, bisher nicht gekannte Möglichkeiten. Die Grenze am Brenner war in der Tat von Anfang an eine „Unrechtsgrenze", aber sie ist in den vergangenen Jahren immer durchlässiger geworden, 1998 wurden die Grenzbalken abmontiert; es gibt dort keine Kontrollen mehr.

Rom machte und macht den Südtirolern auch nach 1945 das Leben nicht immer leicht. Seit zwei Generationen wurde verhandelt; durch die Verzögerungen von Seiten Roms war es schwierig, ernsthaft von Autonomie zu reden. Es gab zahlreiche Stimmen, die daran überhaupt nicht mehr glauben wollten und daher die Selbstbestimmung bzw. andere Lösungen forderten. „Südtirol wohin?", hieß die Frage, eine Frage, die 1992 beantwortet wurde: Das „Paket" wurde abgeschlossen, die Autonomie festgeschrieben. Österreich und Italien erklärten ihren Streit für beendet.

Für viele in Rom und Wien schien dies ein Endpunkt zu sein. Aber schon damals sprach die SVP-Führung von einer „dynamischen Autonomie". Was das bedeutete, wurde in den folgenden Jahren deutlich. Der SVP gelang es, die Eigenständigkeit des Landes dynamisch auszubauen. Die SVP-Vertreter in der neuen Sechser- und Zwölfer-Kommission, Siegfried Brugger und Karl Zeller, erreichten mehr, als man ursprünglich erwartet hatte. Mit den autonomiefreundlichen Regierungen von Prodi bis Amato gelang die laufende Erweiterung der Autonomie. Diese Mitte-links-Regierungen machten weitgehende Zugeständnisse: Dazu gehörten etwa die Rückgabe von nicht mehr genutzten Staatsimmobilien und die Kompetenzen im Energiesektor. Einige weitere wichtige Zuständigkeiten, die Rom Südtirol übertrug:

· Staatsstraßen,
· Lehrpersonal der öffentlichen Schulen,
· Kompetenzen des Hochschulwesens,
· Absicherung des Proporzes bei der privatisierten Post und Eisenbahn,
· weiterer Ausbau der Zweisprachigkeit,
· verbesserter Schutz der Ladiner,
· verbesserte Finanzregelung,
· Kompetenzübertragungen für Kultur,
· öffentliches Vermögen,
· Rundfunk und Fernsehen,
· öffentliche Gewässer,

- eigener Rechnungshof und ein Verwaltungsgericht, die auch nach den Proporzregeln paritätisch besetzt werden,
- Maßnahmen zugunsten der sprachlichen Minderheiten im Trentino.

Durch die Verwaltung der Schule kann Südtirol die Bildung von der Volksschule bis zur Universität an die Bedürfnisse einer modernen Gesellschaft anpassen. Die Energie hat Südtirol nicht nur große wirtschaftliche Perspektiven eröffnet, sondern auch Vorteile für die Umwelt gebracht, z. B. durch die Festlegung der Restwassermengen. Zudem können nunmehr die Konzessionen vom Land vergeben werden (was allerdings zum ersten großen Skandal im Lande führte: SEL, s. o.). Der Ausbau der Zweisprachigkeit vor Gericht bedeutet, dass jeder das Recht auf Verwendung seiner Muttersprache voll nutzen kann. Die von den Faschisten enteigneten Schutzhütten forderte Südtirol erfolgreich zurück. Schließlich noch die Staatsimmobilien: Dadurch stehen Südtirol nun neue, riesige Flächen zur Verfügung, die der Allgemeinheit zugutekommen.

Ein weiterer, wichtiger Meilenstein auf diesem Wege war die endgültige Verabschiedung des Föderalismus-Verfassungsgesetzes am 8. März 2001. Damit wurden nicht nur die Kompetenzen der Regionen mit Normalstatut erweitert, sondern auch der Provinzen Bozen und Südtirol. Südtirol trug endlich offiziell seinen deutschen Namen „Südtirol"; der Südtiroler Landtag wurde deutlich aufgewertet, nicht zuletzt deshalb, weil die Südtiroler Landesgesetze nicht mehr den Sichtvermerk der Regierung in Rom brauchten; der Regierungskommissar als Vertreter Roms in Südtirol wurde aus der Verfassung gestrichen; Südtirol und das Trentino bekamen Vorrang gegenüber der Region. Auch die Ladiner erhielten mehr Rechte. Viele sprachen von einem „dritten Autonomiestatut". Da das Gesetz im Senat die für Verfassungsgesetze erforderliche absolute Mehrheit nicht erhielt, musste es durch ein Referendum bestätigt werden. Es handelte sich dabei um ein sog. bestätigendes Referendum, d. h., der Ausgang war unabhängig von der Wahlbeteiligung gültig. Am 7. Oktober 2001 fand dieses Referendum statt; die Verfassungsänderung wurde genehmigt und trat am 9. November 2001 in Kraft.

Schon damals wurde erkennbar, dass man in Südtirol die Autonomie nicht immer nur ausbauen konnte, sondern sie auch verteidigen musste. Und es wurde auch erkennbar, dass es trotz aller Fortschritte noch ein weiter Weg von einem geregelten Nebeneinander der Sprachgruppen in Südtirol zu einem möglichen Miteinander ist. Im Oktober 2002 wurde dies sehr deutlich. Wieder einmal ging es um das Siegesdenkmal bzw. den Siegesplatz in Bozen. Der Bozner Gemeinderat hatte als Zeichen des neuen Zusammenlebens in einer turbulenten Nachtsitzung am 15. November 2001 – die Abstimmung fand erst nach Mitternacht, gegen 1.00 Uhr, statt – beschlossen, den „Siegesplatz" in „Friedensplatz" umzubenennen, gegen die oppositionelle neofaschistische Alleanza Nazionale, die Nachfolgeorganisation des neofaschistischen MSI (Movimento Sociale Italiano/Italienische Soziale Bewegung). Die setzte daraufhin eine Volksbefragung in Bozen über die Rückbenennung durch. Diese Abstimmung fand am 6. Oktober 2002 statt und brachte ein für viele erschreckendes Ergebnis: 61,94 Prozent der Teilnehmer stimmten für den alten, in der Faschistenzeit eingeführten Namen. Exakt 61,69 Prozent beteiligten sich an dem für die Gemeinde immerhin nicht bindenden Referendum. In den mehrheitlich deutschsprachigen Stadtvierteln Zentrum/Bozner Boden/Rentsch stimmten 62,81 Prozent für die Beibehaltung der Bezeichnung „Friedensplatz". In den mehrheitlich italienischsprachigen Vierteln war das Ergebnis jedoch eindeutig für „Siegesplatz". Auffallend war dabei, dass es gerade im Zentrum und in Rentsch, wo die deutschsprachige Bevölkerung überwiegt, mit 56,84 Prozent die geringste Wahlbeteiligung gab.

Bei den Südtiroler Parteien schwankte die Reaktion zwischen Enttäuschung und Schock, bei den italienischen Rechtsparteien herrschte allseits Freude und Genugtuung. „Dieses Ergebnis hat den eingeschlagenen Weg für ein friedliches Zusammenleben sicher gebremst", bedauerte Bürgermeister Giovanni Salghetti Drioli. Landeshauptmann Durnwalder vertrat die Ansicht, dass man das Ergebnis zur Kenntnis nehmen und auch umsetzen müsse: „Es geht hier nicht nur um einen Namen, sondern um die Einstellung zum Zusammenleben und um die Identität der Bozner."

Bei der Analyse des Ergebnisses waren sich viele Experten einig, dass diese Abstimmung klargemacht hatte, dass Teile der italienischen Bevölkerung sich in den vergangenen Jahren durch die Autonomiepolitik in der Defensive wiedergefunden hatten. Es war auch klar, dass jene, die für „Siegesplatz" votiert hatten, keine Faschisten waren, da die Wahlergebnisse ganz anders gewesen waren. Italien und die italienische Bevölkerung hatten im Grunde seit 1945 auf allen Ebenen verloren. Im Zuge der für die Südtiroler erfolgreichen Entwicklung waren viele Italiener aus den südlichen Stadtteilen Bozens auf der Strecke geblieben. Viele sprachen sogar von einem Ghetto. Die Abstimmung war somit sicherlich ein schwerer Rückschlag, aber auch ein Indikator über die Befindlichkeit des Zusammenlebens der Sprachgruppen. Erkennbar war, dass es das vielfach zitierte Miteinander noch lange nicht gab, sondern eher ein geregeltes Nebeneinander. Hier gibt es für die Zukunft noch viel zu tun. Man darf gespannt sein, was aus den ganzen Überlegungen zur Umgestaltung des Siegesdenkmals zu einer Art Mahnmal gegen den Faschismus und Nationalsozialismus letztlich wird.

Die Be- und Empfindlichkeiten in Südtirol werden in Wien und Rom manchmal anders gesehen. Das wurde deutlich beim Staatsbesuch von Bundespräsident Thomas Klestil Ende September 2002 in Rom. Es war der erste Besuch eines Staatsoberhauptes seit 30 Jahren. Bei dieser Gelegenheit überreichte er dem Vizepremier und Chef der Alleanza Nazionale, Gianfranco Fini, eine hohe Auszeichnung. Das stieß in Südtirol und Tirol auf völliges Unverständnis, war es doch die Alleanza Nazionale, die die Volksbefragung in Bozen initiiert hatte. Die Alleanza Nazionale sprach vom „Sieg Italiens über Südtirol" und vom „Respekt vor der Geschichte" und stieß damit nicht nur die deutschsprachigen Bozner vor den Kopf. Diese hatten zu Recht geltend gemacht, dass es im Ersten Weltkrieg in Südtirol keinen Kampf gegeben habe und dass Südtirol von Italien nach Kriegsende annektiert worden sei. Ausgerechnet Fini hatte nun „das große Ehrenzeichen der Republik Österreich" erhalten, jener Mann, der die Erben Mussolinis salonfähig gemacht hatte. Er hatte sich zwar den römischen Gruß mit hochgestrecktem Arm verbeten, nannte den Duce gleichwohl den „größten Staatsmann des Jahrhunderts". In Bozen präsentierte er stolz den Orden und machte gleichzeitig Propaganda für das von seiner Partei initiierte Referendum – während in Wien niemand für die Ordensverleihung verantwortlich sein wollte.

Vielleicht war das alles nur ein Sturm im Wasserglas, aber klar war auch, dass die Autonomie und auch das Nebeneinander, wenn schon nicht Miteinander der Sprachgruppen in Südtirol auch in Zukunft verteidigt werden muss. Mögliche Gefahren kommen dabei von einer ganz neuen Seite. Die Einigung Europas schreitet voran, mit z. Zt. 28 Mitgliedern in der Europäischen Union. Der Südtiroler Europaabgeordnete Michl Ebner hat immer wieder darauf hingewiesen, dass es bei der Erweiterung der Europäischen Union auch um eine Bestätigung des Minderheitenschutzes geht. Zwei auch für Südtirol sehr wichtige Themen, nämlich die starke Rolle der Region und der Minderheitenschutz, finden nach wie vor wenig Gehör im großen Europa. Von daher ist in der derzeitigen Umbruchphase Europas auch für die Region ein entscheidender Moment gekommen, ihre rechtliche Positionierung zu überdenken und zu verbessern, worauf auch Luis Durnwalder als Landeshauptmann immer wieder verwiesen hat. Ob dies tatsächlich gelingt, ist aber angesichts der Tendenzen in der Europäischen Union und aufgrund der bisherigen Entwicklung fraglich. Die Zukunft wird zeigen, wohin dieser Weg führt.

Bei allen Erfolgen für Südtirol bleibt eines klar und sollte immer wieder deutlich gemacht werden: Eine Minderheit darf – auch wenn es ihr wirtschaftlich noch so gut geht – nicht vergessen, dass sie eine Minderheit ist und dass es nicht möglich ist, das tägliche Leben ausschließlich durch Paragrafen zu reglementieren. Es kommt auf den Willen der Minderheit an, zu bestehen. Wenn es ihr gut geht – und dabei die Gefahr besteht, dass die schlechte Vergangenheit vergessen und verdrängt wird –, ist das Überleben vielleicht schwieriger und komplizierter, als wenn es ihr schlecht geht, auch wenn das auf den ersten Blick ein Widerspruch sein mag.

„Die Herausforderungen", so der bekannte Südtiroler Journalist Benedikt Sauer am 30. Oktober 2013 in der „Tiroler Tageszeitung",

> *„sind beträchtlich, vor allem für die nach wie vor dominierende SVP und den künftigen Landeshauptmann. Die Wahlen haben gezeigt, dass hinter der Fassade eines Landes, dessen mit viel Gestaltungsspielraum ausgestattete Autonomie im Land selbst und europaweit zu gern als ‚Modell' für das Zusammenleben von Sprachgruppen und der Überwindung ethnischer Ressentiments präsentiert und gesehen wird, die Differenzen größer werden. Bei Deutsch-Südtirolern gewinnen die deutsch-nationalen Kräfte an Konsens, die bei Salurn eine neue inner-europäische Grenze errichten wollen. Südtirols Italiener finden sich zunehmend im autonomiefreundlichen Partito Democratico wieder, viele gehen aber nicht mehr zur Wahl. Parallel dazu verläuft ein Riss zwischen der autonomiefreundlichen urbaneren Bevölkerung und (deutschen) Landgemeinden, in denen Sezessionisten Zulauf erhalten."*

Und SVP-Obmann Richard Theiner hatte für die neue Regierung bereits am 14. November 2013 die Richtung angegeben. In einem Interview mit der „ff" hatte er betont, er stehe zwar, „voll und ganz hinter dem Projekt der Vollautonomie", das aber nur gelingen werde, wenn Rom Südtirol entsprechende Zuständigkeiten gebe. Und wenn nicht, „ist das unser Untergang. Das werde ich nicht mit ansehen." Man müsse dann ganz aktiv über andere Szenarien nachdenken. Welche das wohl wären, hatte er allerdings nicht gesagt.

In einem Interview mit der „Tiroler Tageszeitung" machte der neue Landeshauptmann am 19. Jänner 2014 seine Position klar. Er reagierte verärgert auf das von der Süd-Tiroler Freiheit intern durchgeführte Selbstbestimmungsreferendum. Das sei ein „klarer Missbrauch des Themas Selbstbestimmung zu Wahlkampfzwecken" gewesen, aus Sicht der Südtiroler Volkspartei „völlig unzulässig, denn das Thema ist viel zu wichtig und steht ja auch im Grundsatzprogramm der SVP im Sinne der Ausübung des Selbstbestimmungsrechts der Völker". Es sei ein schweres Missverständnis zu glauben, dass man in Italien zum jetzigen Zeitpunkt mit einem positiven Referendum etwas bewirken könne. Kompatscher: „Im Gegenteil: Man riskiert die Möglichkeit, bei einer autonomiefreundlichen Richtung in Rom Zugeständnisse zu erreichen. Das ist verantwortungslos, diese wichtige Frage für parteipolitische Zwecke zu missbrauchen." Schließlich sei der ständige Ausbau der Autonomie „nicht Ausdruck von Kleinmut, sondern von Realpolitik. Gleichzeitig verfolgen wir die große Vision vom Europa der Regionen weiter." Sein Weg sei jener der Autonomie, denn „der hat uns den Erfolg gebracht". Das sei

> *„eine klare Vision, auch eine Zukunftsvision. Wir wollen die Autonomie weiter ausbauen – im Lichte einer europäischen Perspektive, einer Weiterentwicklung des europäischen Gedankens hin zu einem Europa der Regionen, wo Grenzen noch weniger spürbar werden und wo sich eben Regionen wieder entwickeln. Unsere*

Autonomie zum heutigen Zeitpunkt ist nicht das Ende der Geschichte."

Eines ist aber wohl sicher: Es wird spannend bleiben in Südtirol.

Ganz spannend wurde es nach der Landtagswahl am 21. Oktober 2018. Die bisherige Regierungskoalition aus SVP und Partito Democratico verlor ihre Mehrheit. Dafür kam die rechte Lega mit 11,1 % auf Anhieb auf vier Sitze. Die Konsequenz war eine Regierungskoalition von SVP und der Lega. Die daran geäußerte Kritik konterte SVP-Obmann Philip Achammer mit der Aufforderung: „Messt uns an den Taten."

Exkurs

1.
Kanonikus Michael Gamper

Kanonikus Michael Gamper ist die wohl hervorragendste und einflussreichste Persönlichkeit Südtirols in schweren Zeiten gewesen. Drei zentrale Begriffe werden mit ihm dauernd verbunden bleiben, nämlich Katakombenschule, „Dableiber" und Todesmarsch, Begriffe, die die Geschichte Südtirols im 20. Jahrhundert entscheidend geprägt haben.

Michael Gamper wurde am 7. Februar 1885 als Sohn eines Dorfschmieds in Prissian geboren und verbrachte seine ersten Lebensjahre auch dort, ebenso im Ort seiner Taufe, Tisens, in den Heimatorten seiner Eltern am Deutschnonsberg, ab und zu auch im Bezirkshauptort Meran. Pfarrer und Lehrer im Dorf überzeugten die Eltern, den Jungen auf eine höhere Schule zu schicken. 1896 kam er ins Benediktinergymnasium nach Meran. Zunächst wohnte er privat bei einer Näherin, dann kam der zwölfjährige Michael von der zweiten Klasse an im Johanneum unter. Als Oberschüler gehörte er einer Studentenverbindung mit dem Namen Athesia an. Er war damals kein Kind von Traurigkeit und musste im Schuljahr 1902/03 sogar das Johanneum verlassen.

Seit dem Herbst des Jahres 1904 studierte Michael Gamper an der Theologischen Fakultät der Universität Innsbruck. Im selben Jahr kam es in der Tiroler Landeshauptstadt zu einem Konflikt um die neue italienische Rechtsfakultät an der Universität. Mancher

Kanonikus Michael Gamper.

Deutschnationale sah in der Eröffnung einer solchen
Fakultät eine Italianisierung Innsbrucks. Bei der Eröffnung standen sich plötzlich mehrere hundert deutsche und italienische Studenten kampfbereit gegenüber.
Die Polizei war machtlos, und der Statthalter sah sich
gezwungen, Militäreinheiten der Kaiserjäger anzufor-
dern. Bei den folgenden Auseinandersetzungen zwischen Soldaten und Demonstranten wurde der Kunst-
maler Pezzey verwundet und verstarb in der Folge. Die
aufgebrachte Menge tobte. Auch das neue italienische
Fakultätsgebäude wurde in Mitleidenschaft gezogen.
Einheiten der Kaiserjäger mussten ausrücken, um in

Innsbruck die Polizei zu unterstützen und die Ordnung wiederherzustellen. Gamper befand sich unter den Demonstranten, wurde aber nicht verhaftet. Auf italienischer Seite waren zwei später bekannte Persönlichkeiten mit dabei: die aus dem Trentino stammenden Alcide De Gasperi und Cesare Battisti.

1907 spendete der Bischof von Brixen Gamper in Innsbruck die sogenannten „Niederen Weihen". Die galten als Vorstufe zum Priesteramt. Anschließen übersiedelte Gamper an das Priesterseminar nach Trient. Aufgrund einer Krankheit musste er die Priesterweihe durch Fürstbischof Endrici im Jahr 1908 im Lehnstuhl empfangen.

Als Neupriester widmete er sich zunächst völlig der Seelsorge, erkannte aber schon damals die Bedeutung der Medien für die Gesellschaft, in erster Linie der Presse. Schon damals schrieb er kleinere Beiträge für den im Tyrolia Verlag erscheinenden „Volksboten". Kurz nach Ausbruch des Ersten Weltkrieges wurde er zum Kanonikus des Kollegiatskapitels in Bozen ernannt und arbeitete in dieser Funktion als Religionslehrer an der dortigen Marienschule. „Der Kanonikus" wurde schon bald in und um Bozen zu einer bekannten Persönlichkeit.

Mit dem Eintritt Italiens in den Ersten Weltkrieg im Mai 1915 wurde Südtirol zum engeren Kriegsgebiet erklärt. Damit wurde die Freizügigkeit zwischen den Landesteilen stark beeinträchtigt. Das hatte auch für den Tyrolia Verlag Folgen: Die Herausgabe des wöchentlich erscheinenden „Volksboten" wurde von Brixen nach Innsbruck verlegt. Nach Ende des Krieges wurde Gamper dann mit der Herausgabe eines eigenen „Volksboten" für Südtirol beauftragt. Die erste Nummer des neuen Blattes mit ihm als Chefredakteur erschien am

3. September 1919. 1920 wurde er zum Präsidenten des Südtiroler Tyrolia-Unternehmens gewählt. Von Anfang an verstand sich Gamper als eine Art Anwalt und Sprachrohr für die Südtiroler. Mittel dafür war ihm die Presse: Er baute die Tageszeitung „Der Tiroler" weiter aus, gründete die Heimatzeitschrift „Der Schlern", „Die Frau", die „Jugendwacht", das „Katholische Sonntagsblatt" und den „Kleinen Postillon".

Darüber hinaus gab er von 1921 jährlich den Reimmichl-Kalender heraus, den er für besonders wichtig hielt, weil, wie er einmal meinte, abgesehen von den Religions- und Schulbüchern „der Kalender eigentlich das einzige Buch ist, das alljährlich bis in die letzte Hütte unserer Heimat kommt".

Mit dem Sieg der Faschisten 1922 änderte sich alles für die Südtiroler. Einen Vorgeschmack hatte man bereits am Blutsonntag 1921 erlebt, als Faschisten den Marlinger Lehrer Innerhofer ermordeten. Ab 1923 ging es an die Substanz: fast alles, was deutsch war, wurde verboten, u. a. der Name Tirol; die Tageszeitung „Der Tiroler" musste in „Der Landsmann" umbenannt werden.

Noch gab es deutschsprachige Zeitungen und Zeitschriften. Sie berichteten, so gut es ging, über die Ereignisse und informierten die Bevölkerung – und waren damit den Faschisten ein besonderer Dorn im Auge. 1925 mussten sie ihr Erscheinen einstellen. Im Rückblick schrieb Gamper 1952: „Das wichtige Bindeglied von Ort zu Ort, von Tal zu Tal war somit zerrissen." Mit Unterstützung der Bischöfe von Brixen und Trient gelang ihm allerdings 1927 die Wiederzulassung der „Dolomiten" und des „Volksboten". Diese Blätter erschienen in der Folgezeit dreimal in der Woche und waren einer strengen Zensur unterworfen. 1925 wurde auch der Verlagsname Tyrolia verboten; der neue Name lautete Vogelweider. 1936 wurde auch der verboten; er klang zu deutsch. Gamper wählte den Namen Athesia. Das war der Name seiner alten Pennälerverbindung und die lateinische Bezeichnung des Etschlandes.

Will man einer Minderheit ihre Identität nehmen, muss man ihr ihre Sprache nehmen. Das geschah ab 1923, als die Faschisten mit der Zerstörung der deutschen Schule begannen. Da leisteten die Südtiroler Widerstand, und da spielte Gamper die entscheidende Rolle. Der erste der anfangs genannten drei Begriffe lautet Katakombenschule. Als die Schließung der deutsche Schule anstand, schrieb Gamper im „Volksboten":

> „Was soll nun geschehen? Sollen wir mit dem Verlust der deutschen Sprache auch das deutsche Volkstum verlieren? [...] Möge es unser Volk zu verhindern wissen! Nun müssen wir es den ersten Christen nachmachen."

Michael Gamper wurde zum *Spiritus Rector* einer entstehenden Geheimschule, die unter dem Begriff Katakombenschule in die Geschichte Südtirols eingegangen ist.

Der zweite Begriff gilt für die Zeit der Option 1939. Gamper steht fürs Dableiben. Er kämpfte – im wahrsten Sinne des Wortes unter Einsatz seines Lebens – fürs Dableiben. In zahlreichen Beiträgen erinnerte er die Südtiroler daran, wie stark sie und ihre Vorfahren mit dem Land, ihren Höfen und Häusern verbunden waren. Unermüdlich wanderte er von Gemeinde zu Gemeinde, von Hof zu Hof, um die Menschen auch persönlich davon zu überzeugen, dass Hitler-Deutschland keine Rettung, sondern nur Verderben brächte. Sehr viele Gleichgesinnte hatte er nicht, aber Männer wie die

Gebrüder Erich und Walther Amonn, Friedl Volgger, Rudolf Posch, Josef Ferrari, Baron Sternbach und Josef Raffeiner stehen stellvertretend für diese kleine Gruppe der entschlossenen „Dableiber". Nazis überfielen Gamper, man schlitzte die Reifen seines Autos auf, in einer Straßenkurve legte man einen Prügel quer über den Weg, damit er mitsamt Auto verunglücken würde. Es kam sogar vor, dass in das Versammlungslokal, wo er gegen die Option für Deutschland plädierte, hineingeschossen wurde. Er setzte sein Leben aufs Spiel. Man kann sich heute überhaupt nicht mehr vorstellen, mit wie viel Hass sich die Menschen damals begegneten. Gamper hätte man am liebsten gesteinigt, sogar in seinem eigenen Dorf. Die Schmähbriefe, die er damals erhielt, sind geradezu Legende und einfach furchtbar. Da gab es Briefe wie:

„An Pfaff-Gamper, Michael, Verräter Deutsch-Südtirols.

Was willst Du mit Deinen geheimen Versammlungen erreichen?

Willst Du diese paar 100 Wähler, die noch sind, in Verzweiflung treiben oder gar zum Selbstmord?

Kannst Du das verantworten, ist das Eure Lehre?"

oder:

„Der Teufel in der Wüste versuchte einst den Herrn,
Der Herr Kanonikus die Südtiroler gern.
Wir lieben unsere Heimat über alles in der Welt,
Verkaufen keine Seele um lumpig's Judasgeld.
Wir schänden nicht das Erbe, nicht das eigne Blut,
Wie es der klerikale Agitator tut."

1943 gab es den nächsten Einschnitt. Nach dem Waffenstillstand zwischen Italien und den Alliierten am 8. September besetzte die Wehrmacht Italien am nächsten Tag. Am gleichen Tag wurde der Athesia-Verlag beschlagnahmt und von den Nazis übernommen, die „Dolomiten" und der „Volksbote" wurden verboten und sofort eingestellt. Der Chefredakteur der „Dolomiten", Rudolf Posch, wurde verhaftet und in das Konzentrationslager Dachau deportiert. Ähnlich erging es wenig später dem Redakteur Friedl Volgger. Kanonikus Michael Gamper wurde zum Volksfeind Nummer eins erklärt. Ende Oktober gelang ihm die Flucht nach Florenz.

Dort schrieb er eine inzwischen berühmte Denkschrift: 34 Maschinenseiten und 100 Seiten Beilagen mit dem Titel: „Südtirol – ein Problem des Friedens". Die Denkschrift ist das eindrucksvollste Dokument für die Forderung nach Wiederherstellung der Einheit Tirols. Sollte wider Erwarten eine Wiederherstellung Österreichs als freier und unabhängiger Staat nicht erfolgen, machte Gamper folgenden Vorschlag: „Die Errichtung eines von anderen Staaten unabhängigen Tirols als neutraler Freistaat nach Art der Schweiz." Schließlich verlangte er, dass dem Südtiroler Volk endlich die Möglichkeit gegeben werde, „sich durch eine Volksabstimmung über seine Zukunft auszusprechen".

Genauso lautete auch der Punkt 3 des Aufrufs der Südtiroler Volkspartei vom 8. Mai 1945, der am 19. Mai in den „Dolomiten" veröffentlicht wurde. Seit diesem Tag erschien die Zeitung wieder – mit Gamper als Chefredakteur. Er blieb bei seiner Forderung nach Rückkehr Südtirols zu Österreich. Die Alliierten entschieden bekanntlich anders.

Vom Gruber-De Gasperi-Abkommen vom September 1946 (Pariser Vertrag) war Gamper zwar enttäuscht, aber dennoch davon überzeugt, dass Südtirol ein Recht auf eine eigene Autonomie hatte. Am 5. Dezember 1946 schrieb er in einem Leitartikel der „Dolomiten":

> *„Die Umfriedung des auszuführenden Baues ist uns vorgeschrieben worden. Es sind die Grenzen des italienischen Staates, aber innerhalb dieser Umzäunung wollen wir uns ein Eigenheim aufrichten, nach unserem Geschmack und nach unseren Bedürfnissen – ein richtiges Tiroler Haus."*

Für ihn konnte das nur Provinzautonomie heißen. Was die SVP-Delegation dann Anfang 1948 mit dem ersten Autonomiestatut aus Rom zurückbrachte, sah er sehr kritisch:

> *„Die getroffene Regelung stellt einen bedeutenden Schritt auf dem Weg zur Erfüllung des Pariser Vertrages dar, aber die Erfüllung ist sie nicht. Erst recht für Südtirol bedeutet die beschlossene Autonomie wohl eine ‚Annäherung an ein autonomes Leben', aber nicht dieses selbst. Eine solche wird erst die Frucht weiteren Ringen unseres Volkes sein um die Verwirklichung des ihm zugestandenen und nun erst zum Teil verwirklichten Rechtes."*

Bei diesem Ringen stand Gamper erneut an vorderster Front. Die Presse war sein Sprachrohr; er war die anerkannte Führungsgestalt innerhalb der SVP-Spitze und war an fast allen Entscheidungen der Partei maßgeblich beteiligt. Er hielt vielfältigen Kontakt zu Politikern in Nordtirol und Deutschland. 1951 ernannte ihn die Universität Innsbruck für „besondere Verdienste um die geistige Kultur von Südtirol" zum Ehrenmitglied.

Diese Kultur sah Gamper mehr und mehr gefährdet. In einem inzwischen berühmten Artikel in den „Dolomiten" vom 28. Oktober 1953 ging er darauf ein. Das führt zum dritten anfangs erwähnten Begriff: Todesmarsch.

Der Pariser Vertrag, so Gamper, habe keineswegs die erwartete Lösung der Südtirolfrage gebracht. Die Südtiroler seien gezwungen, die autonome Verwaltung mit der italienischen Provinz Trient zu teilen, wodurch man sie künstlich in die Minderheit gebracht habe, obwohl sie in ihrem eigenen Lande immer noch eine Mehrheit bildeten. Durch die Unterwanderung aus dem Süden könne man mit mathematischer Sicherheit den Zeitpunkt errechnen, an dem die Südtiroler auch innerhalb der engeren Landesgrenzen eine wehrlose Minderheit bilden würden. Und dann kam jener inzwischen berühmte Satz: „Es ist ein Todesmarsch, auf dem wir Südtiroler seit 1945 uns befinden, wenn nicht noch in letzter Stunde Rettung kommt."

Mit seiner Todesmarsch-Befürchtung hatte Gamper wohl Recht: Rom wollte damals durch massive Zuwanderung von Italienern eine italienische Mehrheit in Südtirol schaffen. Das war die inzwischen vielzitierte „51%"-Politik, die in vielem den Plänen der Faschisten ähnelte. Dazu passt eine Äußerung von Giulio Andreotti, die er im November 1960 in kleinem Kreise machte, nämlich: „Man muß etwas Geduld üben – in einer Generation wird sich die Lage zugunsten der Italiener gewandelt haben."

Letztlich funktionierte dieser Plan nicht. Dies lag auch daran, dass man bei der SVP und vor allem in Österreich beim Thema künstliche Zuwanderung immer empfindlicher reagierte und Italien einer groben Verletzung des Pariser Vertrages bezichtigte. Die Todesmarsch-Parole beherrschte jedenfalls von nun an die Diskussion und führte zu weitreichenden Entscheidungen in Südtirol, vor allem nachdem Österreich 1955 seinen Staatsvertrag erhalten hatte.

Anlässlich seines 70. Geburtstages 1955 wurde Gamper außerordentlich geehrt. Glückwünsche kamen aus Österreich – u. a. von Kardinal Theodor Innitzer, Bundeskanzler Julius Raab, Außenminister Leopold Figl und dem Ersten Präsidenten des Nationalrats, Felix Hurdes –, aber auch aus Deutschland: von Kardinal Josef Frings aus Köln und mehreren deutschen Bischöfen. Gampers Persönlichkeit wurde allseits gewürdigt, selbst von seinen Gegnern. Unter den vielen ehrenden Zeitungsartikeln, die in der italienischen und internationalen Presse erschienen, sei hier nur der des schärfsten Gegners von Gamper, des „Alto Adige", erwähnt, der den Kanonikus trotz dieser Gegnerschaft uneingeschränkt seine Anerkennung und Bewunderung zollte. Dort hieß es u. a.:

„Der hervorragende Journalist und Schriftsteller, der sich seit über dreißig Jahren mit Ungestüm für die Ziele der deutschen Volksgruppe einsetzt und ohne die taktischen Rücksichten dessen, der in der Politik eine Kunst des Möglichen sieht, wird mit Recht südlich des Brenners als der bedeutendste Vertreter der strengsten katholisch-konservativen Tradition Tirols betrachtet. Damit erklärt sich sein kompromißloses Vorgehen und ebenso auch seine Unnachgiebigkeit, die manchmal fast an fanatischen Radikalismus grenzt. Das schließt jedoch nicht aus, daß alle seine Gegner, selbst diejenigen, die ihn nicht verstehen können noch wollen, seine Redlichkeit, seine Logik und – es bedarf

keiner besonderen Erwähnung – auch seine Fähig-
keiten anerkennen müssen, die Fähigkeiten dieses
Journalisten im Priestergewand, der trotz allem all-
gemeine Achtung gebietet und von dem man mit dem
volkstümlichen, aber treffenden Ausdruck sagen kann:
er ist aus einem Stück Holz geschnitzt."

Der „Alto Adige" würdigte anschließend die unbeug-
same und patriotische Haltung Gampers in der Zeit
der Besetzung Südtirols durch deutsche Truppen und
äußerte sogar den Wunsch, dass der Journalist Gamper mit seinen anerkannten Fähigkeiten noch für viele Jahre an der Spitze der Presse der Südtiroler Volksgruppe bleiben möge.

Die Zeitung sprach mit diesen Worten nur das aus,
was wohl viele Italiener von diesem Mann dachten, den
sie insgeheim wegen seines folgerichtigen, geradli-
nigen Eintretens für die Belange des Deutschtums in
Südtirol bewunderten. Der deutsche Generalkonsul in
Mailand, Reiner Kreutzwald, besuchte Gamper Anfang
März 1955 in Bozen, um ihm persönlich zu gratulieren.
Was die Zukunft Südtirols betraf, war Gamper damals
zutiefst pessimistisch. Gegenüber seinem Besucher
meinte er, man werde wohl wieder in die Schützengrä-
ben gehen müssen. An dem nun beginnenden Kampf
für eine echte Autonomie konnte Gamper nicht mehr
teilnehmen. Er erkrankte schwer und starb am 15. April
1956. Mehr als 20.000 Trauergäste nahmen am Gottesdienst und am Begräbniszug teil. Sein Vermächtnis lebt
im Kanonikus-Michael-Gamper-Werk fort, mit dem die
Ausbildung junger Südtiroler/innen unterstützt wird.

2.
Silvius Magnago

Am 25. Mai 2010 verstarb 96-jährig Silvius Magnago in Bozen. In allen Gedenk- und Trauerreden wurde der Altlandeshauptmann als einer der ganz großen Südtiroler gewürdigt und immer wieder als „Vater der Autonomie" für Südtirol bezeichnet. Was so einfach klang und klingt, war nicht so: Was zumeist – aus welchen Gründen auch immer – nicht erwähnt wurde, ist die Tatsache, dass der Weg hin zu dieser „Vaterschaft" extrem mühsam und steinig war. Wie Magnago sein Ziel mit Taktik und Strategie, Zähigkeit und Ausdauer am Ende erreichte – und die Geschichte ihm letztlich recht gab –, soll im Folgenden an einigen Wegmarken gezeigt werden.

Silvius Magnago war 29 Jahre – von 1960 bis 1989 – Landeshauptmann und 34 Jahre – von 1957 bis 1991 – Obmann der SVP.

Seine eigentliche politische Karriere begann mit seinem legendären Auftreten bei der Protestversammlung der 35.000 Südtiroler auf Schloss Sigmundskron im November 1957. Damals war er 43 Jahre alt. Bis zu diesem Zeitpunkt war er als Politiker nicht besonders aufgefallen. 1945 war er als Kriegsversehrter – er hatte an der Ostfront ein Bein verloren – in seine Heimat Südtirol zurückgekehrt. Faschismus, Nationalsozialismus, Option und Krieg hatten ihn geprägt. Wie so viele in seiner Generation war er entschlossen, dafür zu sorgen, dass sich so etwas nie wiederholen würde. In Bozen fand er die im Mai 1945 von einigen mutigen „Dableibern" gegründete Südtiroler Volkspartei vor, der er sich anschloss. Die Alliierten verhinderten 1945/46

Silvius Magnago: Von 1960 bis 1989 Landeshauptmann
von Südtirol.

die Rückkehr Südtirols zu Österreich; als eine Art „Ersatz" wurde im September 1946 auf Druck Großbritanniens von Österreichs Außenminister Karl Gruber und
Italiens Ministerpräsident Alcide De Gasperi in Paris ein Autonomieabkommen (Pariser Vertrag) unterzeichnet, das in den folgenden Wochen und Monaten
umgesetzt werden sollte.

Schon bald zeigte sich, dass Italien wenig Interesse daran hatte, Südtirol eine eigene Autonomie zu geben. Im Juni 1947 wurde das Land mit dem Trentino
zur Region Trentino-Alto Adige zusammengelegt. Dort

hatten die Italiener die Mehrheit. Als Ende 1947 deutlich wurde, dass Rom sogar die im Vertrag vorgesehenen Konsultationen mit Vertretern des Landes ablehnte, führte dies in Südtirol zu ersten Protesten. Empörung und Unruhe erreichten einen Höhepunkt am 16. Dezember, als mehrere hundert Demonstranten die Bozner Präfektur stürmten und den Präfekten bedrängten, sich unter allen Umständen in Rom für Konsultationen mit den Südtirolern einzusetzen. Unter den Teilnehmern dieses sogenannten „Sturmes auf die Präfektur" war auch Silvius Magnago, seit einiger Zeit Bozner Gemeinderat. Als im nächsten Jahr der Gemeinderat erstmals frei gewählt wurde, erhielt Magnago die meisten Vorzugsstimmen und wurde zum Vizebürgermeister ernannt. Im November 1948 gab es die ersten Landtagswahlen in Südtirol und im Trentino. Silvius Magnago hatte kandidiert und die meisten Vorzugsstimmen auf der Liste der SVP bekommen, anschließend wurde er mit 14 von 15 Stimmen zum Landtagspräsidenten gewählt. Dies alles zu einem Zeitpunkt, als schon sehr bald deutlich wurde, dass das Autonomiestatut für Südtirol nur sehr wenig wert war, die zugesagte Autonomie sich zu einer Scheinautonomie entwickelte und das Misstrauen der Südtiroler gegenüber der italienischen Politik in fast allen Bereichen rechtfertigte, wobei sich zunächst die Italiener in Südtirol, dann immer mehr die Trentiner – mehr noch als die Zentralregierung in Rom – zum eigentlichen Feind der Südtiroler Autonomie entwickelten.

Das demokratische Italien machte in vielen Bereichen da weiter, wo das faschistische aufgehört hatte. Das betraf in erster Linie die Zuwanderung. In einem im italienischen Außenministerium in Rom gefundenen Dokument wurde diese Politik damals als die

„51 %"-Politik bezeichnet. Das hieß: So viel Zuwanderung nach Südtirol, bis es dort eine italienische Mehrheit gab. Im Oktober 1953 machte Kanonikus Michael Gamper in einem aufsehenerregenden Artikel auf dieses Problem aufmerksam. In den „Dolomiten" warnte er: „Es ist ein Todesmarsch, auf dem wir Südtiroler seit 1945 uns befinden, wenn nicht noch in letzter Stunde Rettung kommt." Wie recht er hatte, zeigte eine Äußerung von Verteidigungsminister Giulio Andreotti, die er noch 1960 im kleinen Kreis machte, nämlich: „Man muß etwas Geduld üben – in einer Generation wird sich die Lage zugunsten der Italiener gewandelt haben" (s. o.).

Österreich konnte in diesen Jahren nicht helfen. Es hatte sein eigenes großes Problem, nämlich wie man die Russen aus dem Land bekommen konnte. Mit dem Staatsvertrag 1955 erhielt es endlich seine Unabhängigkeit und damit auch seine außenpolitische Handlungsfreiheit zurück. Erstmals seit 1945/46 wurde Südtirol in den folgenden Jahren wieder zu einem zentralen Thema der österreichischen Außenpolitik – nach massivem Druck aus Innsbruck. Der Tiroler Univ.-Prof. Franz Gschnitzer, einer der vehementesten Vertreter der Interessen Südtirols, wurde 1956 Staatssekretär im österreichischen Außenministerium. Er sorgte dafür, dass Wien die Gangart gegenüber Rom verschärfte. Im Juli 1956 beschuldigte Bundeskanzler Julius Raab Italien, wesentliche Punkte des Pariser Abkommens nicht erfüllt zu haben. Innenpolitisch zeichnete sich in Südtirol wenig später eine Wende ab: Im Mai 1957 kam es zur Wachablösung in der SVP; die Moderaten in der Parteiführung wurden entmachtet, die „Alten" hatten ausgedient. Vorbereitet worden war diese Aktion in gemeinsamen, streng vertraulichen Gesprächen in Innsbruck. Auf der 10. Landesversammlung der SVP wurden 14 Parteiausschussmitglieder neu gewählt, nur sechs in ihren Funktionen bestätigt. Das Wort „Putsch" machte die Runde. Um diesen Putsch nicht zur Revolution werden zu lassen, wurde Landtagspräsident Silvius Magnago Parteiobmann. Magnago war ein Kompromisskandidat, er gehörte nicht zu den sogenannten „duri", den „Harten". Von der Zeitung „L'Adige" wurde er damals wegen des Vordringens der jüngeren, radikalen Elemente im Parteivorstand als „Daniel in der Löwengrube" bezeichnet. Im Bündnis mit Innsbruck und Wien begann nun eine neue Phase in der Südtirolpolitik.

Wenig später schlug die große Stunde von Silvius Magnago. Stichwort: Sigmundskron. Mit der Protestversammlung auf Schloss Sigmundskron im November 1957 begann Magnagos politischer Aufstieg. Es ist inzwischen schon Legende, was er den 35.000 entgegenrief, dass er sein „deutsches Wort" gegeben habe, und sie bat, dieses „deutsche Wort" einzuhalten. Jedenfalls verhinderte er damit den Marsch der Massen auf Bozen. In Sigmundskron lautete die entscheidende Forderung: „Los von Trient!" (und nicht etwa „Los von Rom!", wie noch 2013 von den rechten Parteien in Südtirol – etwa der Süd-Tiroler Freiheit – wider besseres Wissen behauptet wurde).

Schon bald wurden die Forderungen lauter und drängender: Selbstbestimmung hieß das neue Schlagwort. Im Zuge der Andreas-Hofer-Feiern 1959 stieg die Gewaltbereitschaft in Nord- und Südtirol. Vom Partisanenkrieg wie in Zypern war die Rede. Als der Pressezar Fritz Molden den Generalsekretär im Außenministerium in Wien über entsprechende Absichten informierte, schrieb der in sein Tagebuch: „Die Frage sei die, wie viele Menschenleben müßte man opfern, um etwas zu erreichen, was auf anderem Weg unter keinen Umständen zu erreichen wäre?" Und SVP-Vorstandsmitglied Peter Brugger stellte in einer vertraulichen Sitzung in Innsbruck Ende 1959 fest, „daß wir jetzt innerhalb unseres Gremiums langsam auf Selbstbestimmung umstecken".

Dazu hätte man Unterstützung aus Wien benötigt, die aber nicht zu haben war. Für die führenden Politiker dort ging es immer nur um Autonomie, zu keinem Zeitpunkt um Selbstbestimmung, die womöglich auch noch mit Attentaten herbeigebombt oder im Partisanenkrieg erkämpft werden sollte. Anfang 1960 machte das Bundeskanzler Julius Raab in Innsbruck absolut klar, als er feststellte:

> „Wir sind auch nicht der Meinung, daß das irgendwie nach der Methode Zypern zu lösen ist, weil wir nicht verantworten, daß hier unnützes Blut bei jungen Leuten fließt, die hierin Hoffnungen setzen. Wir sind für die Verhandlungen."

Genau dies war auch und blieb die Position von Silvius Magnago in den folgenden Jahren.

Der Weg führte zunächst zur UNO, die Österreich und Italien im Herbst 1960 aufforderte, in Verhandlungen eine Lösung aller Differenzen hinsichtlich der Durchführung des Pariser Vertrages zu finden. Es war eine Resolution, die Franz Gschnitzer noch wenige Wochen zuvor in Innsbruck als mögliche Lösung für „unannehmbar" bezeichnet hatte. Daraus war in New York annehmbar geworden. New York war halt nicht Innsbruck, der East River weder Inn noch Eisack. Außenminister Bruno Kreisky war jedenfalls „sehr befriedigt", wie er dem deutschen Botschafter Anfang November mitteilte,

> „daß der Anschauungsunterricht, der gewissen Nord- und Südtiroler Kreisen in New York geboten worden sei, dazu geführt habe, daß man beginne, die Dinge in den richtigen Proportionen zu sehen, nachdem in den genannten Kreisen zunächst die Meinung geherrscht habe, als drehe sich sozusagen die ganze Welt um Südtirol".

Dazu passte, was Kreisky den drei Südtiroler Vertretern Alfons Benedikter, Luis Sand und Friedl Volgger noch in New York mit auf den Weg gegeben hatte. Er hatte ihnen zunächst dafür gedankt, dass sie „naturgemäß wesentlichen Anteil an der Arbeit der Delegation" gehabt hätten, und sie dann darum gebeten, bei ihrer Berichterstattung in Südtirol auch die negativen Aspekte der New Yorker Debatte zu erwähnen, „vor allem, daß eine Forderung nach dem Selbstbestimmungsrecht hier zu einer wirklichen Katastrophe geführt hätte"; man hätte, so meinte er später, „eine grausame Niederlage erlitten, es hätte sich daraus kein Ausweg gefunden, und die besten Freunde Österreichs wären ernstlich verstimmt gewesen". Die UNO-Resolution hatte zwar keine meritorische Lösung des Problems gebracht, wie Kreisky im Ministerrat betonte, aber sie hatte vollständig neue Voraussetzungen für die Verhandlungen mit Italien geschaffen. Um diese Verhandlungen ging es in der ersten Hälfte des Jahres 1961.

Die ganze Problematik mit Blick auf die weitere Entwicklung in Südtirol wird deutlich in der Vorbereitung auf die nun anstehenden Verhandlungen. In Wien bereitete man ein 32-Punkte-Programm vor – das entsprach quantitativ genau jenen 32 Punkten, mit denen

Ettore Tolomei 1923 in Bozen das Italianisierungsprogramm für Südtirol verkündet hatte. Die Zustimmung Italiens zu den 32 Punkten wurde geradezu als selbstverständlich betrachtet; Magnago meinte einmal: „Eine Rückgabe dessen, was uns der Faschismus genommen hat, kann von uns nicht als besonderes Geschenk empfunden werden." Aber einige in Nordtirol wollten dies auch gar nicht. Stellvertretend für sie stand die Leiterin des Referates „S" der Tiroler Landesregierung, Viktoria Stadlmayer, die in einer internen Besprechung in Innsbruck klarmachte: „Das Programm interessiert uns gar nicht. Wir wollen noch weitergehen und dann das Selbstbestimmungsrecht verlangen." Für sie natürlich nur mit friedlichen Mitteln – als Forderung auf der Landesversammlung und mit passivem Widerstand. Andere waren bereit, dafür Bomben zu werfen.

Die Realisten und Moderaten in der SVP-Führung sahen das vollkommen anders. Selbst die De-jure-Trennung der Region stand nicht im Vordergrund. Silvius Magnago machte Anfang 1961 seine grundsätzliche Position klar, nämlich:

> *„Uns geht es nicht darum, ob die Provinz Bozen jetzt morgen Region heißt, sondern darum, daß diese Provinz Bozen auch innerhalb einer Region alle Zuständigkeiten hat, die sie braucht."*

Und weiter:

> *„Ich betone noch einmal: Wenn morgen noch eine Region bestünde, die nur eine Kompetenz hat, und wir aber alles Wesentliche haben, dann kommt es mir nicht auf den Namen an."*

Das blieb sein Ziel auch in den folgenden Jahren. Er lehnte dabei Gewalt absolut ab, aus ethischen, religiösen und demokratischen Überzeugungen. An einer Stelle meinte er einmal: „Wer glaubt, zu Gewalt greifen zu müssen, verstößt gegen die Richtlinien der SVP." Und die Partei durfte auf keinen Fall in Gefahr gebracht werden. Im Protokoll der SVP-Parteileitungssitzung am 12. Juni 1961, einen Tag nach der „Feuernacht", heißt es:

> *„Dr. Magnago hält die Vermischung mit den Höhenfeuern am Herz-Jesu-Sonntag für geschmacklos. Offensichtlich handelt es sich um eine Großorganisation, welche gefährlich ist. Die Mandanten dieser Aktion wollen jedes ruhigere Klima sabotieren und die Situation auf die Spitze treiben, die Polizei soll sabotiert werden, damit sie sich zu Repressalien hinreißt usw. Das Ende ist dann eine Situation, in der die Fortführung der Verhandlungen keine Aussicht auf Erfolg mehr bietet."*

Die folgenden Wochen und Monate des Jahres 1961 wurden zu einer weiteren Bewährungsprobe für Magnago. Mit Peter Brugger fuhr er Ende Juli nach Zürich zu Außenminister Bruno Kreisky (Zürich war der Sitz der EFTA; Kreisky hatte den Vorsitz, daher Zürich). Der sollte drei Fragen Bruggers zur Selbstbestimmung beantworten. Und die Antwort war klar: dreimal ein unmissverständliches Nein. Und Magnago stellte in dem Zusammenhang fest, dass die Attentatswelle auch den Südtirolern „großen Schaden verursacht habe, und zwar sowohl wirtschaftlichen als auch politischen. Insofern nämlich, als die Existenz der Partei in Gefahr gebracht wurde." Kreisky war bei der Gelegenheit für eine Annahme des Angebotes von Innenminister Mario Scelba, eine Kommission aus Italienern und Südtirolern zur Behandlung der Südtirolfrage einzurichten, auch wenn die Gefahr bestehe, so Kreisky, dass Italien damit Österreich als Gesprächspartner ausschalten wolle.

Mit der dann sogenannten 19er-Kommission führten die Italiener in der Tat ein „Doppelspiel", wie Kreisky das genannt hatte. Es war eine Kommission, die nur für die Diskussion vor der UNO im Herbst 1961 herhalten sollte. Dort „schlachteten" die Italiener dann diese Kommission aus, wie Magnago das im November formulierte. Seine Erwartung auf Hilfe von der UNO hatte sich nicht erfüllt, „weil die 19er-Kommission da war", wie er meinte. Seine ganze Hoffnung hängte er trotzdem an diese Kommission, denn, so betonte er Ende 1961, wenn keine Einigung in der 19er-Kommission erzielt werde, „stehen wir vor dem Nichts".

Von den Attentaten des Jahres 1961 hat Magnago nachweislich nichts gewusst, anders als zwei oder drei Mitglieder im Parteivorstand. Dass die Gefahr einer Spaltung der Partei 1961 bestand, wird im Zusammenhang mit dem „Aufbau" – einer Gruppierung innerhalb der SVP – deutlich. Die damit verbundene Krise innerhalb der Partei lenkte dann allerdings die SVP in einer schwierigen Phase der durch Magnago geleisteten „Versöhnung" in eine Richtung, in der auch die wirtschaftlichen und sozialen Probleme in Südtirol mehr als zuvor beachtet wurden.

Die 19er-Kommission schleppte sich in den folgenden Wochen und Monaten jedenfalls mehr schlecht als recht dahin, wurde nur mit Mühe am Leben erhalten, und zwar in erster Linie durch ihren Vorsitzenden, den Sozialisten Paolo Rossi, und Silvius Magnago: mit Konsequenzen für die Partei. Franz Widmann, einflussreiches Mitglied der Parteileitung, 1957 einer der „Königsmacher" bei der Wahl Magnagos zum Obmann der SVP und 1961 Mitwisser der „Feuernacht", meldete schon 1962 massive Kritik an dessen Führungsstil an. Die Entwicklung in der Partei schien ihm „bedenklich und der wirksamen Vertretung" der gemeinsamen Sache „nur schädlich" zu sein. Das war eben auch Magnago: Eine Sammelpartei mit den unterschiedlichsten Interessen zusammenzuhalten, bedurfte nicht nur der Taktik und Strategie, sondern manchmal auch autoritärer Entscheidungen. Das gelang ihm, wenn auch nicht immer ohne Widerspruch. Dennoch: In all seinen Funktionen ist er immer wieder, und darauf legte er besonderen Wert, mit überwältigender Mehrheit in demokratischen Wahlen gewählt worden.

Seit den Attentaten 1961 verweigerte Italien das Gespräch mit Österreich. Ende September 1963 meinte Bruno Kreisky genervt, es stelle sich die Frage, wie lange sich die Österreicher dies noch gefallen lassen könnten. Die Dinge änderten sich erst ab Dezember 1963 mit der Bildung der Mitte-links-Regierung in Rom unter Aldo Moro und Giuseppe Saragat. Die 19er-Kommission arbeitete nun unter Hochdruck, und im Sommer 1964 lag das vor, was damals schon als „Paket" bezeichnet wurde. Von offizieller österreichischer Seite hieß es damals in einer internen Analyse über Magnago, er habe

„größte Sympathien und Autorität in der Bevölkerung wegen seiner untadeligen und ehrenhaften Gesinnung und seiner persönlichen Ambitionslosigkeit. Er entwickelte sich in den letzten Jahren zu einem guten Praktiker; hat viele, vielleicht allzu viele Hoffnungen verloren und sieht deshalb vielleicht nur den Spatz in der Hand."

Der Spatz in der Hand war aber in jedem Fall besser als die nicht erreichbare Taube auf dem Dach, die auch mit Gewalt und Terror nicht zu haben war. Ende 1964 glaubte Außenminister Kreisky, er habe die Verhandlungen mit Saragat erfolgreich abgeschlossen. Die Tiroler machten ihm Anfang 1965 dann aber in einer ganztägigen Sitzung in Innsbruck einen Strich durch die Rechnung. Den Nordtirolern ging die internationale Absicherung nicht weit genug, den Südtirolern fehlte es an innerer Substanz der Vereinbarung. Kreisky hat dies den Tirolern nie wieder vergessen und verlor das Interesse an der Südtirolfrage.

Damals hielt Silvius Magnago unbeirrt Kurs. Er war der Meinung, wie er es einmal formulierte, „daß der Strick so lange gezogen werden sollte, daß er eben gerade nicht reißt". Mehrfach unternahm er in Rom die vielzitierten Missionen „Bodenlockerung", wie er das nannte. Immer wieder hatte er das Gefühl, „daß man den Strick noch etwas ziehen könne". Der entgegenkommendste Gesprächspartner in Rom war Aldo Moro. Anfang 1967 ging es um die vielzitierten „chiarimenti" zum „Paket". Die waren dann so geheim, dass Magnago sie auf neun Seiten zusammenfasste, aber auch innerhalb der SVP keine Abschriften verteilte.

Über alle Verhandlungen berichtete Magnago damals auch den Nordtirolern, ohne die damals in Südtirol nichts lief; vornehmlich traf man sich in Gries am Brenner. Als Magnago dort über die „chiarimenti" berichtete, machte er auch klar, dass er dem Herrn Landeshauptmann Wallnöfer keine Abschrift geben könne, weil er auch keinem Mitglied der Parteileitung eine Abschrift gegeben habe. Das wurde von den Nordtirolern mit einer gewissen „Indignation" zur Kenntnis genommen.

Magnago war ein gewiefter Taktiker und Pragmatiker. Er kannte die Stimmung in der Bevölkerung und in der Partei genau, und von daher wusste er auch, dass es nicht einfach sein würde, seine Vorstellung von der Zukunft Südtirols, sprich: Autonomie, durchzusetzen. Die einen Gegner einer solchen Lösung warfen Bomben und wurden so zu Terroristen. Die anderen konzentrierten sich auf die internationale Verankerung dessen, was die Italiener bereit waren, im „Paket" zuzugestehen. Die Emotionen gingen damals hoch, wie auch die Äußerung von Hans Dietl gegenüber Österreichs Außenminister Tončić-Sorinj deutlich macht: „Wir hassen Sie, weil Sie das Südtiroler Volk in das Faulbett der Autonomie pressen wollen."

So wie Hans Dietl blieb auch Peter Brugger vom Parteivorstand ein Gegner der Autonomie. Er war nicht davon überzeugt, wie er Ende 1968 deutlich machte,

> „daß wir etwa, wenn wir das Paket bekommen, wie vorgesehen, gesichert sind. Mit dem Paket allein sind wir als Südtiroler nicht gesichert, auch wenn wir alles tun, um Südtiroler zu bleiben."

Und dann kam ein geradezu klassischer Vorschlag:

> „Wenn wir die Frage Südtirol so lösen, daß sie für alle Zeiten offen gehalten ist, dann wäre ich einverstanden."

Eine solche Lösung aber gab es nicht. Der neue österreichische Außenminister Kurt Waldheim machte 1968 klar, was der Abschluss mit Italien bedeuten werde: Den Südtirolern würden neue Wege und Möglichkeiten eröffnet, das Pariser Abkommen zu verwirklichen,

Südtirol würde ein Modellfall für alle vernünftigen Minderheitenlösungen, das Verhältnis zu Österreichs Nachbarn Italien werde entlastet, und es würden neue Grundlagen für Freundschaft und Zusammenarbeit geschaffen. Er wäre eine Bestätigung der Verlässlichkeit und Glaubwürdigkeit der österreichischen Außenpolitik und würde möglicherweise auch zu einem Ende des Terrorismus führen. Was den Terror betraf, so war auch für Magnago klar, dass die Terroristen sich ohnehin mit keiner denkbaren und vernünftigen Kompromisslösung abfinden würden und deshalb mit Terrorakten so oder so wenigstens für eine gewisse Zeit noch gerechnet werden müsse. Und am Ende einer der vielen Südtirolbesprechungen stellte er die Frage, ob man es verantworten könne, ein nicht voll befriedigendes, aber immerhin positives „Paket" „davonschwimmen" zu lassen. Und er gab selbst die Antwort:

> *„Eines ist sicher, daß wir mit einer besseren Autonomie besser gesichert sind als mit einer schlechteren. Ob sie eine Garantie für unser Weiterleben ist, das hängt weitgehend von uns ab. Man kann natürlich auch sagen, wenn es uns zu gut geht, werden wir lax. Das sage ich auch meinen Wählern immer wieder. Ich möchte aber nicht, daß wir so lange diskutieren, bis wir eine Minderheit sind und keinen Einfluß mehr haben. Denn die Möglichkeit, Einfluß zu nehmen, ist eben gegeben durch verschiedene Paketpunkte. Ich möchte sagen, eine perfekte Lösung gibt es nicht. Es gibt nur Lösungen, die nach menschlichem Ermessen zum Ziel führen. Ich möchte nicht, daß wir in zehn Jahren noch einmal da sind und zehn Jahre für unsere Volksgruppe verloren haben. Ich bin der Meinung, daß wir den Weg jetzt weitergehen, und daß dann die*

Vertretung des Südtiroler Volkes entscheiden und alle Verantwortung übernehmen muß."

Das geschah im November 1969 in Meran, in jener „Nacht der Nächte", wenn auch nur ganz knapp.

Inzwischen sind mehr als vierzig Jahre vergangen. Magnagos Worte können an der Realität gemessen werden. Die Autonomie war der richtige Weg, ein Weg, der von seinem Nachfolger Luis Durnwalder sehr erfolgreich zur „dynamischen" Autonomie weiterentwickelt worden ist. Im Jahr der Landtagswahl 2013 reichte das offensichtlich nicht mehr. Die SVP wollte und will die Vollautonomie, die deutschen Parteien rechts von ihr und die Schützen wollen „Los von Rom", verlangen die Selbstbestimmung und sprechen vom Freistaat Südtirol bzw. von Rückkehr zu Österreich.

3.
Bruno Kreisky

Am 22. Jänner 2011 wäre Bruno Kreisky 100 Jahre alt geworden. Über ihn und die aufkommende Kreisky-Nostalgie ist damals viel geschrieben worden. Ein Thema wurde dabei aber wenig bis gar nicht erwähnt, obwohl Kreisky als Außenminister damit jahrelang fast täglich zu tun hatte: Südtirol. Als Außenminister legte er den Grundstein für das, was als „Paket" in die Geschichte des Landes eingegangen ist und als Basis für das zweite Autonomiestatut des Jahres 1972 gilt.

Als Bruno Kreisky 1959 Außenminister wurde, erkannte er sehr früh, dass Südtirol nicht nur ein Prüfstein für seine Politik war, sondern auch eine Chance

Österreichs Außenminister Bruno Kreisky (l.) mit seinem italienischen Kollegen Giuseppe Saragat.

bot, sich zu profilieren. Er erklärte die Südtirolfrage folgerichtig öffentlich zum Thema Nummer eins der österreichischen Außenpolitik und hieß schon bald „der Minister für das Äußerste"; intern nannte man ihn in Anspielung auf Andreas Hofer „Andreas", was er nicht ungern hörte.

Wie schwierig das Thema Südtirol war, sollte Kreisky dann aber gleich zu Beginn seiner Amtszeit erfahren. Es ging um eine geheime Besprechung im Landhaus in Innsbruck am 1. August 1959, in der Kreisky zum ersten Mal Vertreter aus Nord- und Südtirol traf. Es war Kreiskys erste Reise als Außenminister, worauf er gleich zu Beginn der Sitzung als Zeichen seines Interesses für die Südtirolfrage ausdrücklich hinwies. Bis zu diesem Zeitpunkt war Südtirolpolitik primär Sache der ÖVP gewesen. SVP-Obmann Silvius Magnago war damals davon überzeugt, dass Unterstützung in erster Linie von der ÖVP kommen würde. Die SVP definierte sich als eine christliche, demokratische Partei; und von daher wurden die Kontakte vorwiegend mit der österreichischen Bruderpartei ÖVP gepflegt. Und dann war 1959 das Unmögliche geschehen und ein Sozialist, der zudem noch Jude war, Chef des Außenministeriums in Wien geworden. Die sozialistische SPÖ würde von nun an Österreichs Außenpolitik – und damit auch die Südtirolpolitik – bestimmen. Das war für einige Nord- und Südtiroler ein harter Brocken, wie der italienische Generalkonsul in Innsbruck notierte. Dem neuen Außenminister bereiteten die Südtiroler für diesen 1. August denn auch eine Überraschung. Sie forderten nämlich die Selbstbestimmung, die Kreisky noch im gleichen Jahr im Herbst in der UNO beantragen sollte. Das war mit Kreisky gar nicht zu machen; er blockte das Südtiroler Ansinnen geschickt ab, musste aber zugestehen, dass er das Südtirolproblem erstmals vor der UNO erläutern wolle (was er im September auch tat).

Auch sonst war es eine denkwürdige Sitzung, die zu weitreichenden Konsequenzen führte. Die Marschroute gab die Leiterin des Referates „S" (Südtirol) der Tiroler Landesregierung, die hochangesehene Viktoria Stadlmayer, vor. Sie befürchtete, wie sie dem Staatssekretär im Außenministerium und väterlichen Freund, Franz Gschnitzer, schrieb, dass Kreisky „die Südtirolfrage total an sich reißen will und, wenn es dann einmal so weit ist, mit den Italienern reden wird, was er schon angekündigt hat". Welch eine furchtbare Vorstellung für sie, die doch die Selbstbestimmung für Südtirol wollte! Sie hatte starke Zweifel, ob Kreisky dann so viel erreichen würde, „wie wir möchten, aber er wird einiges erreichen, und wenn wir dann keine freie Hand mehr haben, uns zwingen, dieses einige anzunehmen". Wie sollte man sich unter diesen Umständen verhalten? Sie empfahl eine interessante Taktik, die Anfang 1965 von den Tirolern auch so gespielt wurde. Man solle Kreisky und seine Aktivität

> *„als eine große Woge ansehen, auf die man sich legt und von der man sich tragen läßt, um sich dann, wenn sie wieder ins Meer zurückfallen will, mit einem Sprung abzustoßen und mit eigener Kraft das feste Land zu erfassen".*

Die Südtirolfrage musste nach Meinung Kreiskys aus dem Parteienstreit herausgehalten werden – was letztlich nicht gelang –, und er machte den (Süd-)Tirolern die Zusicherung, es würde keine Lösung ohne ihre Zustimmung geben.

Ein Blick in die Protokolle der zahlreichen geheimen Südtirolbesprechungen zeigt, wie Kreisky als Bürger von Welt in großen Monologen den Tirolern die Weltpolitik erklärte – und die hörten in der Regel schweigend zu, um dann ihre Forderungen anzumelden. Anfang 1960 wollten sie um beinahe jeden Preis zur UNO. Kreisky hätte dies gern vermieden und war mit Bundeskanzler Julius Raab im Sommer bereit, auf das Angebot des italienischen Ministerpräsidenten Tambroni zu Geheimgesprächen einzugehen. Alles war für diese Gespräche in Genf vorbereitet. Die (Süd-)Tiroler waren dagegen, sahen im Angebot nur eine „Falle" und torpedierten das Unternehmen, und dies trotz des Appells Kreiskys in einer dramatischen Sitzung am 1. Juni 1960 in Innsbruck: „Ich beschwöre Sie daher noch einmal: akzeptieren Sie um einer besseren Ausgangslage willen die von mir vorgeschlagene Form." Am

Ende sah er keine Möglichkeit der Überbrückung der verschiedenen Auffassungen. Es war eine bemerkenswerte Sitzung. In einer Aufzeichnung heißt es darüber:

„Bei dieser Konferenz konnte zum ersten Mal eine erregte Stimmung, wie sie noch nie vorhanden war, festgestellt werden. Es war auch erstmalig, daß die Tiroler Politiker und der Außenminister mit gegenteiligen Meinungen voneinander gingen."

Kreisky wollte dennoch diese Geheimgespräche und erhielt dafür erneut die Zustimmung von Bundeskanzler Raab. Eine Tiroler Indiskretion – in der Wiener Presse konnte man etwas von bevorstehenden Geheimgesprächen lesen – beendete diese Gespräche, bevor sie begonnen hatten. Tambroni sagte ab.

Stattdessen gab es den Beschluss des Ministerrats, die Südtirolfrage vor die UNO zu bringen – dies gegen die massive Intervention der USA, Großbritanniens und Frankreichs.

Mit dieser Entscheidung begann ein neues Kapitel in der Südtirolfrage. In New York setzten sich zunächst die „Radikalen" in der österreichischen Delegation durch: Es wurde eine Resolution eingebracht, in der das Gruber-De Gasperi-Abkommen aus dem Jahre 1946 gegen den Rat von Kurt Waldheim nicht erwähnt wurde. Tirols ÖVP-Landesrat Aloys Oberhammer (Kreisky: „pathologisch veranlagt") schrieb triumphierend nach Innsbruck: „Mit dem Einbringen unserer Resolution haben wir unsere Schiffe verbrannt." Er und seine Mitstreiter hofften auf Ablehnung, um dann mit umso größerer Berechtigung die Selbstbestimmung fordern zu können – eine Rechnung, die nicht aufging.

Die Realität in New York sah nämlich anders aus. Die ersten drei Tage der Debatte entwickelten sich für Österreich zu einem „Debakel", wie die Briten das formulierten. Und Kreisky beschwor die Delegation, sich nicht zu „zerfleischen". Am Ende gab es dann mit viel Glück durch Solidarität kleiner Staaten mit dem kleinen Österreich – nachdem die USA Österreich massiv angegriffen und sich auf die Seite Italiens geschlagen hatten – die bekannte Resolution, in der Italien und Österreich aufgefordert wurden, ihre Probleme auf der Basis des Gruber-De Gasperi-Abkommens in Verhandlungen zu lösen, was von Delegationsmitgliedern zuvor noch als „unannehmbar" bezeichnet worden war. Wäre es anders gelaufen, wäre Kreisky zurückgetreten. Den drei Südtirolern, die in New York mit dabei gewesen waren, gab er mit auf den Weg, sie sollten bei ihrer Berichterstattung in Südtirol klarmachen,

> „daß eine Forderung nach dem Selbstbestimmungsrecht hier zu einer wirklichen Katastrophe geführt hätte; man hätte eine grausame Niederlage erlitten; es hätte sich daraus kein Ausweg gefunden, und die besten Freunde Österreichs wären ernstlich verstimmt gewesen."

Zum deutschen Botschafter in Wien meinte er, er sei sehr befriedigt darüber,

> „daß der Anschauungsunterricht, der gewissen Nord- und Südtiroler Kreisen in New York geboten worden sei, dazu geführt habe, daß man beginne, die Dinge in den richtigen Proportionen zu sehen, nachdem in den genannten Kreisen zunächst die Meinung ge-

herrsch habe, als drehe sich sozusagen die ganze Welt um Südtirol".

Die „Radikalen" wollten die Selbstbestimmung, lehnten jede Art von Landesautonomie ab. Oberhammer: „Am Ende geben uns die Italiener die Landesautonomie, und dann stehen wir da." Und SVP-Vorstandsmitglied Peter Brugger hatte schon 1959 gesagt, worum es gehen müsse, nämlich „langsam auf Selbstbestimmung umstecken". Mit Kreisky und anderen Realpolitikern – u. a. SVP-Obmann Silvius Magnago – war eine solche Politik nicht zu machen. Zwei Gründe sprachen dagegen:

Zum einen war das außenpolitisch nicht durchzuhalten. 1959 hatte Italien nämlich zur Freude der USA zugestimmt, Atomraketen in Italien zu stationieren. Und die wurden – ein genialer Schachzug Roms – in Südtirol aufgestellt. Damit hatte Südtirol strategische Bedeutung im Kalten Krieg erhalten. Und das bedeutete: Dieses Gebiet würde niemals dem kleinen, neutralen Österreich zurückgegeben. Die USA weigerten sich denn auch, als Vermittler zwischen Österreich und Italien tätig zu werden, zumal in ihren Augen, wie Außenminister Dean Rusk einmal meinte, ein neutraler Staat im Kalten Krieg sowieso „asozial" sei. Kreisky versuchte verzweifelt, ihn vom Gegenteil zu überzeugen.

Zum anderen gab es für Kreisky innenpolitische Gründe, die gegen eine Rückkehr Südtirols zu Österreich sprachen, wie er einmal intern formulierte: Erstens könne man die 150.000 Italiener nicht aus Südtirol „austreiben", man werde sie aber „nicht ernstlich in den österreichischen Staatsverband hereinnehmen wollen". Und zweitens: da es sich bei der SVP seiner

Meinung nach „im wesentlichen um eine Schwesterpartei der ÖVP handele", habe er kein Interesse daran, der ÖVP zu neuen Wählern zu verhelfen.

Die Gespräche mit den Italienern Anfang 1961 verliefen zäh, aber ein Erfolg war nicht auszuschließen. Dann kam im Juni die vielzitierte „Feuernacht", um genau das zu verhindern. Aus taktischen Gründen boten die Italiener daraufhin der SVP das inneritalienische Gespräch an. Kreisky empfahl den Südtirolern die Annahme des Angebots, obwohl er sehr deutlich erkannte, was hinter dem italienischen „Doppelspiel", wie er das nannte, steckte, nämlich „Österreich auszuschalten und direkte Verhandlungen als Niederlage Österreichs darzustellen". Genauso kam es. Im September 1963 meinte Kreisky, Italien weigere sich seit zwei Jahren, mit Österreich zu verhandeln, und „dabei stellt sich die Frage, wie lange kann sich Österreich dies gefallen lassen?"

Ein Wort zu Kreisky und den „Freiheitskämpfern" 1961. Hier steht Aussage gegen Aussage. Kreisky hat nachweislich mit Aktivisten der „Feuernacht" gesprochen; seine Reaktion hat diese offensichtlich in ihren Aktivitäten in Südtirol bestärkt. Über die Attentate war er nicht besonders überrascht. Er hatte diese Geister sicherlich nicht gerufen und hatte mit jenen, die später zum direkten Terror und Morden übergingen, absolut nichts zu tun.

Die Dinge änderten sich grundlegend erst ab Dezember 1963 mit der Bildung der ersten Mitte-links-Regierung in Rom unter Aldo Moro und Außenminister Giuseppe Saragat. Saragat, der in Wien im Exil gelebt hatte, lud Kreisky sofort zu einem Gespräch ein, in dem er eine globale und vollständige Regelung der Südtirolfrage ankündigte: „Keine andere italienische Regierung werde mehr als die derzeitige bereit sein, das Südtirolproblem durch entsprechend große Konzessionen [...] zu bereinigen."

Ein Jahr später war man sich einig: Kreisky war davon überzeugt, dass er mit seinem italienischen Kollegen eine gute Lösung ausgearbeitet hatte, die mit dazu dienen sollte, eine neue Ära in den Beziehungen zwischen Österreich und Italien einzuleiten. Diese Lösung war für ihn der Durchbruch, ein erster großer Triumph seiner Außenpolitik. Im Außenministerium waren damals bereits sämtliche Dokumente vorbereitet: die Erklärungen im Nationalrat und vor der UNO. Es musste nur noch das Datum eingetragen werden. Kreisky hatte auch bereits einen festen Fahrplan für seine geplanten großen Auftritte in Bozen und New York. Seiner Meinung nach hatte er das Optimum für Südtirol herausgeholt. Und von daher wollte er abschließen. Für den 8. Jänner 1965 berief er eine große Südtirolbesprechung nach Innsbruck ein, wo die Tiroler diesen Abschluss absegnen sollten. Aber es sollte alles ganz anders kommen.

Die Tiroler trafen sich nämlich zunächst einmal in kleiner Runde am 5. Jänner zu einer, wie Tirols Landeshauptmann Wallnöfer das formulierte, „koordinierenden Besprechung". Am Ende dieser Sitzung war klar, dass man ablehnen würde: den Nordtirolern fehlte es an Absicherung, den Südtirolern an Inhalt. Drei Tage später erlebte Kreisky dann sein Südtirol-Waterloo im Landhaus in Innsbruck. Von 14.30 Uhr bis 19.45 Uhr fand eine der wichtigsten der so zahlreichen Südtirolbesprechungen statt, an deren Ende Kreiskys Verhandlungsergebnis abgelehnt wurde. Es war gleichzeitig jene Südtirolbesprechung mit der größten Teilnehmerzahl überhaupt. Kreisky ahnte wohl, dass sein „Paket" abgelehnt werden würde. Ausführlich gab er Antworten auf die gestellten Fragen, meinte dann aber, man habe ungeheure Anstrengungen hinter sich und sei bereit, alles auf sich zu nehmen,

> *„aber klar müssen Sie sich sein über die Grenzen unserer Möglichkeiten. Ich möchte Ihnen aber sagen: Sie kriegen von uns eine Geschichte dieser Verhandlungen, und ich lade Sie ein, sich das ein bißchen anzusehen, wie das ausgesehen hat noch vor zwei, drei und vier Jahren. Was da alles geschehen ist."*

Es war nichts zu machen. Kreisky konnte die Tiroler nicht überzeugen. Am Ende bat ihn Peter Brugger vom SVP-Vorstand, nicht den Eindruck mitzunehmen, dass die Südtiroler ganz undankbar seien. Es gehe ihnen um Dinge, die die Existenz als Volksgruppe ausmachten, „und wir bitten Sie, uns in diesem Sinne zu verstehen".

Es war eine denkwürdige Sitzung (im Wortlaut nachzulesen in Band 5 der in der Vorbemerkung erwähnten Aktenedition). Kreisky war maßlos enttäuscht und fühlte sich persönlich hintergangen, hatten ihm doch vier Wochen zuvor die Landeshauptleute von Tirol und Südtirol, Wallnöfer und Magnago, in seiner Wohnung in Wien Zustimmung signalisiert – und dies nach seinem ausdrücklichen Hinweis, er wolle nicht „im nachhinein desavouiert werden". Genau das war aus seiner Sicht geschehen. Es war genau das passiert, was Stadlmayer 1959 als Taktik ausgegeben hatte: Die Tiroler waren abgesprungen. Sogar der deutsche Botschafter in Wien hatte geahnt, was kommen würde. Er notierte:

„Diese Versuche der SPÖ, etwaige Fortschritte in der Südtirolfrage von vornherein für sich zu verbuchen, sind von der ÖVP mit Unbehagen vermerkt worden."

Das war wohl so. Für viele war Südtirol alleiniges „Jagdrevier" der ÖVP. Dem Sozialisten Kreisky würde man dort keinen Erfolg gönnen. Und so kam, was wohl kommen musste: Die Tiroler machten Kreisky alles kaputt. Zumindest empfand er das so. Kreisky vergaß das nie mehr. Die Südtirolfrage, mit der er sieben Jahre lang fast täglich zu tun gehabt hatte, interessierte ihn von nun an nicht mehr. Die Südtiroler hielt er schlicht und einfach für „verrückt", wie er intern meinte. Das waren starke Worte und sie zeigten seine Verbitterung – in die er auch die Nordtiroler mit einschloss. Ab diesem Moment war bei ihm jedenfalls ein deutliches Nachlassen seines Südtirol-Engagements und die Hinwendung zu anderen außenpolitischen Zielen erkennbar.

Er lehnte gleichzeitig jede andere Lösung ab und ging, nachdem die ÖVP seit Frühjahr 1966 die Alleinregierung stellte, mit der SPÖ auf Totalopposition gegen die angestrebte Lösung seiner Nachfolger Tončić-Sorinj und Waldheim. Er versuchte sogar, durch die Gründung der Sozialen Fortschrittspartei in Südtirol die SVP zu schwächen. Letztlich lehnte die SPÖ im Nationalrat 1969 auch die vielzitierte Paketlösung ab.

Diese Einstellung war auch noch Jahre später, im Dezember 1980, in einem Fernsehinterview zu bemerken, als Kreisky eine kurze, aber prägnante Analyse der damaligen politischen Entwicklung lieferte:

„Ich konnte das damals erzielte Paket nicht durchsetzen, weil das den Herren der beiden Volksparteien

nicht gepaßt hat. Ab '66 hat man dann ein etwas weniger gut verschnürtes Paket akzeptiert; das war dann der Weisheit letzter Schluß."

Von einer Schützenveranstaltung in Schlanders ist folgender Satz eines Teilnehmers überliefert: „Für das angestammte Landl hat der Teifl nix mehr übrig." Genauso war es! Unabhängig davon hatte er den Grundstein für das gelegt, was als „Paket" in die Geschichte Südtirols eingegangen ist.

4.
Toni Ebner

Der am 22. Dezember 1918 als achtes von 16 Kindern auf einem Bauernhof in Aldein geborene Toni Ebner ist neben Kanonikus Michael Gamper und Silvius Magnago einer der ganz großen Persönlichkeiten Südtirols. Das hatte sich schon abgezeichnet. Während der Option 1939 war er ein überzeugter „Dableiber", 1945 Mitbegründer der Südtiroler Volkspartei und in den folgenden, besonders schweren Jahren in entscheidenden Funktionen Mitgestalter der Südtirolpolitik: Als jüngster Abgeordneter der römischen Kammer von 1948 bis 1963, als Mitglied im Europarat und 1951/52 und 1956/57 als Obmann der Partei, als politischer Beobachter Journalist und ab 1951 auch als Unternehmer.

Die Werte und Grundsätze, die den Politiker, Journalisten, Unternehmer und vor allem Menschen Toni Ebner ausmachten, lassen sich vielleicht so zusammenfassen: christlicher, konservativ geprägter Glaube, Ablehnung jeder Art von Sozialismus, Südtirol als Brücke, Ausbau der Autonomie, Erhalt des Volkstums, Einheit der Südtiroler Volkspartei (SVP), Ablehnung von Gewalt als Mittel der Politik. Das waren Überzeugungen, die er niemals um des billigen Beifalls willen aufgab. Er war ein konservativer Südtiroler, wenn es um die Förderung und Pflege bewährter Werte ging, er war ein moderner Südtiroler bei allem, was das Zeitungsmachen betraf.

Ebner war ein Mann, der in Südtirol und der Welt zu Hause war, dabei aber mit seiner Heimat – Aldein im Südtiroler Unterland – tief verwurzelt blieb. In Sprache und Umgang blieb er der einfache Sohn dieser Heimat: Diese Heimat war die Bergbauernfamilie in Aldein, aus der er stammte. Faschismus und Zweiter Weltkrieg waren für ihn die harte Schule, die die erste Hälfte seines Lebens ausfüllte, die seine Persönlichkeit und seinen Charakter prägte. Höhepunkt war hier zweifelsohne die Option.

Dabei verstand dieser Bergbauernbub, in der zweiten Hälfte seines Lebens über die Grenzen Aldeins hinauszuschauen als ein Mann, der mit Leib und Seele Politiker und ebenso Journalist, Verleger und Unternehmer war und das politische Leben in Südtirol im Geiste seines großen Vorbildes und Lehrmeisters Michael Gamper entscheidend mitprägte. Als Mitgründer der SVP 1945 und erster Sekretär dieser Partei kämpfte er vom ersten Tag an für diese Partei und für Südtirol. Das war nicht einfach, weil viele Südtiroler von Parteien nichts mehr wissen wollten. Und in späteren Jahren, als sich niemand in der SVP bereit fand, schwierige, meist undankbare Aufgaben zu übernehmen, stand er bereit: 1951/52 und 1956/57 als Obmann der Partei. Er kämpfte mit großer Überzeugungskraft und großem Einsatz in Rom für die Rechte der Südtiroler und informierte in Straßburg die Europäer über das Problem Südtirol. Es kam damals weder Hilfe von Innsbruck noch von Österreich. Das ging so weit, dass er 1953 Österreichs Außenminister Karl Gruber in Wien einmal direkt fragte, ob der Südtirol „aufgegeben" habe.

Als Parteiobmann hatte er einen Plan: mit Rom so gut wie eben möglich über die Umsetzung des Autonomiestatuts von 1948 verhandeln – auch wenn das noch so schwierig und frustrierend war –, um dann mit einem unabhängigen Österreich als „Schutzmacht" im Rücken verstärkt in Rom vorstellig zu werden. Der Plan wurde torpediert: 1955 wurde die Schwächung der Partei, unmittelbar bevor Österreich den Staatsvertrag erhielt, provoziert. Auf der SVP-Landesversammlung 1957 folgte eine parteiinterne, infame Intrige: Die alte Parteiführung wurde abserviert – obwohl Ebner gar nicht mehr als Obmann kandidiert hatte. Ebner wollte auch Europa in der Südtirolfrage engagieren: Die neue Parteiführung lehnte das ab und setzte ausschließlich auf die UNO. Erst spät erinnerte sich die Partei an Europa, nachdem die UNO nicht das gewünschte Ergebnis gebracht hatte.

Toni Ebner war ein Mann von Format, klar, geradlinig, gesinnungstreu, unerschrocken. Die Kraft für sein Wirken fand er in seinem klaren bäuerlichen, humanistisch geschulten Denken, im Zusammenhalt seiner Familie, in der Anhänglichkeit, mit der er seiner Heimat Aldein zugetan war, und in der Selbstverständlichkeit eines christlichen Lebens. Im Kampf um die Rechte der Südtiroler stand er von Anfang an vorderster Front. Er war ein Horcher ins Volk, wusste um die Seele der Südtiroler, kannte ihre Stärken und Schwächen.

Dabei ging es ihm immer um den Erhalt des Volkstums und die Einheit der Partei und damit verbunden um den Ausbau der Autonomie: Eines seiner Lieblingsthemen war dabei die rechtliche Sicherung der Schulen und des Lehrerstandes. Von 1948 bis 1963 war er Mitglied der Schulkommission im römischen Parlament.

Toni Ebner war ein Mann der klaren Worte, ein Mann mit Handschlagqualität, ein streng katholisch-konservativer Politiker, tief im Christentum verankert, allerdings fortschrittlich konservativ, Hüter alter Werte und gleichzeitig Wegbereiter neuer Entwicklungen. Das Tiroler Volkstum setzte er über alle anderen Werte, verband dies allerdings mit echter europäischer Gesinnung – auch dies ganz im Sinne seines Mentors, des Kanonikus Michael Gamper. Südtirol war für ihn ein europäisches Problem, das in Europa gelöst werden musste. Unvergessen in diesem Zusammenhang ist seine Rede vom 31. Oktober 1957 in Straßburg, die gegen anfängliche Widerstände dazu führte, dass sein Resolutionsantrag zum Schutz der nationalen Minderheiten vom Europarat angenommen wurde. Diese Rede ist ein Beweis dafür, dass Ebner über einen außergewöhnlichen politischen Weitblick verfügte und in vielem die Weiterentwicklung, die damals nicht annähernd absehbar war, voraussagte.

Ebner war ein Mann mit Überzeugungen, für die er bereit war einzustehen, allen Anfeindungen zum Trotz. Er verurteilte kompromisslos jede Form von Gewaltanwendung zur Durchsetzung politischer Ziele – bis hin zur Gefährdung des eigenen Lebens. Auch da stand er ganz in der Tradition des Kanonikus, der im Options-Krisenjahr 1939 genauso gehandelt hatte – ebenfalls ohne Rücksicht auf das eigene Leben.

Die Jahre 1961/62 gehören dabei wohl zu den intensivsten und nachhaltigsten Jahren im Leben des

Toni Ebner, 1945 Mitbegründer der Südtiroler Volkspartei,
1951/52 und 1956/57 Obmann der Partei, 1948–1963
Abgeordneter der römischen Kammer, 1956–1981
Chefredakteur der Tageszeitung „Dolomiten".

Menschen und Politikers Toni Ebner. Stichworte „Feuernacht" und Gruppe „Aufbau". Der „Befreiungsaus-
schuss Südtirol" (BAS) führte in der Herz-Jesu-Nacht
vom 11. auf den 12. Juni 1961 seinen lange vorbereiteten
großen Schlag durch: In Südtirol wurden 37 Hochspannungsmasten, zwei Hochdruckleitungen und einige Eisenbahnmasten gesprengt. Auf Flugblättern hieß es u.a.:
„Wir fordern für Südtirol das Selbstbestimmungsrecht!"
Im letzten Satz wurde Kanonikus Gamper bemüht. Da
hieß es: „Wir ziehen in den Kampf mit einem Wort des
Kanonikus Gamper: ‚Ein Volk, das um nichts anderes
kämpft als um sein natürliches und verbrieftes Recht,
wird den Herrgott zum Bundesgenossen haben!'" Das
war aus dem berühmten Telegramm des Kanonikus,
das er 1956 vom Krankenbett als Grußwort der SVP-
Landesversammlung 1956 geschickt hatte.

Ebner lehnte es ab, politische Ziele mit Gewalt
zu erreichen. Aus dieser Haltung hatte er nie ein Ge-

heimnis gemacht. Wer lesen konnte und wollte, wusste das. Mit sicherem Gespür hatte er die wachsende Gewaltbereitschaft bei einigen Tirolern schon nach den 150-Jahr-Andreas-Hofer-Feiern 1959 registriert. 1960 warnte er erstmals öffentlich. Anlass war das Ergebnis einer vom Allensbacher Institut für Demoskopie in Südtirol durchgeführten Meinungsumfrage, die im Auftrag von Fritz Molden durchgeführt worden war. Molden war bekanntlich einer der Geldgeber des BAS. Zwölf Prozent der Südtiroler sprachen sich demnach dafür aus, dass im Land „bald losgeschlagen" würde, um mit Gewalt einen Anschluss an Österreich zu erzwingen. Die „Dolomiten" veröffentlichten die Daten am 18. Juni 1960, verbunden mit einem eindringlichen Kommentar von Ebner, in dem er jede Form von Gewalt ablehnte. Würde es dazu kommen, so Ebner, „wäre das nicht nur für die 12 %, sondern für die ganze Volksgruppe lebensgefährlich und käme einem Selbstmord im wahrsten Sinne des Wortes gleich. Wir sind gegen den Selbstmord – unter allen Umständen. Wir stehen daher auch bei dieser Gelegenheit nicht an, mit aller Klarheit und Offenheit zu wiederholen, dass wir den Versuch einer Gewaltlösung kategorisch ablehnen. [...] Wir können eine Lösung der Südtirolfrage nur auf dem Rechtswege erblicken".

In den „Dolomiten" am 13. Juni wurden die „verbrecherischen Sprengstoffanschläge" auf der ersten Seite ausführlich aufgelistet und auf den ersten Toten dieser Attentate verwiesen. Daneben hatte Toni Ebner seinen wohl berühmtesten Leitartikel „Geschändetes Herz-Jesu-Fest" platziert, in dem er die Attentate mit Nachdruck ablehnte und u. a. klarmachte: „Die Folgen und Schäden materieller Art sind erschreckend und ungeheuerlich. Das Schrecklichste ist aber der Tod eines unschuldigen Familienvaters. Die Erbitterung und Empörung unter der Bevölkerung über diese verantwortungslosen Anschläge noch unbekannter Terroristen sind groß und allgemein. Jeder einzelne und sporadische Sprenganschlag ist abzulehnen und zu verurteilen."

Abschließend hatte er unmissverständlich betont: „Als Südtiroler können wir in dieser schweren Stunde nur hoffen und beten, dass das Fest des Bundesherrn nie wieder durch Terrorakte geschändet und unser Land überhaupt vor denselben bewahrt werde."

Nach dem 12. Juni wurden Flugblätter und Briefe der Attentäter massenhaft verteilt – und immer wieder mit jenem bereits zitierten Satz von Kanonikus Michael Gamper. Hier sah Ebner das Erbe des Kanonikus vollkommen falsch interpretiert. Am 17. Juni legte er mit einem ganzseitigen Leitartikel „In ernster Stunde ..." in den „Dolomiten" nach und stellte klar, dass der Kanonikus mit dem zitierten Satz „aber bei Gott nicht gemeint hat, dass diejenigen den ‚Herrgott zum Bundesgenossen haben werden', die zur Gewaltanwendung und zum Aufruhr aufrufen. Diese beiden Dinge gehören nicht zu den ‚verbrieften und natürlichen Rechten des Volkes'". Ebner weiter:

„Kanonikus Gamper hat in einer viel schwärzeren Zeit als der unseren – zur Zeit der übelsten faschistischen Unterdrückung – für Südtirols Recht mannhaft gekämpft. Trotzdem damals zur Abschüttelung des diktatorischen Joches für die Gewaltanwendung eine moralische Rechtfertigung gegeben gewesen wäre, hat er zur Gewalt nie aufgerufen. Und er hätte die innere seelische Kraft dazu gehabt und wohl auch die Gefolgschaft im Volke gefunden. Er hat es nicht getan. Deshalb ist sein politisches Testament – in dieser Form dem Volke dargereicht – und sein Name in übelster Weise missbraucht worden. Das Südtiroler Volk wird den von ihm vorgezeichneten Weg der Legalität weitergehen!"

Ebners Artikel vom 13. und 17. Juni in den „Dolomiten" waren eine klare und kompromisslose Ablehnung von Gewalt und zugleich eine Abrechnung mit den Attentätern, die aus Ebners Sicht der Sache Südtirol keinen guten Dienst erwiesen hatten. Die Botschaft war eindeutig. Ebner wusste, dass sich die SVP-Führung zwar offiziell gegen die Bombenanschläge ausgesprochen hatte, aber einige Mitglieder inoffiziell anderer Meinung waren.

Für den BAS und dessen Sympathisanten galt Ebner von nun an als Verräter. Von nun an musste er mit dem Risiko leben, ermordet zu werden. Er und seine Frau Martha erhielten damals zahlreiche Todesdrohungen. Martha Ebner noch Jahrzehnte später: „Ich war terrorisiert. Ich hatte furchtbare Angst bei jedem Stück Waldweg, das ich fahren musste. Einmal bin ich mit kaputtem Auspuff ins Eggental hinein; ich hätte mich nie getraut, stehen zu bleiben."

Ebner und seine Familie durchlebten damals eine schlimme Zeit. Martha Ebner verzeiht das den BAS-Leuten bis heute nicht. Monatelang stand die Familie unter Polizeischutz. Das alles hielt Ebner allerdings nicht davon ab, an seiner Überzeugung festzuhalten. Das erinnert in mancher Beziehung an sein großes Vorbild, den Kanonikus, der 1939 genauso gehandelt hatte und ebenfalls mit Morddrohungen leben musste.

Er blieb seiner Überzeugung treu und war gegen jede Form von Gewalt – auch gegen jene von Seiten der Italiener. In einem weiteren, ebenfalls bis heute unvergessenen Leitartikel „Diese Schande muss getilgt werden!" machte er Anfang 1962 die Folterungen der Feuernacht-Attentäter durch die Carabinieri öffentlich – nachdem die Parteiführung geschwiegen hatte.

Er sah „seine" Partei damals auf einem gefährlichen Weg und machte im Herbst 1961 mit der Richtung „Aufbau" ein Angebot an die Partei mit weitreichenden Folgen: die Radikalisierung der Partei wurde damit gebrochen, wirtschaftliche und soziale Probleme erhielten in der Partei endlich die gebührende Bedeutung. Das ist damals von einigen Leuten so nicht gesehen worden. Und hatte Konsequenzen: 1963 kandidierte Ebner nicht mehr für das römische Parlament. Er verzichtet von sich aus auf eine Kandidatur angesichts der aufgeheizten – man kann auch sagen aufgehetzten – Stimmung in den Parteigremien gegen ihn und widmete sich mehr der journalistischen Tätigkeit als Chefredakteur der „Dolomiten". In zahllosen Leitartikeln analysierte und beschrieb er von nun an die politische Lage und informierte seine Landsleute über die Politik in und um Südtirol. Sein Einfluss auf die breite Öffentlichkeit kann dabei gar nicht hoch genug eingeschätzt werden. Er wurde zu dem „medialen Gewissen" Südtirols.

Daneben widmete er sich seiner zweiten Leidenschaft, dem Zeitungsmachen. Sein großer Mentor Kanonikus Michael Gamper hatte ihn schon 1951 zum Direktor der Athesia bestellt. Der Kanonikus war 1956 gestorben. Dessen ausdrücklichem Wunsch folgend übertrug der Vorstand des Verlagshauses Athesia Toni Ebner die Leitung des Unternehmens und den Posten des Chefredakteurs der „Dolomiten". In den folgenden Jahren entwickelte Ebner die Athesia zu einem der erfolgreichsten und auch technisch am besten aufgestellten Unternehmen seiner Branche. Gab es anfangs 100

Mitarbeiter, so waren es bei seinem Tod 1981 400. Er war ein Mann, der mit Leib und Seele Politiker, Journalist und Unternehmer war und das politische Leben in Südtirol im Geiste seines großen Vorbildes Michael Gamper entscheidend mitprägte.

Am 13. Dezember 1981 verstarb Toni Ebner an Herzversagen im Krankenhaus in Bozen. Es gab ungezählte Trauerbeweise aus allen Schichten der Bevölkerung von nah und fern und eine große Beteiligung an der drei Tage später stattfindenden Beerdigung. Südtirol hatte einen seiner ganz großen Söhne verloren, was im Moment seines Todes vielen bewusst geworden war. Mit Festigkeit und großer Charakterstärke war Toni Ebner einem hohen Ziel verpflichtet, nämlich der Südtiroler Heimat in Treue zu dienen. Was er in Südtirol geschaffen hatte, so Silvius Magnago in seiner Trauerrede, „wird in alle Zukunft ein Teil der Geschichte Südtirols bleiben, wenn wir davon sprechen, wie unser Volk nach den Jahren der Unterdrückung wieder zum Selbstbewusstsein gefunden hat". Mit den Worten seines Weggefährten Roland Riz: „Toni Ebner bleibt einer der großen Männer der Südtiroler Geschichte." Oder – kürzer formuliert – Toni Ebner hat sich um Südtirol verdient gemacht.

Zeittafel

(Ausführliche Angaben in meiner Arbeit „Südtirol im 20. Jahrhundert.
Vom Leben und Überleben einer Minderheit", Innsbruck/Wien 1997,
1999³, S. 593–610; für die Jahre 1947 bis 1969 auch in meiner dreibändigen
Darstellung „Südtirol zwischen Diplomatie und Terror 1947–1969", Bozen
1999, Bd. 1, S. 874–881; Bd. 2, S. 768–773; Bd. 3, S. 854–862.)

26.4.1915	Londoner Geheimvertrag; Italien wird die Grenze am Brenner zugesichert.
23.5.1915	Kriegserklärung Italiens an Österreich-Ungarn.
1916	Ettore Tolomeis „Prontuario" (ca. 10.000 italienische Ortsnamen etc. für Südtirol).
9.11.1918	Italienische Truppen am Brenner.
10.9.1919	Unterzeichnung des Vertrages von Saint Germain durch Bundeskanzler Karl Renner.
10.10.1920	Annexionsgesetz tritt in Kraft; Südtirol offiziell Bestandteil Italiens.
24.4.1921	„Blutsonntag" in Bozen.
1.10.1922	Marsch der Faschisten auf Bozen.
15.7.1923	Tolomei verkündet in Bozen ein Programm zur Italianisierung Südtirols (32 „provvedimenti").
23.8.1923	Verbot des Namens „Tirol"; einige Straßen in Innsbruck werden daraufhin nach Südtiroler Städten umbenannt.
1.10.1923	„Lex Gentile": Italianisierung der Schule; Aufruf von Kanonikus Michael Gamper zur Gründung der „Katakombenschule".
5.2.1926	Der Bayerische Ministerpräsident prangert in einer Landtagsrede die faschistische Südtirolpolitik an.
12.7.1928	Einweihung des Siegesdenkmals in Bozen.
Herbst 1935	Beginn der Arbeiten für die Bozner Industriezone.
23.6.1939	Berliner Vereinbarung betr. Umsiedlung der Südtiroler („Option"). Rd. 86 % der Südtiroler stimmen für ihre Umsiedlung.
9.9.1943	Fall „Achse" läuft an: Deutsche Truppen besetzen weite Teile Italiens. Bis Kriegsende „Wiedervereinigung" mit Tirol unter Gauleiter Franz Hofer.
8.5.1945	Gründung der Südtiroler Volkspartei (SVP).
14.9.1945	Die vier Siegermächte beschließen in London die Beibehaltung der Brennergrenze.

Ende 1945/ Anfang 1946	Demonstrationen in Österreich und Südtirol für eine Wiedervereinigung.
5.9.1946	Der österreichische Außenminister Karl Gruber und der italienische Ministerpräsident Alcide De Gasperi unterzeichnen in Paris ein Autonomieabkommen für Südtirol (Gruber-De Gasperi-Abkommen; Pariser Abkommen, Pariser Vertrag).
8.2.1948	Das Dekret über die Rückoption tritt in Kraft.
26.2.1948	Mit Verfassungsgesetz erlässt Italien das erste Autonomiestatut (Region „Trentino-Alto Adige" bzw. „Trentino-Tiroler Etschland").
28.10.1953	„Todesmarsch"-Artikel von Kanonikus Gamper in den „Dolomiten".
17.11.1957	Südtiroler Massenprotest (35.000) auf Schloss Sigmundskron mit der Forderung „Los von Trient!"
31.10.1960	Einstimmige Resolution der UNO-Vollversammlung. Rom und Wien sollen ihren Streit betr. Südtirol beilegen.
11./12.6.1961	„Feuernacht": zahlreiche Sprengstoffanschläge auf Hochspannungsmasten.
1.9.1961	Einsetzung der sog. 19er-Kommission.
28.11.1961	Südtirolfrage erneut vor der UNO-Vollversammlung.
5.12.1963	Mitte-links-Regierung in Rom: Ministerpräsident ist Aldo Moro, Außenminister Giuseppe Saragat.
16.12.1964	Grundsätzliche Einigung zwischen Kreisky und Saragat.
8.1.1965	Die Tiroler lehnen in Innsbruck Kreiskys „Paket" ab.
1964–1967	Zahlreiche Terroranschläge in Südtirol.
22.11.1969	Mit knapper Mehrheit nimmt die außerordentliche Landesversammlung der SVP in Meran „Paket" und „Operationskalender" an.
20.1.1972	Zweites Autonomiestatut.
17.3.1989	Luis Durnwalder wird Nachfolger von Silvius Magnago (seit 1960) als Landeshauptmann.
27.4.1991	Roland Riz wird Nachfolger von Silvius Magnago (seit 1957) als SVP-Obmann.
Juni 1992	Streitbeilegung zwischen Österreich und Italien.
21.11.1992	Siegfried Brugger wird SVP-Obmann.
1.1.1995	Österreich Mitglied der Europäischen Union.

19.10.1995	Tirol, Südtirol und das Trentino eröffnen in Brüssel ein „gemeinsames Verbindungsbüro" zur Europäischen Union.
1997–2001	Die Mitte-links-Regierungen von Romano Prodi bis Giuliano Amato entwickeln sich zu den autonomiefreundlichsten Regierungen seit 1945. Südtirol erhält zahlreiche neue Kompetenzen („dynamische Autonomie").
1.4.1998	Schengener Abkommen in Österreich und Italien vollständig umgesetzt. Keine Personenkontrollen mehr an der österreichisch-italienischen Grenze.
13.5.2001	Parlamentswahlen in Italien.
9.11.2001	„Drittes Autonomiestatut": Italienisches Verfassungsgesetz zum Föderalismus tritt in Kraft (am 8. März 2001 verabschiedet, am 7. Oktober 2001 durch Referendum bestätigt. U. a. wird der Name „Südtirol" in die italienische Verfassung aufgenommen).
15.11.2001	Beschluss des Bozner Gemeinderates – gegen die oppositionelle Alleanza Nazionale – auf Umbenennung des „Siegesplatzes" in „Friedensplatz".
2002	Versuche, die Südtiroler Sparkasse und die Hypobank Tirol zu einer Gesamttiroler Bank zu vereinen, scheitern an parteipolitischen Widerständen in Tirol. Da die Stiftung Südtiroler Sparkasse verpflichtet ist, Kontrolle über die Bank abzugeben, werden 20 Prozent der Aktien von der Banca Popolare di Lodi übernommen.
27.–29.9.2002	Bundespräsident Thomas Klestil als erstes österreichisches Staatsoberhaupt seit 30 Jahren in Italien. Italien lehnt Begnadigung von 14 Südtirolern, die in den 60er Jahren verurteilt wurden – neun lebenslänglich – ab. Klestils Ordensverleihung an den Vizepremier und Chef der Alleanza Nazionale, Gianfranco Fini, stößt auf massive Kritik in Südtirol und Österreich.
1.1.2002	Mit der Einführung des Euro gibt es „weniger Grenze" und so etwas wie eine „Wiedervereinigung".
6.10.2002	Abstimmung in Bozen über die Rückbenennung des „Friedensplatzes" in „Siegesplatz": 62 % der Bewohner nehmen teil, davon sind 62 % für die Rückbenennung.
Februar 2003	In Südtirol wird an mehreren Orten das Zeitgeschichteprojekt „Zurück in die Zukunft – Südtirols Erfolgsgeschichte" durchgeführt.
April 2003	Die „Alleanza Nazionale" fordert Schutzbestimmungen für die Italiener in Südtirol. Die Schützen veranstalten in Bozen eine Großkundgebung unter dem Motto „Tirol unterm Beil – 80 Jahre Faschismus in Südtirol".

26.10.2008	Landtagswahl: SVP 48,1 %, 18 Sitze von 35; Freiheitliche 14,3 % und 5 Sitze; Grüne 5,8 % und 2 Sitze; Süd-Tiroler Freiheit 4,9 % und 2 Sitze.
18.5.2013	Die Südtiroler Schützen veranstalten in Meran ein „Unabhängigkeitsfest".
27.10.2013	Landtagswahl: SVP 45,7 %, 17 von 35 Sitzen; Freiheitliche 17,9 % und 6 Sitze; Grüne 8,7 % und 3 Sitze; Süd-Tiroler Freiheit 7,2 % und 3 Sitze.
9.1.2014	Mit 20 von 34 Stimmen wählt der Südtiroler Landtag Arno Kompatscher zum neuen Landeshauptmann von Südtirol.
9.2.2014	Erste Volksabstimmung in Südtirol wg. Bürgerbeteiligung auf Landesebene.
5.7.2014	Historisches Treffen: Im Rahmen der von Landeshauptmann Kompatscher initiierten so genannten Europatagung auf Schloss Prösels kommen erstmals die Regierungschefs von Italien, Matteo Renzi, und Österreich, Werner Faymann, auf Südtiroler Boden zusammen sowie die drei Landeshauptleute Arno Kompatscher, Günther Platter (Bundesland Tirol) und Ugo Rossi (Trentino).
15.10.2014	Finanzielle Absicherung Südtirols im Sicherheitspaket.
16.12.2014	Ministerpräsident Matteo Renzi unterzeichnet die im Sicherungspaket vorgesehene und zwischen Rom, Bozen und Trient ausgehandelte Verbalnote an Bundeskanzler Werner Faymann – mit Hinweis auf die Streitbeilegung von 1992.
13.10.2015	Der Senat in Rom verabschiedet in dritter Lesung und damit endgültig die Verfassungsreform, die dann an die Abgeordnetenkammer weitergeleitet wird. Die Reform beinhaltet wesentliche Neuerungen im italienischen Grundgesetz. Trotz der zentralistischen Grundausrichtung stimmen Südtirols Senatoren für die Reform, weil es nach langen Verhandlungen gelungen ist, eine Schutzklausel für Südtirol einzubauen.
26.2.2016	Der Ministerrat überträgt dem Land die Zuständigkeit für die Sektion Bozen des regionalen Verwaltungsgerichts.
12.6.2016	70,6 Prozent der Wähler stimmen im Rahmen einer Volksbefragung gegen einen öffentlich finanzierten Flugplatz Bozen aus. 29,4 Prozent stimmen dafür. Die Wahlbeteiligung lag bei 46,7 Prozent.
5.9.2016	70 Jahre Gruber-De Gasperi-Abkommen. Die im Abkommen von 1946 festgelegte völkerrechtliche Grundlage der Südtirol-Autonomie (Magna Charta)

wird bei einer vom Land auf Schloss Sigmundskron ausgerichteten wissenschaftlichen Tagung nachhaltig bestätigt. Die teilnehmenden Außenminister Österreichs und Italiens, Sebastian Kurz und Paolo Gentiloni, legen ein klares Bekenntnis zur Autonomie und zu deren internationaler Verankerung ab. In der Flüchtlingsfrage sprechen sie sich für eine weitere Zusammenarbeit aus.

17.11. 2017	60 Jahre „Los von Trient!" Zur Erinnerung an die Protestveranstaltung von 35.000 Südtirolern auf Schloss Sigmundskron.
16.12.2017	Regierungskoalition von ÖVP und FPÖ in Wien. Das Regierungsprogramm sieht die Wiedererlangung der österreichischen Staatsbürgerschaft für Südtiroler vor.
21.10.2018	Landtagswahl: SVP 41,9 %, 15 von 35 Sitzen; Team Köllensberger 15,2 %, 6 Sitze Lega 11,1 %, 4 Sitze Grüne 6,8 %, 3 Sitze Freiheitliche 6,2 %, 2 Sitze Süd-Tiroler Freiheit 6 %, 2 Sitze Partito Democratico 3,8 %, 1 Sitz Fünf Sterne, 2,4 %, 1 Sitz L'Alto Adige nel cuore 1,7 %, 1 Sitz
14.12.2018	In Bozen Präsentation der Biografie über Toni Ebner, einem der drei großen Südtiroler.
4.1.2019	Abschluss der Koalitionsverhandlungen zwischen der SVP und der rechtsgerichteten Lega Nord.
9.1.2019	Mit 19 gegen 16 Stimmen wird Arno Kompatscher erneut zum Landeshauptmann gewählt. Er steht an der Spitze der SVP/Lega Koalitionsregierung.
10.9.2019	100 Jahre Vertrag von St. Germain: Österreich muss Südtirol an Italien abtreten.

Neuere Literatur

Zur älteren Literatur sei auf die Angaben in meiner Arbeit „Südtirol im 20. Jahrhundert. Vom Leben und Überleben einer Minderheit", Innsbruck/Wien 1997, 1999³, S. 367–384 verwiesen; ergänzend dazu der bibliographische Essay, S. 585–592.

a) deutsch

Asam, Robert, Der Luis. Luis Durnwalders Aufstieg zur Macht. Die Biographie, Bozen 2001.

Falch, Sabine, Heimatfern. Die Südtiroler Arbeitsmigration der 1950er und 1960er Jahre, Innsbruck/Wien/München/Bozen 2002.

Fontana, Josef/Mayr, Hans, Sepp Kerschbaumer. Eine Biographie, Bozen 2000.

Gehler, Michael, Eduard Reut-Nicolussi und die Südtirolfrage 1918–1958. Streiter für die Freiheit und die Einheit Tirols, Teil 1: Biographie und Darstellung; Teil 2: Dokumente, Innsbruck 2007.

Gehler, Michael (Hrsg.), Akten zur Südtirol-Politik 1945–1958. Bd. 1: 1945–1947: Gescheiterte Selbstbestimmung, Innsbruck/Wien/Bozen 2011.

Gruber, Alfons, Geschichte Südtirols. Streifzüge durch das 20. Jahrhundert, Bozen 2002².

Heiss, Hans/Lechner, Stefan, Erich Amonn. Bürger, Unternehmer, Politiker. 1918–1970. Ein Porträt, Bozen 2019.

Heiss, Hans/Pfeifer, Gustav (Hrsg.), Südtirol – Stunde Null? Kriegsende 1945–1946, Innsbruck/Wien/München 2000 (mit Beiträgen der Herausgeber sowie von Leopold Steurer, Klaus Eisterer, Eva Pfanzelter, Josef Gelmi, Helmut Alexander, Veronika Mittermair, Claus Conrad, Rainer Seberich, Günther Pallaver, Stefan Lechner und Martha Verdorfer).

Jenny, Egmont, Bekenntnis zum Fortschritt. Mein Weg zur Sozialdemokratie, Bozen 2007.

Klotz, Eva, Georg Klotz. Freiheitskämpfer für die Einheit Tirols. Eine Biographie, Wien 2002.

Lill, Rudolf, Südtirol in der Zeit des Nationalismus, Konstanz 2002.

Lun, Margareth, Südtirol in der „Operationszone Alpenvorland" 1943–1945, Innsbruck/Wien/München/Bozen 2003.

Pallaver, Günther Pallaver/Steurer, Leopold/Verdorfer, Martha, Einmal Option und zurück. Die Folgen der Aus- und Rückwanderung für Südtirols Nachkriegsentwicklung, Bozen 2019.

Pallaver, Günther/Leopold Steurer (Hrsg.), Deutsche! Hitler verkauft euch! Das Erbe von Option und Weltkrieg in Südtirol, Bozen 2011.

Pardatscher, Thomas, Das Siegesdenkmal in Bozen. Entstehung – Symbolik – Rezeption, Bozen 2002.

Parschalk, Norbert, Brixen 1918–1939. Vom Ersten Weltkrieg bis zur Option, Brixen 2003.

Peterlini, Hans Karl, Südtiroler Bombenjahre. Von Blut und Tränen zum Happy End?, Bozen 2005.

Solderer, Gottfried (Hrsg.), Das 20. Jahrhundert in Südtirol (5 Bde.), Bozen 1999ff.

Speckner, Hubert, „Zwischen Porze und Roßkarspitz ...“ Der „Vorfall“ vom 25. Juni in den österreichischen und sicherheitsdienstlichen Akten, Wien 2013.

Stadlmayer, Viktoria, Kein Kleingeld im Länderschacher. Südtirol, Triest und Alcide Degasperi 1945/1946, Innsbruck 2002.

Steinacher, Gerald, Südtirol und die Geheimdienste 1943–1945, Innsbruck/Wien/München 2000.

Steininger, Rolf (Hrsg.), Akten zur Südtirol-Politik 1959–1969.

Bd. 1: 1959 – Aufbruch im Andreas-Hofer-Jahr, Innsbruck/Wien/Bozen 2005.

Bd. 2: 1960 – Vor der UNO, Innsbruck/Wien/Bozen 2006.

Bd. 3: 1961 – Das Krisenjahr, zwei Halbbände, Innsbruck/Wien/Bozen 2007.

Bd. 4: 1962–1964 – Verhandlungen, Attentate und Prozesse, Innsbruck/Wien/Bozen 2009.

Bd. 5: 1965/66 – Mehr „Paket“, weniger Verankerung? Innsbruck/Wien/Bozen 2011.

Bd. 6: 1967 – Terror und „Operationskalender“, Innsbruck/Wien/Bozen 2012.

Bd. 7: 1968/69 – Die Einigung, Innsbruck/Wien/Bozen 2013.

Steininger, Rolf, Autonomie oder Selbstbestimmung? Die Südtirolfrage 1945/46 und das Gruber-De Gasperi-Abkommen, Innsbruck/Wien/Bozen 2006 (unveränderte Neuauflage des 1987 im Haymon Verlag, Innsbruck, unter dem Titel „Los von Rom?“ erschienenen Buches).

Steininger, Rolf, Die Feuernacht – und was dann? Südtirol und die Bomben 1959–1969, Bozen 2011 (Sonderdruck zur „Dolomiten“-Ausgabe Nr. 132 v. 10. Juni 2011).

Steininger, Rolf, Die Südtirolfrage. Ein Bildband, Innsbruck/Wien/Bozen 2009.

Steininger, Rolf (Hrsg.), Ein Leben für Südtirol. Kanonikus Michael Gamper und seine Zeit, Bozen 2017.

Steininger, Rolf, Südtirol im 20. Jahrhundert. Vom Leben und Überleben einer Minderheit, Innsbruck/Wien 1997, 3. Aufl. 1999.

Steininger, Rolf, Südtirol im 20. Jahrhundert. Dokumente, Innsbruck/Wien 1999.

Steininger, Rolf, Südtirol zwischen Diplomatie und Terror 1947–1969, Darstellung in drei Bänden: Bd. 1: 1947–1959; Bd. 2: 1960–1962; Bd. 3: 1962–1969, Bozen 1999.

Steininger, Rolf, Toni Ebner 1918–1981. Südtiroler Politiker, Journalist, Unternehmer. Eine politische Biografie, Bozen 2018.

Südtirol-Handbuch, hrsg. v. d. Südtiroler Landesregierung, Bozen 2002[21].

Villani, Cincia, Zwischen Rassengesetzen und Deportation. Juden in Südtirol, im Trentino und in der Provinz Belluno 1933–1945, Innsbruck 2003.

Warasin, Markus, Unsere Sache ist gerecht. Südtirol als Thema der österreichischen Außenpolitik vor dem Hintergrund der europäischen Einigung, Bozen 2002.

Watschinger, Franz, Bomben und Justiz. Der erste Grazer Südtirolprozeß 1961, Innsbruck/Wien/München/Bozen 2003.

Wedekind, Michael, Das Drängen der Peripherie? Nationalsozialistische Besatzungs- und Annexionspolitik in Norditalien 1943 bis 1945. Die Operationszonen „Alpenvorland" und „Adriatisches Küstenland", München 2003.

Widmann, Franz, Es stand nicht gut um Südtirol. 1945–1972. Von der Resignation zur Selbstbehauptung. Aufzeichnungen der politischen Wende, Bozen 1998.

b) italienisch

Scarano, Federico, Tra Mussolini e Hitler. Le opzioni dei sudtirolesi nella politica estera fascista, Milano 2012.

Steininger, Rolf, La questione dell'Alto Adige. Una storia per immagini, Innsbruck/ Wien/Bozen 2009.

Steininger, Rolf, Alto Adige/Sudtirolo 1918–1999, Innsbruck/Wien 1999.

c) englisch

Steininger, Rolf, South Tyrol. A Minority Conflict of the Twentieth Century, New Brunswick (USA)/London 2003.

Stocker, Martha, Our History: Südtirol/South Tyrol 1914–1992 in brief, Bozen 2007.

Hingewiesen sei auch auf das Schwerpunktthema „Südtirol" des Zeitgeschichte Informationssystems des Instituts für Zeitgeschichte der Universität Innsbruck. Unter *http://www.uibk.ac.at/zeitgeschichte/ zis/library/suedtirol-im-20.-jahrhundert* finden sich bei diesem Thema ein Aufsatz zur Südtirolfrage, Dokumente, eine Zeittafel, ausführliche Literaturhinweise und Hinweise auf Links zum Thema.

Bildnachweis:

Das Titelbild hat freundlicherweise der Chefredakteur der „Dolomiten", Herr Dr. Toni Ebner, zur Verfügung gestellt, wofür ich an dieser Stelle sehr herzlich danke. Das Bild von Toni Ebner auf S. 301 stammt ebenfalls aus dem „Dolomiten"-Archiv, Bozen.
Die Fotos auf S. 220 und S. 231 kommen von der Südtiroler Landes-regierung – auch dafür herzlichen Dank.
Die übrigen Fotos stammen aus dem Archiv des Autors.

Personenregister